21 世纪全国本科院校土木建筑类创新型应用人才培养规划教材

房地产测量

主　编　魏德宏
副主编　速云中　陈继祥
参　编　刘建滨　杜向锋　张　勇
主　审　彭先进

内 容 简 介

本书紧密围绕我国现行的地籍测量规范、房产测量规范，结合我国现阶段房地产测量的技术现状，系统地介绍了房地产测量的基本概念、基本内容、基本程序和基本方法。全书共分 11 章，第 1 章房地产测量概述，介绍了房地产测量的基本概念、特点、基本内容、基本过程及相关的法律法规知识；第 2 章测量基础，介绍了测量的基本要素和技术方法；第 3 章土地权属调查，介绍了土地权属调查的概念、内容和程序；第 4 章土地利用现状调查，介绍了土地利用的分类标准和非建设用地的调查内容和过程；第 5 章房地产控制测量，介绍了土地、房产的空间基准、控制精度和常用的控制测量方法；第 6 章地籍要素测量与地籍图绘制，介绍了地籍测量的具体内容、方法和成果表达的过程；第 7 章土地面积量算，介绍了土地面积量算的基本概念、方法和基本要求；第 8 章房产调查，介绍了房产调查的基本内容、基本要求和基本程序；第 9 章房产要素测量与房产图绘制，介绍了房产要素测量的基本内容、基本方法和房产平面图；第 10 章房产面积测算，介绍了房产面积测算的基本内容、基本要求和计算过程；第 11 章房地产变更测量，介绍了土地、房产权属或现状变更后房地产测量的内容、程序和基本要求。各章章首均列出了本章的知识要点，便于学习和掌握。

本书内容全面、条理清晰、重点突出、紧密联系实际、实用性强，适合作为房地产开发、土地资源管理、房地产管理、地理信息系统、测绘工程等相关专业房地产测量、地籍测量、房产测量等课程的师生教材，也可供从事相关专业的工程技术人员参考。

图书在版编目(CIP)数据

房地产测量/魏德宏主编. —北京：北京大学出版社，2013.5
(21 世纪全国本科院校土木建筑类创新型应用人才培养规划教材)
ISBN 978-7-301-22538-7

Ⅰ. ①房… Ⅱ. ①魏… Ⅲ. ①房地产-测量学-高等学校-教材 Ⅳ. ①F293.3

中国版本图书馆 CIP 数据核字(2013)第 101732 号

书　　　名：	房地产测量
著作责任者：	魏德宏　主编
策 划 编 辑：	吴　迪　王红樱
责 任 编 辑：	伍大维
标 准 书 号：	ISBN 978-7-301-22538-7/TU・0329
出 版 发 行：	北京大学出版社
地　　　址：	北京市海淀区成府路 205 号　100871
网　　　址：	http://www.pup.cn　新浪官方微博：@北京大学出版社
电 子 信 箱：	pup_6@163.com
电　　　话：	邮购部 62752015　发行部 62750672　编辑部 62750667　出版部 62754962
印　　刷　者：	三河市博文印刷有限公司
经　　销　者：	新华书店
	787 毫米×1092 毫米　16 开本　13.25 印张　302 千字
	2013 年 5 月第 1 版　2015 年 7 月第 2 次印刷
定　　　价：	28.00 元

未经许可，不得以任何方式复制或抄袭本书之部分或全部内容。
版权所有，侵权必究
举报电话：010-62752024　　电子信箱：fd@pup.pku.edu.cn

前　　言

房地产测量是采用现代测绘科学技术，按照房地产业管理的要求和需要，对房屋及其用地基本信息进行采集、处理和表述的一门学科。房地产测量担负着为房地产开发、房地产管理提供基础信息资料的重要任务。房地产测量工作不仅在房地产开发建设过程中扮演着重要角色，在房地产管理中也占有重要地位。

在我国，房地产测量具有其特殊性和复杂性，并不是简单意义上的不动产测量。我国长期以来实行的是"房"、"地"产权分离的管理体制，故我国真正意义上的房地产测量，是由针对土地（地块、地产）的地籍测量和针对房屋的房产测量两部分构成的。地籍测量需要采集土地的信息和资料，为土地的交易、登记、管理服务，而房产测量需要采集房产数据和信息，为房屋产权交易、登记、管理服务。

随着我国房地产行业的快速发展，特别是近十年来，我国房地产开发建设、房地产产权交易迅速增多，无论是房地产开发建设者，还是房地产管理者，都对房地产测量提出了更高的要求。如土地资源管理"一张图"的理念，"房"、"地"一体化的管理理念等，就在房地产测量方面提出了对房、地数据和信息进行统一采集和管理的要求。可以说，本书是为了适应这一需要而编写的。

本书大胆突破了地籍测量和房产测量的界限。在结构和内容上，以房、地数据的采集、处理和表达为基本框架，以构建城市空间上、逻辑上一致的，房、地统一的房地产数据库为导向，以城市房地产测量的实用性、效率为立足点，将地籍测量和房产测量的内容融为一体来进行统一讲述。

本书以培养房地产测量新型应用人才为目标，围绕现行的地籍测量、房产测量国家技术标准，从基本概念、实用方法、作业程序等技术环节入手，并结合丰富的插图和具体的实例，进行系统、通俗的介绍和讲述。同时结合课程教学规律和特点，由浅入深、循序渐进，对各章节的内容进行了精心的编排。

本书第1、3、7、8章由广东工业大学魏德宏编写，第2章由华南农业大学刘建滨编写，第4、6章由广东省国土资源厅陈继祥编写，第5、9章由广东工贸职业技术学院速云中编写，第10章由广东工贸职业技术学院杜向锋编写，第11章由广东省河源市广播电视大学张勇编写，全书由魏德宏统稿。在本书编写过程中，广东工业大学王国辉教授、张兴福副教授对本书提出了许多有益的建议。广东工业大学陈运贵、罗运海、江志伟、张永毅、陈玉武等同学参与了本书资料搜集、文字校对和部分插图绘制等工作。广东工业大学彭先进教授对本书进行了细致的审阅，并提出了许多宝贵的修改意见。在此，对他们一并表示衷心的感谢。

由于作者水平所限，书中不足之处在所难免，恳请广大读者批评指正。

编　者
2012年12月

目 录

第1章 房地产测量概述 ... 1
1.1 房地产测量的内容、特点和作用 ... 2
1.2 与房地产测量相关的法律法规知识 ... 4
1.3 房地产测量的工作流程、质量控制及提交成果 ... 8
1.4 地籍测量与房产测量的关系及房地产测量的发展方向 ... 9
1.5 房地产测量的基准 ... 11
本章小结 ... 16
习题 ... 16

第2章 测量基础 ... 19
2.1 确定地面点位的三要素 ... 20
2.2 水准测量 ... 20
2.3 角度测量 ... 24
2.4 距离测量 ... 27
2.5 三角高程测量 ... 29
2.6 直线的方位角 ... 29
2.7 全站仪测量 ... 31
2.8 GPS测量 ... 35
本章小结 ... 37
习题 ... 37

第3章 土地权属调查 ... 40
3.1 土地权属概述 ... 41
3.2 土地的划分与编号 ... 44
3.3 土地初始权属调查 ... 48
本章小结 ... 58
习题 ... 58

第4章 土地利用现状调查 ... 61
4.1 土地利用现状调查的目的与任务 ... 62
4.2 土地利用分类标准 ... 64
4.3 土地利用现状调查的内容 ... 70
4.4 土地利用现状调查的技术方法 ... 72
4.5 农村土地利用现状调查 ... 73
4.6 城镇土地调查 ... 81
本章小结 ... 81
习题 ... 82

第5章 房地产控制测量 ... 84
5.1 房地产控制测量概述 ... 85
5.2 控制点坐标的正反算 ... 87
5.3 导线测量 ... 88
5.4 GPS控制测量 ... 95
本章小结 ... 98
习题 ... 98

第6章 地籍要素测量与地籍图绘制 ... 100
6.1 界址测量 ... 101
6.2 界址测量实施 ... 104
6.3 GPS-RTK地籍要素测量 ... 106
6.4 地籍图绘制 ... 112
本章小结 ... 118
习题 ... 118

第7章 土地面积量算 ... 120
7.1 土地面积量算概述 ... 121
7.2 土地面积量算方法 ... 123
7.3 土地面积量算程序 ... 127
7.4 土地面积汇总统计 ... 129
本章小结 ... 132
习题 ... 132

第8章 房产调查 ... 134
8.1 房产调查概述 ... 135

8.2　房产调查的基本内容 …………… 139
　　8.3　房产调查的一般程序 …………… 146
　　本章小结 ………………………………… 149
　　习题 ……………………………………… 149

第9章　房产要素测量与房产图绘制 ………………………………… 151

　　9.1　房产要素测量的内容 …………… 152
　　9.2　房产要素测量的精度要求 ……… 154
　　9.3　房屋边长测量 …………………… 155
　　9.4　房产图绘制 ……………………… 161
　　本章小结 ………………………………… 167
　　习题 ……………………………………… 167

第10章　房产面积测算 ………………… 169

　　10.1　房产面积测算概述 ……………… 170
　　10.2　房产面积测算的方法 …………… 171

　　10.3　房屋建筑面积测算规则 ………… 174
　　10.4　房屋共有建筑面积 ……………… 176
　　10.5　房屋共有建筑面积分摊 ………… 178
　　10.6　多功能幢建筑面积测算
　　　　　举例 ………………………………… 180
　　10.7　房屋面积计算的基本
　　　　　步骤 ………………………………… 184
　　本章小结 ………………………………… 187
　　习题 ……………………………………… 187

第11章　房地产变更测量 ……………… 190

　　11.1　变更地籍测量 …………………… 191
　　11.2　房产变更测量 …………………… 196
　　本章小结 ………………………………… 199
　　习题 ……………………………………… 199

参考文献 ………………………………… 201

第1章 房地产测量概述

教学目标

本章主要讲述房地产测量的基本概念,房地产测量的内容、房地产测量的基本程序和房地产测量的特点,我国地籍测量与房产测量的关系,房地产测量基准等。通过本章的学习,达到以下目标:
(1) 掌握房地产测量的基本概念;
(2) 掌握地籍测量与房产测量的基本内容;
(3) 了解我国房地产测量的相关法律法规;
(4) 掌握地籍测量与房产测量的基本程序;
(5) 了解房地产测量的基准及其选择。

教学要求

知识要点	能力要求	相关知识
房地产测量的概念	(1) 掌握房地产测量的基本概念 (2) 掌握房地产测量的任务、作用及其特点	(1) 土地单元、宗地 (2) 房产单元、房屋 (3) 权属、位置、数量、质量、利用现状
房地产测量的内容、特点与作用	(1) 了解我国地籍测量和房产测量的现状 (2) 掌握地籍测量的内容和基本程序 (3) 掌握房产测量的内容和基本程序	(1) 土地权属调查、界址点、界址测量 (2) 房产调查、房产要素点、房产要素测量 (3) 土地、房产调查的一般程序
房地产测量法律法规、房地产作业基本流程与成果	(1) 了解我国房地产测量相关的法律法规和基本内容 (2) 掌握房地产测量基本流程、质量控制和提交的成果 (3) 了解当前我国土地、房产数据融合的必要性、可能性	(1) 房地产测量相关的国家、地方和行业法律法规 (2) 房地产测量相关的国家、地方和行业技术标准 (3) 房地产测量的一般程序 (4) 房地产测量成果
房地产测量的基准	(1) 了解建立高斯平面直角坐标系的过程 (2) 掌握城市房地产测量坐标系选择的基本原则	(1) 大地水准面 (2) 参考椭球 (3) 高斯投影 (4) 地理坐标系、平面直角坐标系

基本概念

房地产测量、地籍测量、房产测量、宗地、土地权属调查、界址测量、房产调查、房产要素测量、房地产测量相关法律与制度、房地产测量技术规范、房地产测量流程、房地产测量成果、房地产测量基准、坐标系。

引例

在实际中,土地管理部门为了进行土地管理需要组织实施地籍测量,房产管理部门为了进行房产管理需要组织实施房产测量,土地、房产开发、经营企业为了进行项目管理需要实施土地、房产测量等,尽管它们的目的、要求、范围和侧重点有所不同,但是测量的对象都是作为财产的、权属清晰的有界土地以及附着于土地上的房屋,因此都属于房地产测量的范畴。

1.1 房地产测量的内容、特点和作用

1.1.1 房地产测量

1. 房地产测量的概念

房地产是土地以及附着于其上的房产的统称,包括作为财产的土地及其房屋。

房地产测量是指以现代测绘科学、测绘技术为基础,采集、处理和表达房屋及其用地基本信息的一系列活动的总称。采集,是指运用测绘技术和方法,按照房地产管理的要求和需要,对房屋及其用地的有关信息进行调查和测量。表达,是指将房屋及其用地的地理、几何、物理特性用数字、文字、符号、图表和图形等描述出来。

具体地说,房地产测量就是对土地、房屋的权属状况、地理空间位置、形状、大小、质量等级、利用现状等相关信息进行调查与测量,将土地、房屋的信息以图、表、簿册等形式记录下来,形成土地、房屋的基础资料,为房地产管理提供依据。

2. 房地产基础测量与房地产项目测量

房地产测量可分为房地产基础测量和房地产项目测量。在尚未建立房地产档案的城市、集镇或新城市、新城区,集中较大规模的人力和物力,在短期内对所有土地房产产权单元进行逐个调查测量的房地产测量方式称为房地产基础测量。房地产项目测量是指在房地产管理过程中针对某个房地产项目进行的房地产测量。新开发项目,发生新建、改建、扩建或产权变更等情况的房地产,需要进行房地产项目测量。我国现阶段开展的房地产测量工作,多为房地产项目测量。

1.1.2 房地产测量的内容

1. 地籍测量

地籍测量是针对土地单元地块(宗地)及其附着物的基本状况,包括其权属、坐落、面积、等级、利用现状等信息进行的调查和测量工作。其主要内容包括权属调查、控制测量、界址测量、地籍图绘制、土地面积测算等。一般将其工作内容归纳为权属调查和界址测量两大部分。

1) 权属调查

权属调查的基本任务就是为了查清各个地块的编号、坐落、范围、权属状况、质量等

级、利用现状以及与相邻地块关系等方面的信息而进行的调查工作，为下一阶段进行土地的精确定位、面积测算等测量工作提供基本资料。权属调查的核心内容是土地的权属信息，所以称为权属调查。

2）界址测量

界址测量是测定地块（宗地）及其附着物的空间位置、形状几何、面积等信息，并进行相应的土地面积测算和统计、地籍图绘制等的测绘工作，主要包括以下方面。

（1）地籍控制测量：测量地籍基本控制点和地籍图根控制点。

（2）界址测量：测定行政区划界线和土地单元权属界线的界址点坐标。

（3）地籍图测绘：测绘分幅地籍图、宗地图等。

（4）面积测算：测算宗地面积和土地分类面积，进行面积的平差和汇总统计。

2. 房产测量

房产测量就是指运用测绘技术和手段，按照房地产管理的要求和需要，对房屋和房屋用地的权属、位置、面积、质量、用途等信息进行调查和测量的工作。

房产测量的基本内容包括房产调查、房产要素测量、房产图绘制、房产面积测算等。一般将房产测量分为房产调查和房产要素测量两大部分。

1）房产调查

通过房产调查准确提供房产的产权状况、产权范围、房屋坐落、建筑结构、层数和建成年份、房屋用途以及房屋所用土地的使用情况等基本信息资料。

2）房产要素测量

根据房产调查基本资料，采用测绘技术手段，对房屋的房角点、权界线点、房屋的边长、高度等房产要素进行精确测量，并进行房产面积测算、房产图绘制等工作。

1.1.3 房地产测量的特点

在普通测量工作如城市地形测量中，也会对房屋、土地的边界进行测绘和表达。

房地产测量以城市房屋、土地为调查测量的对象，但与普通测量相比，房地产测量有着鲜明的特点。

1）房地产测量以权属为核心

地形测量一般不考虑产权边界，房地产测量则是围绕房、地产的权属范围、权属界线进行调查和测量的，权属是核心内容。

2）房地产测量具有更明显的法律特征

房地产测量成果是房地产产权登记、产权交易、处理产权纠纷等的法律依据。在房地产调查、测量的内容、程序、成果认定各方面都有着更显著的法律特征。

3）房地产测量有较高的精度要求

房地产测量相关规范规定，在一般情况下土地、房产界址点以及相关房地产要素点相对于临近控制点的点位中误差应不大于±0.05m，以满足房地产面积测算的精度需要。并且，房地产测量中点的相对精度也比地形图测量的精度要求更高。

4）房地产测量成果资料需要有更好的现势性

近10年来，我国房地产业发展迅速，房地产产权交易十分活跃，为房地产测量提出了高效、实时的要求。实时，就是需要对房地产权属状况、现状有变化的房地产进行及时的变更调查和测量，对数据和信息进行及时的更新，保持房地产信息资料的现势性，才能满足房地产管理的需要。

1.1.4　房地产测量的作用

通过房地产测量能够准确获取土地、房产的产权状况、产权人、产权范围，土地界线、土地等级、土地利用状况，房屋结构、分布、坐落、形状、层数、建筑面积、建成年份、房屋用途等基础资料，为房地产的产权、产籍管理、房地产开发利用、房地产交易，征收税费以及城市规划、城镇建设等提供法律依据。房地产测量的目的与作用可以归纳为以下几个方面。

1) 为土地、房产的产权登记、管理，产权交易和产权保护服务

我国实行房地产登记管理制度，任何土地、房屋产权单元都需要经过房地产调查、测量、审核、登记、发证，之后其产权才能得到法律的认可和保护。房地产测量为房地产管理工作提供了必不可少的资料和数据。

2) 为行政管理、资源管理、资产管理服务

房地产测量为土地数据库、房产数据库提供了基础数据和更新数据，为政府和行政管理部门科学合理的规划、开发、利用以及资产的统一管理、合理配置、征收税费等提供了法律保障。

3) 为社会生产各行业服务

房地产测量的成果资源为企业在决策、销售、核算方面或消费者在选择购置房地产方面都提供了重要的参考依据。此外，也可为工商管理、金融保险、市政工程、城市交通、通信等社会各行业提供准确可靠的参考资料。

1.2　与房地产测量相关的法律法规知识

房地产测量的成果具有明确的法律责任。国外测量师需在其房地产测量成果上作出"本人对所提供的测量成果承担法律后果"之类的声明。可见对于房地产从业人员，了解和掌握房地产测绘相关的法律法规，明确法律责任，依法履行法律义务，是十分重要的。

我国目前已经建立起了由法律、行政法规、地方性法规、部门规章、政府规章、重要规范文件等组成的房地产测量相关法律法规体系，为从事房地产测量提供了法律依据。

1.2.1　主要的房地产相关法律法规简介

1.《中华人民共和国测绘法》

《中华人民共和国测绘法》（以下简称《测绘法》）于 2002 年 8 月 29 日第九届全国人民代表大会常务委员会第 29 次会议修订通过，2002 年 12 月 1 日起执行。《测绘法》是在我国从事测绘活动和测绘管理的基本准则和依据，是我国从事测绘工作的基本法律。

《测绘法》第十八条至第二十条规定：国务院测绘行政主管部门会同国务院土地行政主管部门编制全国地籍测绘规划。县级以上地方人民政府测绘行政主管部门会同同级土地

行政主管部门编制本行政区域的地籍测绘规划。县级以上人民政府测绘行政主管部门按照地籍测绘规划，组织管理地籍测绘。测量土地、建筑物、构筑物和地面其他附着物的权属界址线，应当按照县级以上人民政府确定的权属界线的界址点、界址线或者提供的有关登记资料和附图进行。权属界址线发生变化时，有关当事人应当及时进行变更测绘。城市建设领域的工程测量活动，与房屋产权、产籍相关的房屋面积的测量，应当执行由国务院建设行政主管部门、国务院测绘行政主管部门负责组织编制的测量技术规范。

2.《中华人民共和国测绘成果管理条例》

《中华人民共和国测绘成果管理条例》（以下简称《测绘成果管理条例》）2006年5月2日由国务院令第469号公布，2006年9月1日起实施。该条例对测绘成果的汇交、保管、秘密范围和等级、涉密测绘成果的使用和审批、重要地理数据的审核公布和使用等作出了明确规定。

3.《房产测绘管理办法》

《房产测绘管理办法》属房地产管理部门规章和规范性文件。于2000年12月28日由建设部、国家测绘局第83号令发布，2001年5月1日起实施。其中对房产测绘的委托、资格管理、成果管理、法律责任等作出了规定。

4.《测绘生产质量管理规定》

1997年7月22日由国家测绘局发布，自发布之日起施行。其中对测绘单位质量管理机构和人员、测绘质量责任制、生产组织的质量管理、生产过程质量管理、质量奖罚等作出了规定。

1.2.2 重要的测绘基本法律制度

1. 测绘资质管理制度

《测绘法》第二十二条规定：国家对从事测绘活动的单位实行测绘资质管理制度。从事测绘活动的单位应当具备下列条件，并依法取得相应等级的测绘资质证书后，方可从事测绘活动：（一）有与其从事的测绘活动相适应的专业技术人员；（二）有与其从事的测绘活动相适应的技术装备和设施；（三）有健全的技术、质量保证体系和测绘成果及资料档案管理制度；（四）具备国务院测绘行政主管部门规定的其他条件。

《测绘法》第二十三条规定：国务院测绘行政主管部门和省、自治区、直辖市人民政府测绘行政主管部门按照各自的职责负责测绘资质审查、发放资质证书，具体办法由国务院测绘行政主管部门商国务院其他有关部门规定。

《测绘法》第二十四条规定：测绘单位不得超越其资质等级许可的范围从事测绘活动或者以其他测绘单位的名义从事测绘活动，并不得允许其他单位以本单位的名义从事测绘活动。

根据上述规定，从事房地产测绘的单位或机构应当具有房地产测绘的相关资质。

2. 测绘执业资格管理制度

《测绘法》第二十五条规定：从事测绘活动的专业技术人员应当具备相应的执业资格

条件，具体办法由国务院测绘行政主管部门会同国务院人事行政主管部门规定。

《测绘法》第二十六条规定：测绘人员进行测绘活动时，应当持有测绘作业证件。

根据上述规定，从事房地产测绘活动的专业技术人员，应当首先取得房地产测绘的相关执业资格，并依法履行执业义务。

3. 测绘汇交和测绘成果保密制度

《测绘法》第二十八条规定：国家实行测绘成果汇交制度。测绘项目完成后，测绘项目出资人或者承担国家投资的测绘项目的单位，应当向国务院测绘行政主管部门或者省、自治区、直辖市人民政府测绘行政主管部门汇交测绘成果资料。属于基础测绘项目的，应当汇交测绘成果副本；属于非基础测绘项目的，应当汇交测绘成果目录。

《测绘法》第二十九条规定：测绘成果保管单位应当采取措施保障测绘成果的完整和安全，并按照国家有关规定向社会公开和提供利用。测绘成果属于国家秘密的，适用国家保密法律、行政法规的规定。

根据《测绘成果管理条例》和国家保密法律法规的规定，应切实做好涉密测绘成果的保密工作。建立涉密测绘成果保密管理责任制，单位主要负责人承担涉密测绘成果保密管理领导责任，保密管理人员承担涉密测绘成果的保密管理责任。档案工作人员应严格贯彻执行国家保密法规，遵守保密纪律，明确保密职责，维护档案的安全和完整。对涉密测绘成果的使用、传递、复制、保存等情况实行登记管理制度。任何个人不得擅自复制、转让或转借涉密测绘成果，不得拷贝、对外传送涉密测绘成果数据。处理、传输、存储涉密测绘成果数据的计算机软件和硬件系统必须采取安全保密防护措施。涉密测绘成果只能用于被许可的使用目的和范围。

4. 测绘成果质量监督管理制度

我国《测绘质量监督管理办法》第三条规定：县级以上人民政府测绘主管部门和技术监督行政部门负责本行政区域内测绘质量的管理和监督工作。第五条规定：鼓励测绘单位采用先进的测绘科学技术，推行科学的质量管理方法，按照国际通行的质量管理标准建立具有测绘工作特点的质量体系。第七条规定：测绘单位应当对其所提供的测绘产品承担产品质量责任。第十条规定：测绘产品必须经过检查验收，质量合格的方能提供使用。检查验收和质量评定，执行《测绘产品检查验收规定》和《测绘产品质量评定标准》。第十一条规定：测绘单位必须接受测绘主管部门和技术监督行政部门的质量监督管理，按照监督检查的需要，向测绘产品质量监督检验机构无偿提供检验样品。

1.2.3　房地产测量技术标准和相关技术规范

《地籍测量规范》（CH 5002—1994）
《地籍图图式》（CH 5003—1994）
《房产测量规范》（GB/T 17986.1—2000）
《土地勘测定界规程》（TD/T 1008—2007）
《基础地理信息标准数据基本规定》（GB 21139—2007）
《土地利用现状分类》（GB/T 21010—2007）
《全球定位系统城市测量技术规程》（CJJ 93—97）

《测绘技术设计规定》(CH/T 1004—2005)
《测绘技术总结编写规定》(CH/T 1001—2005)
《测绘产品检查验收规定》(CH 1002—1995)
《测绘产品质量评定标准》(CH 1003—1995)
《数字测绘产品检查验收规定和质量评定》(GB/T 18316－2008)
《测绘成果质量检查报告编写基本规定》(CH/Z 1001—2007)

1.2.4 房地产测绘人员应当具备的专业知识与专业技能

1. 地籍测绘专业知识

(1) 根据地籍管理要求,确定地籍项目的测绘方案。

(2) 根据地籍测绘方案,运用不同类型控制网的作用,选择控制网和设方案,确定地籍控制施测方法。

(3) 根据地籍管理要求,选择用于地籍调查的基础图(调查工作底图)的种类和成图比例尺,确定成图方法。

(4) 根据地籍项目的测绘要求,选择地籍测绘方法,实施地籍或地籍要素测量。

(5) 根据地籍测绘项目要求,在正确的权属资料基础上,进行面积测算,明确权属范围,保证精度。

(6) 根据所测地籍要素明确现状,提供包括地籍图、宗地图,地籍簿册以及数据库在内的测绘成果。

(7) 根据地籍管理要求,提出地籍项目更新调查测绘方案。

2. 房产测绘专业知识

(1) 根据房产管理需求,选择房产项目的测绘方案。

(2) 根据房产测绘方案,运用不同类型控制网的作用,选择布设方案,确定施测方法。

(3) 根据房产测绘项目,选择权属调查方法,实施房产要素测量。

(4) 根据房产测量项目的需要,选择房产图的种类和成图比例尺,确定成图方法。

(5) 根据房产测绘项目要求,正确区分不同的权属和分摊方式,确定测量和检测方法,以及精度等级;进行面积测算和共有共用面积分摊,提供包括房产簿册、房产数据和房产图集以及数据库在内的测绘成果。

(6) 根据房产管理要求,实施变更测量。

我国测绘行业即将开始实行注册测绘师制度。现行的《注册测绘师资格考试大纲》也对从事房地产测量的注册测绘师提出了更高的要求,即能"根据测绘法中有关地籍测绘的规定、物权法中有关不动产登记的规定、土地管理法中有关地籍测绘的规定,确认所进行的地籍测绘(含权属界线测绘)活动的合法性,并依法解决实际问题",以及能"根据测绘法中有关房产测绘的规定、物权法中有关不动产登记的规定、城市房地产管理法中有关房屋所有权登记的规定,以及《房产测绘管理办法》,确认所进行的房产测绘的合法性,并依法解决实际问题"。

1.3 房地产测量的工作流程、质量控制及提交成果

1.3.1 房地产测量的一般工作流程

通常，房地产测绘单位应在接受委托后进行房地产测绘。根据我国《房产测绘管理办法》的规定，有下列情形之一的，房屋权利申请人、房屋权利人或者其他利害关系人应当委托房产测绘单位进行房产测绘：（一）申请产权初始登记的房屋；（二）自然状况发生变化的房屋；（三）房屋权利人或者其他利害关系人要求测绘的房屋。房产管理中需要的房产测绘，由房地产行政主管部门委托房产测绘单位进行。房产测绘成果资料应当与房产自然状况保持一致。房产自然状况发生变化时，应当及时实施房产变更测量。委托房产测绘的，委托人与房产测绘单位应当签订书面房产测绘合同。

针对土地的地籍测量和针对房产的房产测量基本上都遵循如下的工作程序。

（1）申请。由土地或房屋产权人向当地土地或房产管理部门提交土地或房屋产权登记申请。符合申请条件的予以立案，并由土地或房产管理部门委托具备相应测绘资质的单位实施房地产测量。

（2）准备。实施单位对申请登记资料进行整理，如产权人信息、委托书、权源文件、产权转让合同、协议、工程竣工图等等，并准备调查底图、设计技术方案，并进行人员培训，仪器检定等工作。

（3）调查。即实施针对土地的权属调查或针对房屋的房产调查。

（4）测量。测量绘图、面积测算、提交测绘成果报告等资料。

（5）房地产管理部门审核、登记、发证。

（6）房地产数据入库、归档。

1.3.2 房地产测量的产品质量控制

房地产测绘成果质量通过"二级检查，一级验收"制度进行控制。

房地产测绘内、外业成果的一级检查（过程检查）需在作业组全数自查以及作业组之间全数互查的基础上进行。两级检查（最终检查）在一级检查合格的基础上进行。

1）一级检查

一级检查也称为过程检查。过程检查由作业部门内部质量检查组（或作业小组的专职、兼职检查人员）承担。过程检查不进行产品质量评分。

2）二级检查

二级检查由测绘单位专职质量检查部门组织实施。二级检查的内业检查项采用全数检查，外业检查项采用抽样检查。二级检查工作完成后，应做好检查记录，并对发现的问题提出处理意见。

3）验收

测绘成果的验收工作由测绘的委托方实施，或由其委托省级及以上具有房地产测绘产

品检验资格的检验机构实施。验收工作完成后，应编写验收报告。

1.3.3　房地产测量的提交成果

1. 地籍测量的提交成果

地籍测量需提交的成果一般有：地籍测量技术设计方案、土地权属调查成果资料、地籍控制测量成果资料、地籍图（包括分幅地籍图、宗地图、土地利用现状图等）、土地面积量算成果资料、土地分级面积汇总成果资料、地籍测量技术总结报告等。

2. 房产测量的提交成果

房产测量需提交的成果一般有：房产测量技术设计方案、房产调查成果资料、房产权属资料、房产图（包括房产分幅图、房产分宗图、房产分层分户图等）、房产面积测算成果资料、房产测量技术总结报告等。

1.4　地籍测量与房产测量的关系及房地产测量的发展方向

1.4.1　房产测量与地籍测量的关系

在西方国家，土地及其附着的房产通常被视为一个整体，"地产"和"房产"一般不会分割开来处置。"房地产"是一个统一的概念，也称为"不动产"，房地产测量也称为"不动产测量"，内涵十分清晰。

在我国，情况则有很大的不同。我国房地产测量的现状是地籍测量与房产测量并存，即以土地为对象的地籍测量和以房产为对象的房产测量两种类型的工作并存。

我国实行社会主义土地公有制，相应地实行土地所有权与使用权分离的政策，土地的所有权属于国家或集体，任何单位或个人不能获得土地所有权。房屋的所有权人只能依法取得房屋土地的使用权。

另一方面，我国长期以来实行的是土地与房屋产权分离的管理体制，在机构设置上由土地管理部门管理土地信息，由房产管理部门管理房产信息，从而形成了地籍测量与房产测量并存的状况。

地籍测量是主要针对地产，即地块（宗地）的调查与测量工作，房产测量是主要针对房产，即房屋的调查与测量工作。两项工作内容既有交叉、有重叠，又各具独特性和不同的侧重点。

目前我国地籍测量与房产测量在技术规范上也处于相对孤立的状态，地籍测量与房产测量的国家标准《地籍测量规范》(CH 5002—1994)和《房产测量规范》(GB/T 17986—2000)所规定的工作内容有较大的重叠部分，两个标准之间存在较多不一致甚至相互矛盾的地方，因此造成了土地、房产数据按各自标准重复测量的现象。

由于上述历史原因，我国测绘学科也相应地将房地产测量划分成了地籍测量和房产测量两个分支。基于以上考虑，本书在结构和内容上进行了大胆的创新和尝试——以房、地数据的采集、处理和表达为基本框架，以地籍测量、房产测量为基本内容，即将地籍测量与房产测量的基本内容合理地组织在一起。在不违背现行的地籍测量、房产测量国家标准的前提下，剔除内容重叠的部分，尽量弥合两者之间的鸿沟，以构建城市空间上、逻辑上一致的，房、地统一的房地产数据库为导向，以城市房地产测量的实用性、效率为立足点，将地籍测量和房产测量的内容融为一体来进行统一论述，并仍将其称为房地产测量。

需要说明的是，本书基本沿用了地籍测量、房产测量的基本名词和术语，但将房产测量中的"丘"统一成了"宗地"。书中多处出现的房产测量、地籍测量被统称为"房地产测量"，土地管理部门、房产管理部门被统称为"房地产管理部门"或类似的表述。

1.4.2 我国房地产测量的发展方向

目前，我国的国土资源部门提出了"全国土地资源一张图"的概念，其意义就是基于统一基础地理空间基准，将土地利用现状、基本农田、遥感监测、土地变更调查及基础地理等多源信息进行融合，与国土资源的计划、审批、供应、补充、开发、执法等行政监管系统叠加在一起，构建一个统一的综合管理平台。

另一方面，房产管理部门也提出了"房地数据一体化"的理念。随着我国房地产行业的发展，房、地分离的管理体制的弊端已经逐渐显现出来，地籍测量、房产测量各自为政，房、地数据重复采集、重复测量，数据成果不一致或相互矛盾，不仅在数据采集方面造成严重浪费，而且在数据管理、维护和更新方面也造成巨大困难。目前，许多地方和城市的土地、房产管理部门已经开始密切合作，着手进行房、地数据统一，房、地信息一体化管理的努力。

这也充分说明，随着我国地理空间数据管理向信息化深入发展，测绘房、地空间地理数据的统一、融合，是未来房地产测绘行业发展的一个必然趋势。

从资源管理的角度来说，要实现我国的房、地管理一体化和房地产测量的现代化，既应充分尊重历史，又必须改变现状。即一方面应该以我国长期以来地籍测量、房产测量的成果为基础，充分加以利用，逐渐融合、统一；另一方面需要树立土地、房产一体化的管理新理念，积极探索土地、房产数据统一采集的新模式。在不远的将来，形成技术上统一、协调的新的房地产测量技术标准。现阶段，应努力将地籍测量与房产测量的工作内容融合成为一个有机的整体，两者分工明确、相辅相成，房、地数据空间、逻辑一致，互为参照利用，能高效地为建立城市土地、房产的完整统一的空间数据库服务。

即使是一个中小型的城市，其辖区范围内的土地和房产信息可谓巨量、浩繁，房地产数据采集工作量巨大，非一朝一夕可以完成。因此，城市政府、房地产行政管理部门应积极、尽早地发挥主导作用，如尽快建立城市统一的房地产空间坐标基准、建立城市统一的房地产测量控制基准网、建立城市统一的房地产数据库标准等，稳步有序地推进房地产测量工作，尽量避免多次重复测量、数据逻辑不一致、坐标不统一等问题，建立起城市统一的房地产空间数据库，依托地理信息系统，实现现代化、信息化的房地产管理。

1.5 房地产测量的基准

1.5.1 地球的形状与地球椭球

房地产测量工作主要是在地球表面上进行的,地球是一个赤道稍长、南北极稍扁的近似椭球体。地球自然表面极不规则,有高山、丘陵、平原和海洋。在表述地球空间点的位置时,考虑到海洋面积约占整个地球表面的71%,陆地面积约占29%,通常把海水面所包围的地球实体看做地球的形体,依此确定测量工作的基准依据,进而确定地球空间点的位置。

假想将自由静止的海水面延伸穿过岛屿与陆地而形成的连续封闭曲面称为大地水准面。大地水准面是受地球重力影响而形成的重力等位面,其特点是处处与铅垂线方向垂直。通常将与大地水准面相切的平面或与之平行的平面称为水平面。大地水准面是测量工作的基准面。

由大地水准面所包围的地球形体称为大地体。由于地球内部质量分布不均匀,引起铅垂线的方向产生不规则变化,所以虽然大地水准面比陆地表面光滑很多,但仍为一个复杂的曲面(图1.1),大地体无法用数学公式表达,在这样一个不规则的曲面上处理测量数据非常不便。在实际工作中,采用了一个在形体上与大地体非常接近,并可用数学公式表述的几何形体——地球椭球来代替地球的形状(图1.2),作为测量计算工作的基准面。地球椭球是一个椭圆绕其短轴旋转而成的形体,故又称为旋转椭球。旋转椭球由长半径 a(或短半径 b)和扁率 α 所确定。

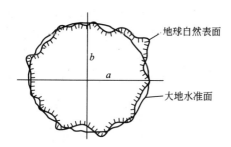

图 1.1 地球自然表面、大地水准面

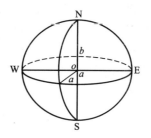

图 1.2 旋转椭球

我国现行的1980年国家大地坐标系(也称为1980西安坐标系),大地原点在陕西省泾阳县永乐镇,所采用的椭球元素为

长半径 $a = 6378140\text{m}$

扁率 $\alpha = 1 : 298.257$

其中 $\alpha = \dfrac{a-b}{a}$

由于地球椭球的扁率很小,当测区范围不大时,可近似地把地球椭球作为圆球,其平均半径 R 为

$$R = (2a+b)/3 \approx 6371\text{km}$$

1.5.2 地面点位的表示

地面点的空间位置通常用地面点到大地水准面的铅垂距离及其在投影面上的坐标表示,也就是由地面点的高低位置和在投影面上的位置构成三维坐标。此外,还可用地心坐标表示其三维空间位置。

1. 地面点在投影面上的坐标

地面点在投影面上的位置通常用球面坐标、平面坐标表示。球面坐标常用大地地理坐标,平面坐标常用高斯平面直角坐标和独立平面直角坐标。

1) 大地地理坐标

以地球椭球面为参考面,即投影面,用经度、纬度表示地面点在椭球面上位置的坐标称为地理坐标。

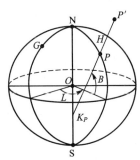

图 1.3 大地坐标

大地地理坐标又称为大地坐标,用大地经度 L 和大地纬度 B 表示地面点在旋转椭球面上的位置。例如在图 1.3 中,P' 是地面点,P 是其在参考椭球面上的位置,P' 点的大地经度 L 就是 P 点所在子午面 NPSO 和首子午面 NGSO 所夹的二面角;经度自首子午线起向东或向西度量,从首子午线起,向东为东经 $0°$ 至 $180°$,向西为西经 $0°$ 至 $180°$。P' 点的大地纬度 B 就是过 P 点的法线与参考椭球赤道面所成的夹角。

2) 高斯平面直角坐标

地理坐标是球面坐标,不便于在平面上进行点位的表达、设计和计算。所以,通常采用高斯平面直角坐标来描述地面点的位置。高斯平面直角坐标系是按高斯横切椭圆柱投影的方法建立的,简称高斯投影。首先,将从野外采集、计算得到的地面点位数据按一定的方法改化到参考椭球面上;再将参考椭球面按一定经差划分成若干投影带;然后将参考椭球装入横向椭圆柱筒中进行分带等角投影 [图 1.4(a)],将每个投影带投影到柱面上,最后沿柱面母线剪开、展平得到各点的平面直角坐标 [图 1.4(b)]。

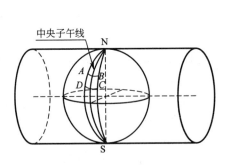
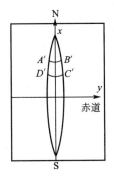

(a) 椭球面上的投影带 (b) 投影展开后的投影带

图 1.4 高斯投影

投影带的划分方法是从首子午线起,自西向东每隔经差 6°划分一个投影带(称为六度带),将整个地球划分成经差相等的 60 个带,如图 1.5 所示。带号从首子午线起自西向东编,用阿拉伯数字 1、2、3、…、60 表示。位于各带中央的子午线称为各投影带的中央子午线。第一个六度带的中央子午线的经度为 3°,任一投影带的中央子午线的经度 L_0,可按(1-1)式计算

$$L_0 = 6°N - 3° \tag{1-1}$$

式中,N——投影带的号数。反之,若已知地面某点的经度 L,则计算该点所在统一六度带编号的公式为

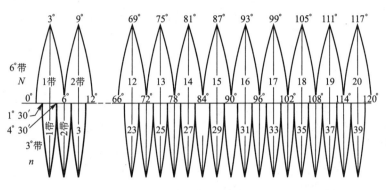

图 1.5 3°、6°高斯投影带

$$N = \text{Int}\left(\frac{L}{6}\right) + 1 \tag{1-2}$$

式中,Int——取整函数。

高斯投影属于正形投影,即投影后角度不变,长度会发生变化。在高斯投影中,离中央子午线近的部分变形小,离中央子午线愈远变形愈大,两侧对称。投影时椭圆柱的中心轴线位于赤道面内并且通过球心,使地球椭球上某六度带的中央子午线与椭圆柱面相切,在椭球面上的图形与椭圆柱面上的图形保持等角的条件下,将整个六度带投影到椭圆柱面上,如图 1.4(a)所示。然后,将椭圆柱沿着通过南北极的母线剪开并展成平面,便得到六度带的投影平面,如图 1.4(b)所示。中央子午线经投影展开后是一条直线,其长度不变形;纬圈 AB 和 CD 投影在高斯平面直角坐标系统内仍为曲线($A'B'$ 和 $C'D'$);赤道经投影展开后是一条与中央子午线成正交的直线。以中央子午线的投影作为纵轴,即 x 轴,赤道的投影为横轴,即 y 轴,两直线的交点作为原点,则组成高斯平面直角坐标系。

我国位于北半球,x 坐标均为正值,而 y 坐标值有正有负。在图 1.6(a)中,$y_A = +165080$ m,$y_B = -307560$ m。为避免横坐标出现负值,我国规定把高斯投影坐标纵轴向西平移 500 km。将坐标纵轴西移后 $y_A = 500000 + 165080 = 665080$ m,$y_B = 500000 -$

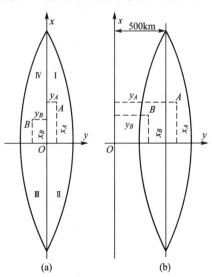

图 1.6 高斯平面直角坐标

307560=192440m，如图 1.6(b)所示。

为了区分不同的投影带，还应在横坐标值前冠以两位数的带号。例如，A 点位于第 19 带内，则其横坐标 y_A 为 19665080m。

在房地产测量中，有时要求投影变形更小，可采用三度分带投影法，从东经 1°30′ 起，每经差 3° 划分一带，将整个地球划分为 120 个带(图 1.5)，每带中央子午线的经度 L_0' 可按下式计算

$$L_0' = 3°n \qquad (1-3)$$

式中，n——三度带的号数。

若已知某点的经度为 L，则该点所在 3° 带的带号为 $n = \dfrac{L}{3}$（四舍五入）。

高斯平面直角坐标系建立后，即可在平面上描述地面点的位置。如在图 1.7 中，地面点 P 经高斯投影后位于某投影带高斯平面上的 P_0 处。再以高程(图 1.7 所示的高程为大地高)来描述 P 点的高度。

我国采用的 1980 西安坐标系和 54 年北京坐标系均是按照高斯平面直角坐标投影原理建立的，不同的是椭球参数和大地原点不一样。我国地处东经 74°～135°，六度带在 13～23 带之间，三度带在 25～45 带之间。

3）独立平面直角坐标系

面积较大的城市，通常需要通过高斯分带投影来建立高斯平面直角坐标系。但当城市半径小于 10km 时，可用城市中心点 a 的切平面 p 来代替曲面作为投影面，即忽略地球曲率对地面点位置表达的影响，如图 1.8 所示。此时，地面点投影在投影面上的位置可用独立的平面直角坐标来确定。为了使城市内各点坐标均为正值，一般规定原点 O 选在城市的西南角，南北方向为纵轴 x 轴，向北为正，向南为负；以东西方向为横轴 y 轴，向东为正，向西为负。

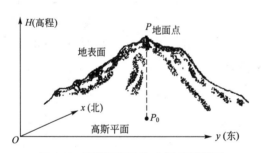

图 1.7　高斯平面直角坐标系投影面

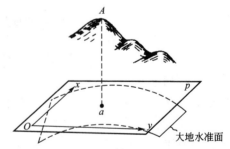

图 1.8　独立平面直角坐标系投影面

2. WGS84 坐标系与 CGCS2000 国家大地坐标系

WGS 是美国国防局为 GPS 导航定位于 1984 年建立的地心坐标系，1985 年投入使用。WGS84 坐标系的原点为地球质心，Z 轴指向 BIH(国际时间局)1984.0 定义的协议地球极(CTP)方向，X 轴指向 BIH1984.0 的零度子午面和 CTP 赤道的交点，Y 轴与其他两轴构成右手正交坐标系，尺度采用引力相对论意义下局部地球框架下的尺度。其采用的参考椭球参数 $a=6378137$m，$\alpha=1/298.257223563$。

CGCS2000 国家大地坐标系是我国最新建立的地心坐标系。国家测绘总局于 2008 年 6 月 18 日颁布，7 月 1 日开始执行。原点为地球质心，Z 轴指向历元 2000.0 的地球参考极，

X 轴指向格林尼治参考子午面与地球赤道面(历元 2000.0)的交点，Y 轴与 Z 轴、X 轴成右手正交坐标系，尺度采用引力相对论意义下局部地球框架下的尺度。其采用参考椭球参数 $a=6378137\text{m}$，$\alpha=1/298.257222101$。

WGS84 坐标系、CGCS2000 国家大地坐标系、1980 西安坐标系和 54 年北京坐标系均可根据相互关系(转换参数)进行坐标转换。

3. 地面点的高程

地面点的高低位置又称为高程，也就是地面点到基准面的铅垂距离。由于基准面不同，高程又分为绝对高程和相对高程。绝对高程是指地面点到大地水准面的铅垂距离，又称海拔。如在图 1.9 中 A、B 两点的绝对高程分别为 H_A、H_B。相对高程是指地面点到某一假定水准面的铅垂距离，又称为假定高程，当个别地区引用绝对高程有困难时使用。例如图 1.9 中 A、B 点的相对高程分别为 H'_A、H'_B。两地面点间的绝对高程或相对高程之差称为高差，地面点 A、B 两点之间的高差 h_{AB} 为

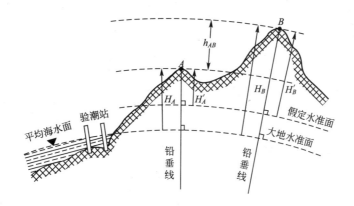

图 1.9 地面点的高程

$$h_{AB}=H_B-H_A=H'_B-H'_A \tag{1-4}$$

由此可见，两点间的高差与高程起算面无关。

我国采用"1985 年高程基准"，青岛水准原点的高程为 72.260m，并以此为基准测算到全国各地。

1.5.3 城市房地产测量坐标系统的选择

1. 平面坐标系统

(1) 一般采用 1980 西安坐标系，也可采用其他国家坐标系或地方坐标系；当采用其他国家坐标系或地方坐标系时，应与 1980 西安坐标系联测并建立转换关系。

(2) 采用 1980 西安坐标系时，1:10000 或 1:5000 数据采用 3°高斯投影带。1:50000 数据采用 6°高斯投影带。中央子午线按照标准方法选定。

(3) 1:500、1:1000、1:2000 数据应根据城市所处经度位置和城市平均高程面综合考虑。当投影长度变形值不大于 2.5cm/km 时，坐标系统应选择高斯投影统一三度带的高

斯平面直角坐标系统。当投影长度变形值大于 2.5cm/km 时，应根据具体情况选择合适的抵偿面作为投影面或采用任意带高斯投影建立城市平面直角坐标系统。

2. 高程系统

一般采用"1985 国家高程基准"。

本 章 小 结

本章主要讲述了房地产测量的基本概念、作用、特点，房地产测量的内容，地籍测量与房产测量的关系，房地产测量的基本程序，房地产测量空间基准等。

本章的重点是房地产测量的内容、房地产测量程序。

习　　题

1-1　单项选择题

1. 房地产测量就是对土地、房屋的（　　）、地理空间位置、形状和大小、质量等级、利用现状等相关信息进行调查与测量。

　　A. 权属　　　　　　　B. 用途　　　　　　　C. 坐落　　　　　　　D. 编号

2. 房地产测量以（　　）为核心。

　　A. 宗地　　　　　　　B. 利用　　　　　　　C. 面积　　　　　　　D. 权属

3. 房地产测量可分为（　　）。

　　A. 房地产基础测量和房地产项目测量
　　B. 房地产基础测量和房地产变更测量
　　C. 农村房地产测量和城市房地产测量
　　D. 房地产管理测量和房地产开发测量

4. 从行政管理的角度来说，房地产测量的首要目的是为了（　　）。

　　A. 综合管理、规划　　　　　　　　　　B. 登记、发证
　　C. 房地产税收　　　　　　　　　　　　D. 查清房地产数量

5. 在一般情况下土地、房产界址点以及相关房地产要素点，相对于临近控制点的点位中误差应不大于（　　）。

　　A. ±0.01m　　　　　B. ±0.05m　　　　　C. ±0.10m　　　　　D. ±0.15m

6. 房地产测量的土地单元是（　　）。

　　A. 地块　　　　　　　　　　　　　　　B. 房地产开发项目
　　C. 市辖区　　　　　　　　　　　　　　D. 宗地

7. 进行土地、房屋产权登记时，土地、房屋产权人需要向（　　）提出登记申请。

　　A. 当地房地产管理部门　　　　　　　　B. 当地测绘管理部门
　　C. 当地房地产规划部门　　　　　　　　D. 当地县级以上人民政府

8. 高斯投影属于（　　）投影。

A. 等角　　　　B. 等面积　　　　C. 等长度　　　　D. 等比例

9. 当城市按统一投影带高斯投影的长度变形值大于(　　)/km 时,则宜选择任意带高斯投影建立城市平面直角坐标系统。

A. 2.5m　　　　B. 2.5dm　　　　C. 2.5cm　　　　D. 2.5mm

10. 我国现行的采用最广泛的全国统一平面直角坐标系是(　　)。

A. 1954 北京坐标系　　　　　　　　B. 1980 西安坐标系
C. CGCS2000 国家坐标系　　　　　D. WGS-84 坐标系

1-2　多项选择题

1. 进行房地产测量是为了获取土地或房屋的(　　)。

A. 权属　　　　B. 位置　　　　C. 质量　　　　D. 面积
E. 用途　　　　F. 价格

2. 下列属于房地产测量成果资料的是(　　)。

A. 分幅地籍图　　B. 房产平面图　　C. 地形图　　D. 宗地图
E. 建筑施工平面图

3. 地籍测量是针对(　　)的调查和测量。

A. 土地权属　　B. 土地位置　　C. 土地等级　　D. 土地面积
E. 土地利用现状　　F. 土地植被

4. 房产测量是针对(　　)的调查和测量。

A. 房屋产权状况　　B. 房屋位置　　C. 房屋建筑面积　　C. 房屋质量
D. 房屋坐落　　F. 房屋周边环境

5. 通常地方或城市房地产测量的基准投影面可以选择(　　)。

A. 大地水准面　　　　　　　　B. 地表面
C. 当地高程抵偿面　　　　　　D. 参考椭球面
F. 当地平均高程面

6. 下列有关高斯平面直角坐标系的描述中正确的是(　　)。

A. 以高斯投影展开的投影带中央经线为坐标纵轴,向北为正,标为 x 轴
B. 投影带的边缘投影误差较大
C. 以高斯投影展开的赤道为坐标横轴,向东为正,标为 y 轴
D. 坐标原点向西平移 500km
E. 高斯平面上表示的土地面积与投影前的土地面积相等

1-3　计算题

1. 某地的经度为 118°43′,试计算它所在的六度带和三度带号,相应六度带和三度带的中央子午线的经度是多少?

2. 我国某地一点的平面坐标 $x=23456.789$m,$y=21123456.789$m,该点所在 6°投影带为多少?该点到赤道和投影带中央子午线的距离分别为多少?

1-4　思考题

1. 什么是房地产测量?与普通测量相比有哪些特点?
2. 房地产测量的任务和作用是什么?
3. 根据本书观点,房地产测量包含哪些内容?
4. 什么是地籍测量?什么是房产测量?各包含哪些工作内容?

5. 我国目前地籍测量与房产测量的关系是怎样的？
6. 建立城市数据统一的房地产数据库有何意义？
7. 简述房地产测量的基本程序。
8. 简述城市房地产平面直角坐标系是如何建立的。
9. 什么是地方坐标系？在什么情况下使用地方坐标系？

第2章 测量基础

教学目标

本章主要讲述确定地面点位置的要素和方法,水准测量方法与计算,角度测量与计算,距离测量方法,直线方位角确定,地面点平面直角坐标计算,全站仪测量,GPS测量基本原理。通过本章的学习,达到以下目标:
(1) 掌握水准测量、角度测量、距离测量的基本概念、基本方法、基本计算;
(2) 掌握用平面直角坐标系表示地面点位置的方法,坐标方位角的概念和计算方法;
(3) 掌握极坐标计算公式和计算方法;
(4) 了解利用全站仪测量地面点坐标的基本原理和过程;
(5) 了解水准仪、经纬仪、测距仪、全站仪、GPS等测量仪器系统的基本原理和构成。

教学要求

知识要点	能力要求	相关知识
水准测量	(1) 掌握水准测量高程的基本原理和测量实施过程 (2) 掌握简单水准路线的计算方法	(1) 高程、水准点、转点 (2) 测站、水准仪 (3) 闭合、符合水准路线、闭合差计算
角度测量	(1) 掌握水平角、垂直角的概念 (2) 掌握采用测回法观测水平角、垂直角的步骤 (3) 掌握水平角、垂直角计算方法	(1) 方向值、角度 (2) 经纬仪、对中、整平 (3) 测回法 (4) 2C误差、指标差 (5) 水平角、垂直角的应用
距离测量	(1) 了解钢尺测距的精度及其范围 (2) 了解电磁波测距精度及其范围,基本原理 (3) 掌握钢尺量距的一般方法和计算方法 (4) 掌握地磁波测距的基本方法和程序	(1) 距离概念 (2) 距离相对误差 (3) 直线定线 (4) 地磁波测距标称精度
直线的坐标方位角	(1) 掌握直线方位角的定义 (2) 掌握坐标方位角的推算方法 (3) 了解方位角的实际应用	(1) 标准方向的种类 (2) 正、反坐标方位角 (3) 坐标计算
极坐标计算	(1) 掌握极坐标法对确定地面点位的重要意义 (2) 掌握极坐标计算公式及其实际应用	(1) 坐标方位角 (2) 坐标增量 (3) 极坐标法

基本概念

确定地面点位三要素、高程测量、角度测量、距离测量、三角高程测量、直线方位角、地面点直角坐标计算、全站仪测量、GPS测量。

引例

在测量的传统定位方法中,为了测定某个地面点坐标,主要通过观测该点所在的未知边与已知边之间的水平角来推算未知边的坐标方位角,再通过观测该点到地面已知点的距离,利用坐标方位角和距离来计算该点相对于已知点的坐标增量,从而计算出该点坐标。

2.1 确定地面点位的三要素

1. 地面点位的确定

测量的核心问题是定位,即确定地面点的位置。如前所述,地面点的位置由其在某个特定坐标系的位置参数来表示。在房地产测量中,地面点位置通常采用平面直角坐标系来描述,因此,简单来说,地面点的确定就是确定地面点的平面坐标(x, y)和高程H。

2. 确定地面点位的三要素

利用现有的测量技术手段确定地面点,即确定某个地面点的x、y、H,是通过测量与该地面点有关的三个要素来实现的,这三个要素即高差、水平角和距离。

1) 高差

高差即两个地面点之间的高程之差,用h表示,通过测量高程未知点与已知点间的高差,可以确定未知点的高程。高差一般采用水准测量、三角高程测量、GPS测量等方法测定。

2) 角度

角度一般指空间两条相交直线之间的夹角。测量时一般采用水平角和垂直角两种。水平角用于推算方位和点的平面坐标,垂直角用于测定高差。其中水平角对于测量定位更为重要,应用更广泛。水平角、垂直角测量一般采用经纬仪、电子经纬仪或全站仪来进行。

3) 距离

距离一般指任意两点间的空间距离。测量时,距离指两个地面点间的水平距离。距离测量用于确定地面上的水平长度,从而计算地面点的平面坐标。距离测量一般采用钢尺量距、电磁波测距等方法。

2.2 水准测量

水准测量是测定高程最为简便、可靠的一种方法,在各种精度等级的高程测量中被广泛应用。其实质是通过测定地面点间的高差来确定地面点高程。

2.2.1 水准测量原理

水准测量的基本原理就是利用水平视线测得两点间的高差，进而由已知点的高程求得未知点的高程。

如图 2.1 所示，为测得 A、B 两地面点（设为木桩顶面）之间的高差 h_{AB}，在 A、B 两点之间安置水准仪（图 2.2）。水准仪是一种能提供水平视线的仪器。当仪器视线水平时，分别在 A、B 两点上竖立水准尺，量取此时仪器视线相对于 A 点的高度 a（称为后视读数）和相对于 B 点的高度 b（称为前视读数），则 A、B 的高差可以由式(2-1)简单计算得出。以上过程称为水准测量一测站或一站。

$$h_{AB}=a-b \tag{2-1}$$

若其中 A 点高程为已知，则 B 点高程可由式(2-2)求出。

$$H_B=H_A+h_{AB} \tag{2-2}$$

此即为水准测量原理。

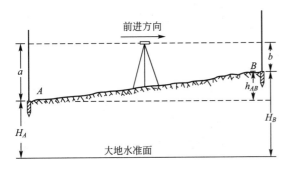

图 2.1 水准测量原理

图 2.2 S3 水准仪

2.2.2 水准测量实施

在实际工作中，欲测定高差的两地面点通常相距较远或高差较大。此时，需要在两点间设置若干个测站和立尺点来实施水准测量。如图 2.3 所示，地面点 A 的高程已知为 H_A，

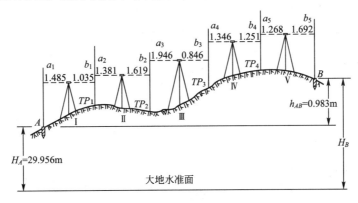

图 2.3 水准测量的实施

为了依据已知点 A 测定 B 点高程，需要从 A 点开始Ⅰ、Ⅱ、Ⅲ、…逐个测站进行测量，TP_1、TP_2 为临时立尺点，称为转点，作用是传递高程。

从各测站上读取的后视读数和前视读数分别为 a_1、b_1，a_2、b_2，…，a_n、b_n，则各测站测得的高差分别为

$$h_1 = a_1 - b_1$$
$$h_2 = a_2 - b_2$$
$$\cdots$$
$$h_n = a_n - b_n$$

将以上各式相加，得

$$h_{AB} = h_1 + h_2 + \cdots + h_n = \sum_{i=1}^{n} h_i \tag{2-3}$$

或写成

$$h_{AB} = \sum_{i=1}^{n} a_i - \sum_{i=1}^{n} b_i \tag{2-4}$$

根据上述过程测得的 A、B 间高差可计算出 B 点的高程为 $H_B = H_A + h_{AB}$。

2.2.3 水准路线的检核与计算

1. 水准路线检核

由于测量误差的存在，测量数值难免有误，通过 2.2.2 节的过程测定的高差值并不可靠。在实际测量时，通常将水准测量路线布设成闭合水准路线(图 2.4)、附和水准路线(图 2.5)等形式的水准路线，通过计算高差闭合差来检核水准路线，从而保证水准测量的精度。

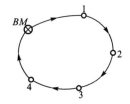

图 2.4 闭合水准路线　　　图 2.5 附和水准路线

水准测量实测高差与其理论值之间的差值即为高差闭合差，用 f_h 表示。

(1) 闭合水准路线高差闭合差计算，公式如下：

$$f_h = \sum h_{测} \tag{2-5}$$

(2) 附合水准路线高差闭合差计算，公式如下：

$$f_h = \sum h_{测} - (H_B - H_A) \tag{2-6}$$

不同等级的水准测量，其高差闭合差容许值由规范给出。地籍、房产测量一般采用等外水准测量的精度等级，其高差闭合差的容许值为

$$\left. \begin{array}{l} 平地：f_{h容} = \pm 40\sqrt{L} \text{ (mm)} \\ 山地：f_{h容} = \pm 12\sqrt{n} \text{ (mm)} \end{array} \right\} \tag{2-7}$$

式中 L——水准路线的总长度，km；

n——水准路线的测站总数。

若 $|f_h| \leqslant |f_{h容}|$，则水准路线高差测量成果合格，否则应重新观测。

2. 水准路线计算

当水准路线高差闭合差满足 $|f_h| \leqslant |f_{h容}|$ 时，说明水准测量观测达到了相应精度等级要求，但高差闭合差需要进行合理的处理，以求得各未知点的正确高程。

通常以测段为单位，依据各测段的长度（或测站数），将高差闭合差按比例分配到各个测段，所得的各测段高差闭合差的配赋值称为高差改正数，以此计算出各测段改正后高差，从而推算出各未知点高程。

下面通过一个山地五等水准路线测量实例来说明计算方法。

【例 2-1】 某附合水准路线测量数据如图 2.6 所示，A 点的高程 $H_A = 20.321\text{m}$，B 点的高程 $H_B = 23.884\text{m}$，1、2、3 为高程待定点，各测段高差观测值为 $h_1 = +1.485\text{m}$、$h_2 = +2.083\text{m}$、$h_3 = -1.637\text{m}$、$h_4 = +1.596\text{m}$，各测段测站数为 $n_1 = 5$、$n_2 = 6$、$n_3 = 4$、$n_4 = 5$。

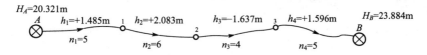

图 2.6 附合水准路线略图

则该附和水准路线的计算过程和结果见表 2-1。

表 2-1 水准路线的计算

测段编号	点名	测站数	实测高差(m)	改正数(mm)	改正后高差(m)	高程(m)	备注
1	2	3	4	5	6	7	8
1	A	5	+1.485	9	+1.494	20.321	已知点
2	1	6	+2.083	11	+2.094	21.815	
3	2	4	-1.637	7	-1.630	23.909	
4	3	5	+1.596	9	+1.605	22.279	
∑	B	20	+3.527	36	+3.563	23.884	已知点

辅助计算	$f_h = -36\text{mm}$ $f_{h容} = \pm 10\sqrt{n}(\text{mm}) = \pm 12\sqrt{20}(\text{mm}) = \pm 53.7(\text{mm})$ $|f_h| < |f_{h容}|$ $n = 20 \quad f_h/n = 1.8\text{mm}$

2.3 角度测量

角度测量是测量工作的基本内容之一,包括水平角测量和竖直角测量。测量角度的仪器是经纬仪和全站仪,如图2.7、图2.8所示。

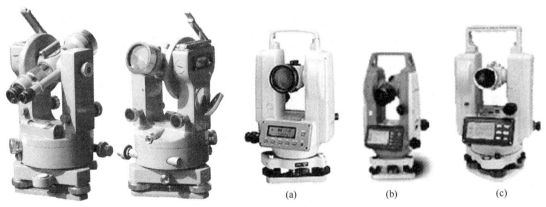

图2.7 光学经纬仪　　　　　　　图2.8 电子经纬仪

2.3.1 水平角测量

1. 水平角测量原理

两个竖直平面之间的二面角就是水平角。如在图2.9中,A、B、C为地面上高低不同的3个点,将其沿铅垂线方向投影到水平面H之后,得到A_1、B_1、C_1 3个点,空间直线BA和BC所构成的水平角为$\angle A_1B_1C_1$,即β。

为了测定水平角β,先在B点安置一台经纬仪。经纬仪的测角机构核心是水平度盘。水平度盘是一个有精密刻度的圆盘,例如J6光学经纬仪,从读数窗口观察到的水平度盘及其测微器的影像如图2.10所示。水平读盘可以严格地随着经纬仪在水平方向上的旋转

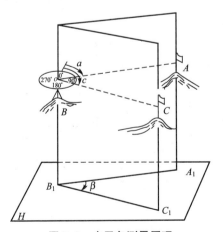

图2.9 水平角测量原理

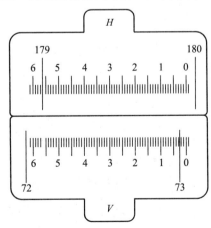

图2.10 光学经纬仪度盘读数

而转动。测量水平角时,水平度盘的圆心位于过 B 点的铅垂线上,且度盘保持水平,经纬仪视线 BA 对应水平度盘的读数为 a(称为方向值),经纬仪视线 BC 对应水平度盘的读数为 c,则水平角 β 就是反映在水平度盘上的两个方向值 a、c 的差值,即

$$\beta = c - a \tag{2-8}$$

这就是水平角测量原理。

2. 测回法水平角观测

经纬仪系统是一个复杂系统,其本身存在的系统误差给角度测量带来很大影响。为了尽可能抵消仪器系统误差,水平角通常需要采用测回法观测。

经纬仪观测可采用盘左或盘右两种状态。盘左又称为正镜,指竖直度盘位于望远镜的左侧;盘右又称为倒镜,指竖直度盘位于望远镜的右侧。

测回法观测,就是采取盘左、盘右观测角度,以消减经纬仪系统误差的影响。

如图 2.11、图 2.12 所示,欲测量 BA 和 BC 两方向之间的水平角 β,在测站点 B 安置经纬仪,在两目标点 A、C 竖立照准标杆,然后按以下步骤进行观测。

图 2.11 水平角观测

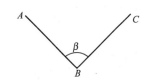

图 2.12 测回法观测水平角

(1)以盘左位置照准目标 A,读取水平度盘的读数,记为 $a_左$;然后,顺时针旋转照准部,照准目标 C,读取水平度盘读数,记为 $b_左$,完成上半测回,上半测回测角值为

$$\beta_左 = b_左 - a_左 \tag{2-9}$$

(2)翻转望远镜至盘右位置,旋转照准部照准目标 B,读水平度盘读数,记为 $b_右$;然后,逆时针旋转照准部照准目标 A,读水平度盘读数,记为 $a_右$,则完成下半测回,下半测回角值为

$$\beta_右 = b_右 - a_右 \tag{2-10}$$

理论上,盘左半测回角值与盘右半测回角值应该相等。但由于测量误差的存在,两者之间往往会存在一定的差异。该差异必须小于规范规定的限值(规范规定 DJ_6 型经纬仪盘左盘右两半测回角值之差应小于 $\pm 40''$)。

实际较差超过限值时,应查找原因,并重新进行测量。若较差小于限值,则取两半测回角值的平均值作为一测回角值,即

$$\beta = \frac{1}{2}(\beta_左 + \beta_右) \tag{2-11}$$

将上述观测成果记录于观测手簿中,见表 2-2。

表 2-2 测回法观测水平角

测站	目标	竖盘位置	水平度盘读数	半测回角值	一测回角值	各测回平均值
O	A	盘左	0°00′06″	90°23′36″	90°23′42″	90°23′46″
	B		90°23′42″			
	B	盘右	270°23′48″	90°23′48″		
	A		180°00′00″			
O	A	盘左	90°00′18″	90°23′48″	90°23′51″	
	B		180°24′06″			
	B	盘右	0°24′18″	90°23′54″		
	A		270°00′24″			

2.3.2 垂直角测量

1. 垂直角测量原理

空间直线与水平面之间的夹角称为垂直角,用 α 表示。若经纬仪视线位于水平线的上方,称其为仰角,角值为正;若经纬仪视线位于水平线的下方,称其为俯角,角值为负。竖直角的变化范围在 $-90°\sim+90°$ 之间。

竖直角测量原理的示意图如图 2.13 所示,在测站点的铅垂线上竖直地安置一个有精密刻度的圆盘,称为竖直度盘,竖直度盘与经纬仪望远镜严格同轴,并严格跟随望远镜的高低俯仰而转动相应的量。在测量竖直角时,竖直度盘与经纬仪视线严格处于同一个竖直面,这样,竖直度盘上的读数即可准确地反映出竖直角的大小。

当目标点的高度一定时,竖直角的大小与经纬仪架设的高度有关。

2. 垂直角测量

测定竖直角时,为了消减仪器系统误差影像,通常也需要采用测回法测量。

如图 2.14 所示,盘左望远镜视线水平时,竖盘读数为 90°。当望远镜向上仰一个角度

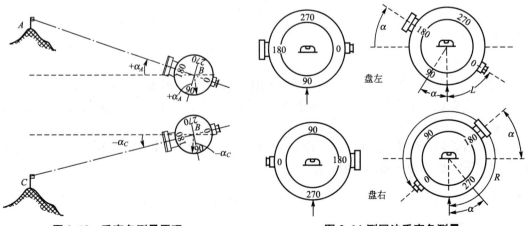

图 2.13 垂直角测量原理　　　　图 2.14 测回法垂直角测量

α 后,竖盘指标水准管气泡居中,竖盘读数为 L 减少,则盘左观测的竖直角为

$$\alpha_左 = 90° - L \tag{2-12}$$

在盘右状态,望远镜视线水平时,竖盘的读数为 270°。当望远镜向上仰一个角度 α 后,竖盘指标水准管气泡居中,竖盘读数为 R 增加,则盘右观测的竖直角为

$$\alpha_右 = R - 270° \tag{2-13}$$

将盘左、盘右观测的竖直角取平均,得到一测回角值为

$$\alpha = \frac{1}{2}(\alpha_左 + \alpha_右) \tag{2-14}$$

根据上式计算的角值是正值时,则为仰角,是负值时,为俯角。

因此,测回法测量某垂直角一测回的顺序为,盘左瞄准目标,读取竖直度盘读数 L,翻转望远镜,使仪器处于盘右位置,再次瞄准目标读数,读取竖直度盘读数 R,即可按式(2-12)、式(2-13)及式(2-14)计算出该垂直角。

2.4 距离测量

在测量中,距离是指两点间的水平直线长度。如果测量了两点间的斜距,还需要根据两点间的高差或垂直角改算为水平距离。进行距离测量通常采用钢尺量距、电磁波测距(光电测距)等方法。

2.4.1 钢尺量距

钢尺又称为钢卷尺,长度有 20m、30m 及 50m 等几种。钢尺的基本分划为厘米,最小分划为毫米。一般钢尺尺面在整米、整分米及整厘米处均有数字注记。

根据钢尺零点位置的不同,可以将钢尺分为端点尺和刻线尺。端点尺以尺的最外端作为尺的零点,如图 2.15(a)所示,使用该尺从建筑物墙边开始丈量时很方便。刻线尺以尺前端的注记零的刻线作为尺的零点,如图 2.15(b)所示。

为了防止钢尺量距中发生错误并评估量距精度,一般需要对距离进行往返测量,当往返测量的较差值在允许范围内时,取往返测量的平均值作为量距结果。量距精度用相对误差 K 表示

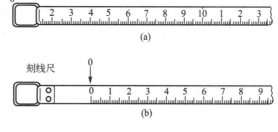

图 2.15 端点尺和刻线尺

$$K = \frac{|D_往 - D_返|}{D_{平均}} \tag{2-15}$$

当量距的相对误差小于等于相对误差的容许值时,可取往、返量距的平均值作为最终成果。在平坦测区,钢尺量距的相对误差一般优于 $\frac{1}{3000}$。

钢尺量距适合于平坦地面的距离测量和较短距离(小于 30m)的距离测量。测量时,需

要保持钢尺水平并在钢尺两端施加足够的拉力。当待测距离超过钢尺长度时,需要定线后分段丈量。

2.4.2 电磁波测距

1. 电磁波测距原理

电磁波测距也被称为光电测距。它是通过测定电磁波在两点间传播的时间来计算距离的。按采用的电磁波的种类不同,可分为红外测距、激光测距、超声波测距等。目前在房地产测量中使用较多的是激光测距仪。

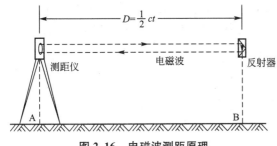

图 2.16 电磁波测距原理

如图 2.16 所示,欲测定 A、B 两点间的距离 D,在 A 点安置仪器,在 B 点放置反射器(棱镜)。仪器发出的电磁波由 A 到达 B,经棱镜反射后又返回到仪器。由于光速 c(约 3×10^8 m/s)为已知,若能测定电磁波往返传播的时间 t,则距离 D 可由下式求得

$$D=\frac{1}{2}ct \tag{2-16}$$

为了精确测定时间 t,目前普遍采用相位法来实现。应用最多的是延迟测相和数字测相,目前短程激光测距仪均采用数字测相原理来求得 φ。测距仪连续发出调制为某种恒定频率 f 的电磁波,则在发射时刻到返回被接收时刻,电磁波传播的总相位为 $\varphi=2\pi ft$。又可表示为 $\varphi=2\pi\cdot N+\Delta\varphi$,$N$ 为整周数,$\Delta\varphi$ 为不足一个整周期(2π)的相位差。相位差 $\Delta\varphi$ 可由测距仪内置的相位计精确测定。若将此部分也表示为 $\Delta\varphi=2\pi\cdot\Delta N$,则式(2-16)可变化为

$$D=\frac{c}{2}\cdot\frac{\varphi}{2\pi f}=\frac{c}{2f}\left(N+\frac{\Delta\varphi}{2\pi}\right)=\frac{\lambda}{2}(N+\Delta N) \tag{2-17}$$

式中,λ——调制波的波长。通常把 $\lambda/2$ 视为测距仪的"测尺"。

相位法测距采用两种不同波长的调制波来解决整周数 N 不能测定的问题。例如,精测尺 $\lambda_1/2=10$m,粗测尺 $\lambda_2/2=1000$m,当精测结果为 6.815m,粗测结果为 636.8m 时,仪器显示的组合距离为 636.815m。

电磁波测距仪的测距精度一般可达 1/10000。按仪器类型的不同,测程有 200m、500m、1km、5km、10km,有的可达 20km。

2. 手持激光测距仪

手持激光测距仪是利用激光对目标的距离进行准确测定的仪器,如图 2.17 和图 2.18 所示。手持激光测距仪的基本参数有以下几个:测量精度为 ±1.5mm,测量距离范围为 0.05~80m,最小显示单位为 1mm,测量时间延迟小于 5 秒。激光基本功能:距离测量、面积/体积测量、最小及最大测量、三角测量、延时测量、放线测量。此外它还具备 30 组数据存储功能。电池为 AAA 型,4×1.5V,可进行 20000 次测量。尺寸为 $130\times55\times30$mm,重量为 150g,工作环境温度为 $-10\sim50$℃。

图 2.17　南方 PD-8
手持激光测距仪

图 2.18　喜利得 PD42
手持激光测距仪

2.5　三角高程测量

通过测定两点之间的距离(或斜距)及垂直角,计算两点间的高差,从而确定地面点高程的方法称为三角高程测量。电磁波测距技术出现后,三角高程测量方法得到广泛的应用。

与前面介绍的水准测量方法相比,三角高程测量方法不仅速度快、效率高,而且受地形限制小,在山区、平地均适用。目前四等及以下精度的高程测量一般都采用三角高程测量方法。

如图 2.19 所示,A、B 为地面上的两点。在 A 点安置全站仪(或经纬仪),在 B 点架设棱镜(或竖立标杆)。测量出仪器中心至反光镜中心(或标杆顶端)的斜距 S 以及垂直角 α,用小钢尺量取仪器高 i 和目标高(又称觇高)v,则 A、B 两点间的高差为:

$$h_{AB} = S \cdot \sin\alpha + i - v \quad (2-18)$$

如果已知 A、B 两点间的平距 D,则高差 h_{AB} 也可按下式计算:

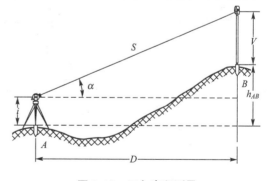

图 2.19　三角高程测量

$$h_{AB} = D \cdot \tan\alpha + i - v \quad (2-19)$$

当 A、B 两点间的距离较大(如超过 300m),且高程测量的精度要求比较高时,需要考虑地球曲率和大气折光对垂直角的影响。

2.6　直线的方位角

要确定地面上两点之间的绝对位置,仅知道两点之间的水平距离是不够的,还必须确定此直线与标准方向之间的关系。确定直线与标准方向之间水平角度的过程称为直线定向。

2.6.1 标准方向的种类

1. 真子午线方向

通过地球表面某点的真子午线的切线方向，称为该点真子午线方向。通常真子午线方向用天文测量方法或用陀螺经纬仪进行测定。

2. 磁子午线方向

磁子午线方向是在地球磁场的作用下，磁针在某点自由静止时其轴线所指的方向。磁子午线方向可用罗盘仪测定。

3. 坐标纵轴方向

我国采用高斯平面直角坐标系，每6°或3°投影带都以该带中央子午线的投影作为坐标纵轴，其特点是在同一坐标系中各点的纵坐标轴相互平行。因此，在工程测量中常用坐标纵轴方向作为直线定向的标准方向。

2.6.2 直线的方位角

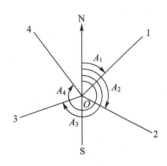

图 2.20 直线方位表示方法

测量工作中的直线都是具有一定方向的。通常采用方位角来表示直线的方向。由标准方向的北端起，顺时针方向量到某直线的夹角，称为该直线的方位角。方位角的变化范围为 0°~360°。

如图 2.20 所示，若标准方向 ON 为真子午线，并用 A 表示真方位角，则 A_1、A_2、A_3、A_4 分别为直线 O1、O2、O3、O4 的真方位角。若 ON 为磁子午线方向，则各角分别为相应直线的磁方位角。磁方位角用 A_m 表示。若 ON 为坐标纵轴方向，则各角分别为相应直线的坐标方位角，用 α 来表示。

2.6.3 正、反坐标方位角

同一直线具有正、反两个方位角，如图 2.21 中的直线 AB。以过 A 点的坐标纵轴北方向作为标准方向确定的直线 AB 的坐标方位角 $α_{AB}$，称为直线 AB 的正坐标方位角。以过 B 点的坐标纵轴北方向作为标准方向确定的直线 AB 的坐标方位角 $α_{BA}$，称为直线 AB 的反坐标方位角（是直线 BA 的正坐标方位角）。正、反坐标方位角相差 180°，即

$$α_反 = α_正 ± 180° \qquad (2-20)$$

由于地面各点的真（或磁）子午线收敛于两极，各点的真（或磁）北方向并不互相平行，因此同一直线的真（或磁）正、反方位角之间并不严格相差 180°，这就给测量计算带来了不

便,故在测量工作中常采用坐标方位角进行直线定向。

2.6.4 坐标方位角的推算

为了使整个测区坐标系统统一,在测量工作中并不直接测定每条边的方位,而是通过与已知点(其坐标已知)的连测,以推算出各边的坐标方位角。

如图 2.22 所示,A、B 为已知点且 A、B 两点通视,则称 AB 边为已知边。根据 AB 边的已知坐标方位角 α_{AB},可以沿着 B-A-1-2-3-A 的推算路线来推算出各边的坐标方位角。通过连测得到 AB 边与 $A1$ 边的连接角 β'(为左角),若测出了各点的转折角 β_A、β_1、β_2 和 β_3(为右角),现在要推算 $A1$、12、23 和 $3A$ 边的坐标方位角。左(右)角的判定方法是沿着推算路线方向行进,若转折角在左手边,则该转折角为左角;若右手边,则为右角。图 2.22 中的连接角 β' 为左角,其余转折角均为右角。由图 2.22 可以看出

$$\alpha_{A1} = \alpha_{BA} - (360° - \beta'_{左}) = \alpha_{AB} - 180° + \beta'_{左}$$
$$\alpha_{12} = \alpha_{1A} - \beta_{1(右)} = \alpha_{A1} + 180° - \beta_{1(右)}$$
$$\alpha_{23} = \alpha_{12} + 180° - \beta_{2(右)}$$
$$\alpha_{3A} = \alpha_{23} + 180° - \beta_{3(右)} \tag{2-21}$$
$$\alpha_{A1} = \alpha_{3A} + 180° - \beta_{A(右)}$$

将算得的 α_{A1} 与原推算值进行比较,以检核计算中有无错误。

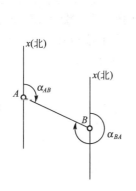

图 2.21 正反坐标方位角

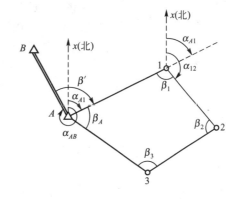

图 2.22 坐标方位角推算

2.7 全站仪测量

全站型电子速测仪(简称全站仪)是指在测站上一经观测,必需的观测数据如斜距、天顶距(垂直角)、水平角等均能自动显示,而且几乎是在同一瞬间得到平距、高差和点的坐标的测量仪器。如通过传输接口把全站仪野外采集的数据终端与计算机、绘图机连接起来,配以数据处理软件和绘图软件,即可实现测图的自动化。

近年来,新一代的全站仪无论是在外形、结构、体积和重量等方面,还是在功能、效率方面,都有了很大的进步。目前,全站仪在我国房地产测量中已经得到了广泛的使用。

2.7.1 全站仪的组成

1. 全站仪的组成

全站仪由电子经纬仪、光电测距仪、微处理器和数据记录装置组成。全站仪外形结构沿用了光学经纬仪的基本特点,其内部结构也保留了光学经纬仪的基本轴系。但全站仪的核心部件却与计算机、光电子等技术密切相关。它包括光电测角系统、光电测距系统、光电补偿系统、光学瞄准系统、控制总线、微处理器、输入输出接口、存储器、显示器和键盘等,此外还有配套的锂电池、数据线等配件。

图 2.23 所示的是普通全站仪的基本系统和器件。微处理器是全站仪的核心部件,它如同计算机的 CPU,主要由寄存器系列(缓冲寄存器、数据寄存器、指令寄存器)、运算器和控制器组成。微处理机的主要功能是根据键盘指令启动全站仪进行测量工作,执行测量过程的检验和数据的传输、处理、显示、储存等工作,保证测量工作有条不紊地完成。

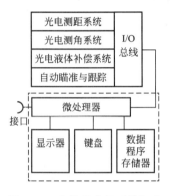

图 2.23 全站仪内部系统组成

输入、输出单元是与外部设备连接的接口。数据存储器是测量成果数据的存储单元。为了便于测量人员设计软件系统,处理某种用途的测量参数,全站仪的计算机还设有程序存储器。此外,全站仪通常内置有全站仪专用的测站设置、定向等程序以及常用的测量程序。图 2.25 和图 2.26 显示了与全站仪配套的反射镜件。下面以南方 NTS-50R 全站仪为例进行说明,如图 2.24 所示。

图 2.24 南方 NTS-50R 全站仪

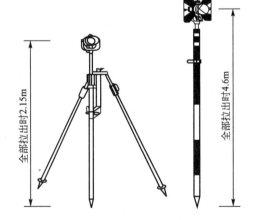

图 2.25 棱镜与对中杆

2. 全站仪的基本功能

全站仪型号众多,功能丰富,但其基本功能相似。图 2.27 和图 2.28 显示了南方 NTS-50R 型全站仪的操作面板和基本功能部件。

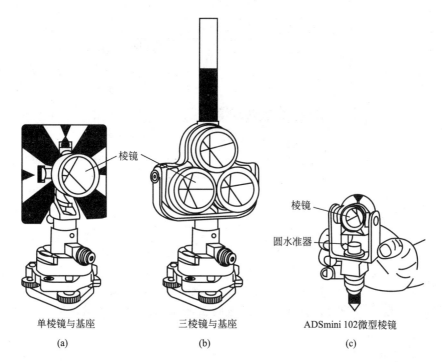

图 2.26 反光棱镜与基座

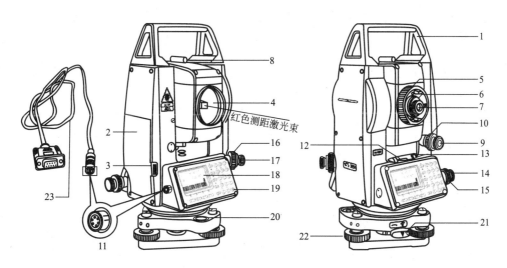

图 2.27 南方 NTS-50R 全站仪功能部件

1—手柄；2—电池盒；3—电池盒按钮；4—物镜；5—物镜调焦螺旋；6—目镜调焦螺旋；7—目镜；8—光学瞄准器；9—望远镜制动螺旋；10—望远镜微动螺旋；11—RS232C 通信接口；12—管水准器；13—管水准器校正螺丝；14—水平制动螺旋；15—水平微动螺旋；16—光学对中器物镜调焦螺旋；17—光学对中器目镜调焦螺旋；18—显示窗；19—电源开关键；20—圆水准器；21—轴套锁定钮；22—脚螺旋；23—数据线

1) 快速测量功能

(1) 单测量：即单次测角或单次测距。

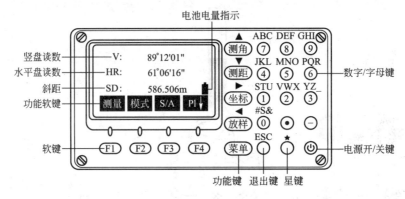

图 2.28 南方 NTS-50R 全站仪操作界面

(2) 全测量：即角度、距离全部同时测量。

(3) 跟踪测量：如同跟踪测距，也可跟踪测角。

(4) 连续测量：角度或距离分别连续测量，或同时连续测量。

(5) 程式测量：即按内置程序进行快速间接测量，如坐标测量、悬高测量、对边测量等。

2) 参数输入储备功能

(1) 角度、距离、高差的输入、存储。

(2) 点位坐标、方位角、高程的输入、存储。

(3) 修正参数(如距离改正数)的输入、存储。

(4) 测量术语、代码、指令的输入、存储。

基本参数的输入、存储功能，为整个测量工作，后期数据处理及应用提供充分的准备。

3) 计算与显示功能

(1) 观测值(水平角、竖直角、斜距)的显示。

(2) 水平距离、高差的计算与显示。

(3) 点位坐标、高程的计算与显示。

(4) 储备的指令与参数的显示。

全站仪的参数输入、储备、计算与显示功能，可在整个测量过程中解决最基本的数据处理及结果显示问题，服务于整个测量技术过程。

4) 测量的记录、通信传输功能

全站仪的通信传输功能是以有线形式或无线形式与有关的其他设备进行测量数据的交换。

5) 内置测量程序

普通全站仪一般配备的内置测量程序有以下几种。

(1) 测站设置定向程序。

(2) 交会定点程序。

(3) 坐标放样程序。

(4) 面积测算程序。

此外通常还有偏心测量、对边测量、悬高测量等程序。

2.7.2　全站仪极坐标测量

极坐标法是全站仪测定地面点坐标最常用的方法。

如图 2.29 所示,已知数据 $A(x_A,y_A)$,$B(x_B,y_B)$,全站仪观测数据为水平角 β,水平距离 S,则地面点 P 的坐标 $P(x_P,y_P)$ 按下式计算得出

$$\left.\begin{array}{l}x_P=x_A+S\cos(\alpha_{AB}+\beta)\\y_P=y_A+S\sin(\alpha_{AB}+\beta)\end{array}\right\} \quad (2-22)$$

式中,α_{AB}——直线 AB 的坐标方位角,$\alpha_{AB}=\arctan\dfrac{y_B-y_A}{x_B-x_A}$。

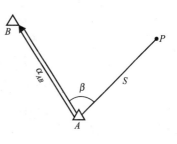

图 2.29　极坐标法图示

使用全站仪进行极坐标测量时,在测站点 A 点架设全站仪后,首先根据测站点 A、定向点 B 的已知坐标数据,分别启动仪器内置的测站、定向程序,根据提示输入测站点坐标、定向点坐标并检查,然后瞄准定向点 B 进行仪器定向,完成后即可开始逐个点进行未知点的坐标测量。通常全站仪能直接显示并记录测定的点坐标。

2.8　GPS 测量

全球卫星导航定位系统(Global Navigation Satellite System,GNSS)与传统的测量定位技术相比,有着许多独特的优势,已经被广泛应用于测量定位和其他许多相关领域。目前有美国的 GPS 系统、俄罗斯的 GLONASS 系统、欧洲的 GALILEO 系统和中国的 CAMPASS(北斗)系统。下面以 GPS 系统为例对其定位原理进行简要介绍。

2.8.1　GPS 定位的基本原理

GPS 通过测定地面点与卫星之间的距离来定位。地面点定位依赖 GPS 卫星已知的瞬时位置,通过地面点接收多颗 GPS 卫星信号,来计算地面点的位置。

如图 2.30 所示,若 GPS 接收机连续观测出卫星信号到达接收机的时间 Δt,那么卫星与接收机之间的距离 ρ 为

$$\rho = c \times \Delta t + \sum \delta_i \quad (2-23)$$

式中,c——信号传播速度;

$\sum \delta_i$——有关的改正数之和,如电离层改正等。

GPS 定位就是三维空间距离的后方交会,定位过程如图 2.31 所示,A、B、C 为已知的瞬时卫星位置,接收机的位置坐标 (x,y,z) 可由式(2-24)计算:

$$\left.\begin{array}{l}\rho_A^2=(x-x_A)^2+(y-y_A)^2+(z-z_A)^2\\\rho_B^2=(x-x_B)^2+(y-y_B)^2+(z-z_B)^2\\\rho_C^2=(x-x_C)^2+(y-y_C)^2+(z-z_C)^2\end{array}\right\} \quad (2-24)$$

图 2.30 GPS 接收机

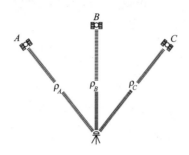

图 2.31 GPS 定位的基本原理

式中，x_A，y_A，z_A——A 点的空间直角坐标；
x_B，y_B，z_B——B 点的空间直角坐标；
x_C，y_C，z_C——C 点的空间直角坐标。

2.8.2 伪距法绝对定位原理

GPS 卫星根据自己的星载时钟发出含有测距码的调制信号，经过 Δt 时间的传播后到达接收机，此时接收机的伪随机噪声码发生器在接收机时钟的控制下，又产生一个与卫星发射的测距码结构完全相同的复制码。通过机内的可调延时器将复制码延迟时间 τ，使得复制码与接收到的测距码对齐。在理想情况下，时延 τ 就等于卫星信号的传播时间 Δt，将传播速度 c 乘以时延 τ，就可以求得卫星至接收机天线相位中心的距离 $\bar{\rho}$，即

$$\bar{\rho} = c \times \tau \tag{2-25}$$

考虑到卫星时钟和接收机时钟不同步的影响以及电离层和对流层对传播速度的影响，所以将 $\bar{\rho}$ 称为伪距。真正距离 ρ 和伪距 $\bar{\rho}$ 之间的关系式为

$$\rho = \bar{\rho} + \delta\rho_{\text{ion}} + \delta\rho_{\text{trop}} - cv_{\text{ta}} + cv_{\text{tb}} \tag{2-26}$$

式中，$\delta\rho_{\text{ion}}$，$\delta\rho_{\text{trop}}$——表示电离层和对流层的改正；
v_{ta}，v_{tb}——表示卫星时钟的钟差改正和接收机的钟差改正。

2.8.3 载波相位测量

载波相位测量的观测量是 GPS 接收机所接收的卫星载波信号与接收机参考信号的相位差。以 $\varphi_k^j(t_k)$ 表示 k 接收机在接收机钟时刻 t_k 时所接收到的 j 卫星载波信号的相位值，$\varphi_k(t_k)$ 表示接收机在钟时刻所产生的本地参考信号的相位值，则 k 接收机在接收机钟时刻 t_k 时观测 j 卫星所取得的相位观测量为

$$\varphi_k^j(t_k) = \varphi_k^j(t_k) - \varphi_k(t_k) \tag{2-27}$$

接收机与观测卫星的距离为

$$\rho = \varphi_k^j(t_k) \times \lambda \tag{2-28}$$

式中，λ——波长，通常的相位或相位差测量只是测出一周以内的相位值，在实际测量中，如果对整周进行计数，则自某一初始取样时刻(t_0)开始就可以取得连续的相位测量值。

如图 2.32 所示，在初始 t_0 时刻，测得小于一周的相位差为 $\Delta\varphi_0$，其整周数为 N_0^j，此时包含整周数的相位观测值应为

$$\varphi_k^j(t_0) = \Delta\varphi_0 + N_0^j = \varphi_k^j(t_0) - \varphi_k(t_0) + N_0^j \tag{2-29}$$

接收机继续跟踪卫星信号，不断测得小于一周的相位差 $\Delta\varphi(t)$，并利用整波计数器记录从 t_0 到 t_i 时间内的整周数变化量 $\text{Int}(\varphi)$，只要卫星从 t_0 到 t_i 期间信号没有中断，则初始时刻整周模糊度 N_0^j 就为一个常数，这样，任一时刻 t_i 卫星到 k 接收机的相位差为

$$\varphi_k^j = \varphi_k^j(t_i) - \varphi_k(t_i) + N_0^j + \text{Int}(\varphi) \tag{2-30}$$

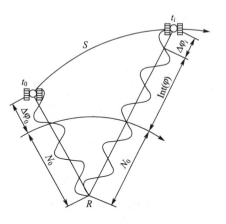

图 2.32 载波相位测量原理

本 章 小 结

本章主要讲述了确定地面点位置的要素和方法，水准测量方法与计算，角度测量与计算，距离测量方法，直线方位角确定，地面点平面直角坐标计算，全站仪测量，GPS 测量基本原理。

本章的重点是水准测量、角度测量、距离测量基本原理、方法及其计算，直线方位角确定，极坐标计算。

习 题

2-1 单项选择题

1. 确定地面点的位置，一般要通过测量与地面点有关的三个要素来进行。三要素是指（　　）。
    A. X 坐标，Y 坐标，高程 H B. 水平角，竖直角，距离
    C. 水平角，距离，高差   D. 方位角，垂直角，距离
2. 采用测回法进行水平角、竖直角的观测，目的是（　　）。
    A. 抵消仪器的系统误差   B. 抵消测量的偶然误差
    C. 防止读错   D. 以上都对
3. 水平角是（　　）之间的夹角。
    A. 空间两直线   B. 空间直线与水平面
    C. 空间直线与竖直面   D. 两条空间直线所在的竖直面

4. 垂直角是(　　)之间的夹角。
   A. 空间两直线
   B. 空间直线与水平面
   C. 空间直线与竖直面
   D. 两条空间直线所在的竖直面

5. 在水准测量中，闭合水准路线的高差闭合差为(　　)。
   A. $\sum h = 0$
   B. $f_\beta = 0$
   C. $f_h = \sum h$
   D. $f_h = \sum h - H$

6. 有 A、B 两点，当高差 h_{AB} 为负时，A、B 两点哪点高？(　　)
   A. A 点比 B 点高
   B. B 点比 A 点高
   C. A 点与 B 点同高
   D. 不确定

7. 目前在房地产测量中一般采用的测距工具是(　　)。
   A. 钢尺、激光测距仪
   B. 皮尺、激光测距仪
   C. 钢尺、红外测距仪
   D. 皮尺、红外测距仪

8. 对某段距离的往返丈量结果分别是 99.95m 和 100.05m，则丈量此段距离的相对误差为(　　)。
   A. $K = 0.001$
   B. $K = 1：10^3$
   C. $K = 1/1000$
   D. $K = 1000：1$

9. 以中央子午北端作为基本方向顺时针方向量至直线的夹角称为(　　)。
   A. 真方位角
   B. 子午线收敛角
   C. 磁方向角
   D. 坐标方位角。

10. 当钢尺的名义长度比实际长度短时，丈量所得的距离值将会(　　)。
    A. 偏大
    B. 偏小
    C. 相等
    D. 无法判断

11. GPS 定位时，GPS 接收机必须同时接收到(　　)以上卫星的信号。
    A. 1 颗
    B. 3 颗
    C. 4 颗
    D. 6 颗

12. GPS 定位技术在测绘中已经得到应用和普及，近年来推出的载波相位差分技术又称为(　　)实时动态定位技术。
    A. GPS-TRK
    B. GPS-RTK
    C. GPS-KTR
    D. GPS-TKR

13. 从一特定方向北端开始，按顺时针方向测量得到的某一直线的水平角，称为该直线的(　　)。
    A. 右折角
    B. 象限角
    C. 方位角
    D. 左折角

14. 同一直线的正、反坐标方位角相差(　　)。
    A. 270°
    B. 180°
    C. 100°
    D. 90°

15. 以下不属于GPS系统特点的是(　　)。
    A. 可提供三维坐标
    B. 操作简便
    C. 受天气影响
    D. 定位精度高

2-2 思考题

1. 什么是地面点的高程？简述通过水准测量获得地面点高程的基本原理和过程。

2. 水准测量的路线检核是怎样进行的？
3. 什么是水平角？什么是垂直角？角度测量为什么需要采用测回法？
4. 进行距离测量的方法有哪些？距离测量的精度如何表示？
5. 什么是坐标方位角？坐标方位角推算的过程是怎样的？
6. 简述全站仪极坐标测量的基本过程。
7. 简述 GPS 伪距测量定位与载波相位测量定位之间的区别。

第 3 章
土地权属调查

教学目标

本章主要讲述土地权属调查的概念，土地的划分与编号，土地权属类别，土地权属调查的内容，土地权属调查的过程和程序。通过本章的学习，达到以下目标：
(1) 掌握土地权属及其类别；
(2) 掌握土地划分及其编码规则；
(3) 掌握土地权属调查的具体内容；
(4) 掌握土地权属调查的基本程序。

教学要求

知识要点	能力要求	相关知识
土地及其权属	(1) 掌握土地权属性质 (2) 掌握土地权属类别 (3) 了解土地权属确认方式	(1) 土地单元、宗地 (2) 集体土地、国有土地 (3) 使用权、所有权、他项权 (4) 文件确认，惯用确认，仲裁确认
土地划分及其编号	(1) 掌握土地权属单元 (2) 掌握土地的三级划分 (3) 掌握土地的编号、编码规则	(1) 宗地，界址点，界址线 (2) 县(区)、地籍区、地籍子区的概念 (3) 全国统一《宗地代码编制规则(试行)》，5个层次编码的含义 (3)《中华人民共和国行政区划代码》
土地权属调查内容	(1) 掌握宗地权属调查的基本调查项，基本内容 (2) 掌握土地权属状况调查、土地界址调查内容 (3) 了解土地权源，我国集体、国有土地权利取得的方式及其有关规定	(1) 土地权属性质、权属类别 (2) 土地权利人，权源，方式，时间 (3) 宗地坐落、位置 (4) 宗地界址点、界址线具体位置 (5) 土地上的附着物，本地块利用现状、地类编码 (6) 相邻宗地或地块的状况
土地权属调查程序	(1) 了解土地初始与变更调查的不同概念 (2) 掌握初始调查的基本程序 (3) 掌握地籍调查表的填写	(1) 初始调查、变更调查 (2) 调查过程：通知、指界、标定界址点、丈量界址边长、绘制宗地草图 (3) 在土地确权过程中一方或双方违约情况及其处理 (4) 地籍调查表及其填写内容

基本概念

地籍、集体土地、国有土地、土地权属确认、使用权、所有权、他项权、土地编号、土地权属调查、宗地、宗地编码、宗地草图、界址点、界址线、地类、地籍调查表。

引例

地籍测量是城市、城镇地块最为全面、系统的土地信息采集过程。其中的土地属性信息如宗地编号、权属类别、权利人、权源、坐落、利用状况等，需通过权属调查来获得。在初始调查中，首先将一个县或县级行政区划分为多个地籍区，每个地籍区划分为多个地籍子区，对每个地籍区、地籍子区逐一进行编号，并对各地籍子区内的所有宗地逐宗进行编号、调查和确权，将所有的宗地属性信息填入地籍调查表。

3.1 土地权属概述

3.1.1 地籍与土地权属调查

我国人口众多，人均可利用土地很少。随着我国社会经济的发展，对土地的需求量猛增，土地管理的形势日趋严峻。由于历史原因，我国在改革开放以前的地籍档案基本上是空白的。从 20 世纪 90 年代起，我国开始了地籍调查、地籍测量工作。经过 20 多年的努力，目前全国已基本建立起了城市、城镇地籍档案或地籍数据库。

地籍是由国家建立和管理的土地基本信息的集合。简单地说，地籍就是土地的户籍，是登记土地信息的账册和簿册，这些簿册用数据、图形、图表等形式记录了土地及其附着物的权属、位置、数量、质量和利用状况。

土地权属调查是政府为了取得土地的权属状况利用现状等信息而组织的一项调查工作。其基本任务就是要查清各个地块的编号、坐落、权属状况、质量等级、利用现状等方面的信息，为土地的精确定位、面积测算等地籍测量工作提供基础资料。

建立和更新城市地籍档案或地籍数据库，首先也要进行土地权属调查。相应地也将权属调查分为初始调查和更新调查两种类型。权属调查是城市、集镇和农村建设用地土地信息采集采用的主要方法和手段。

我国实行土地登记制度，任何土地都必须通过土地的审批和登记才能获得合法的地位。权属调查是土地登记的首要工作，通过对土地的权属信息、土地坐落、数量、等级以及利用现状等信息的调查，对合法获得、合法利用的土地进行审批和登记，并颁发《土地使用证》，使土地的权利得到法律的保障。

权属调查根据实施的阶段不同分为初始权属调查和变更权属调查。对尚未建立地籍的城镇或城市新区，一般需要进行初始权属调查。已建立地籍的城市、城镇和乡村，则需进行日常的土地权属变更调查以维护地籍数据的现势性。

3.1.2　土地权属

土地权属是指土地产权的归属，一般指土地所有权和土地使用权及土地其他相关权利的统称。

1. 土地所有权

土地所有权是土地所有制在法律上的体现，是指土地所有者在法律规定的范围内，对所拥有的土地具有的占有、使用、收益和处分的权利。

我国实行的社会主义土地公有制分为全民所有制（即国家所有、国有）和集体所有制（即集体所有）。因此土地制度存在两种土地所有权：国有和集体所有，反映在所有权上即国家土地所有权和农村集体土地所有权。按我国现行的法律规定，城市市区的土地属于国家所有，即国有；农村和城市郊区的土地，除由法律规定属于国家所有的（如国营农产、林场、工矿企业等）以外，农村耕地、林地、宅基地和自留地、自留山、水域，属于农村村民集体所有，即集体所有。土地所有权受国家法律的保护。

2. 土地使用权

土地使用权就是依法对土地长期或有限期地占有、使用和收益的权利。我国的企业、机关、团体、学校、农村集体以及其他企事业单位和公民，根据法律的规定并经有关单位批准，可以有偿或无偿的方式获得国有土地或集体土地使用权。

3. 土地他项权

土地他项权是在土地所有权或土地使用权基础上派生或发生的土地的其他权利。一般包括抵押权、租赁权、地役权、继承权、耕作权等。

4. 土地权属主

土地权属主也称为土地权利人（法人或自然人），是指具有土地所有权的单位和土地使用权的单位或个人。在我国，根据土地法律的规定，国家机关、企事业单位、社会团体、"三资"企业、农村集体经济组织和个人，经有关部门的批准，可以有偿或无偿使用国有土地，土地使用者依法享有一定的权利，并承担一定的义务。

依照法律规定的农村集体经济组织可构成土地所有权单位。乡、镇企事业单位，农民个人等可以使用集体所有的土地。集体所有的土地，由县级人民政府登记造册，核发土地权利证书，确认所有权和使用权。单位和个人依法使用的国有土地，由县级或县级以上人民政府登记造册，核发土地使用权证书，确认使用权。

3.1.3　土地权属确认

1. 土地权属确认方式

所谓土地权属的确认（简称确权）是指依照法律对土地权属状况的认定，包括土地所有权和土地使用权的性质、类别、权属主及其身份、土地位置等的认定。确权涉及用地的历史、现状、权源、取得时间、界址及相邻权属主等状况，是一件细致而复杂的工作。在一般情况下，确权工作由当地政府授权的土地管理部门主持，土地权属主(或授权指界人)、相邻土地权属主(或授权指界人)、地籍调查员和其他必要人员都必须到现场指界。具体的确认方式如下。

(1) 文件确认：根据权属主所出示并被现行法律所认可的文件来确定土地使用权或所有权的归属，这是一种较规范的土地权属认定手段，城镇土地使用权的确认大多用此方法。

(2) 惯用确认：主要是对若干年以来没有争议的惯用土地边界进行认定的一种方法，是一种非规范化的权属认定手段，主要适用于农村和城市郊区。在使用这种认定方法时，为了防止错误发生，要注意以下几点：一是尊重历史，实事求是；二是注意四邻认可，指界签字；三是不违背现行法规政策。

(3) 协商确认：当确权所需文件不详或认识不一致时，本着团结、互谅的精神，由各方协商，对土地权属进行认定。

(4) 仲裁确认：在有争议而达不成协议的情况下，双方都能出示有关文件而又互不相让的情况下，应充分听取土地权属各方的申述，实事求是地、合理地进行裁决，不服从裁决者，可以向法院申诉，通过法律程序解决。

2. 农村地区(含城市郊区)土地所有权和使用权的确认

农村土地所有权和使用权的确认涉及村与村、乡与乡、乡村与城市、村与独立工矿及事业单位的边界等。它不但形式复杂，而且往往用地手续不齐全。因此，应将文件确认、惯用确认、协商确认和仲裁确认几种方式结合起来确认农村土地所有权和使用权。对于完成了土地利用现状调查的地区，其调查成果的表册和图件是很有说服力的确权文件的，应予承认。

铁路、公路、军队、风景名胜区和水利设施等用地，其所有权属于国家，使用权归各管理部门。由于这些用地分布广泛，并且比较零乱，其权属边界比较复杂。在进行土地权属调查时，按照土地使用原则和征地或拨地文件确认土地的使用权和所有权。

3. 城市土地使用权的确认

城市的土地所有权为国家所有，权属主只有土地使用权。城市土地使用权主要按以下文件确认。

(1) 单位用地红线图。红线图是指在大比例尺的地形图上标绘用地单位的用地红线，并注有用地单位名称、用地批文的文件名、批文时间、用地面积、征地时间、经办人和经办单位印章等信息的一种图件。红线图的形成经过建设立项、上级机关批准、用地所在市县审批、城市规划部门审核选址、地籍管理部门和建设用地部门审定和办理征(拨)地手续，再由城市勘测部门划定红线等一系列法定手续。红线图是审核土地权属的权威性文件。在进行地籍调查时，可根据该红线图来判定土地权属，并到实地勘定用地范围的边界。

(2) 房地产使用证。它包括地产使用证、房地产使用权证和房产所有权证。在从1949年以来的几十年中，有的城市曾经核发过地产使用证。1978—1986年，城市房地产部门组织过地籍测量，绘制过房产图，并发放过房地产使用权证或房产所有权证，这些文件可作为确权依据。

(3) 土地使用合同书、协议书、换地协议等。在从1949—1986年的几十年中，企事业单位之间的调整、变更，企事业单位之间的合并、分割、兼并、转产等情况，他们所签订的各种形式的土地使用合同书、协议书、换地书等，本着尊重历史、注重现实的原则，可作为确权文件。

(4) 征(拨)地批准书和合同书。1949—1982年，企事业单位建设用地采取征(拨)地制度。权属主所出示的征(拨)地批准书和合同书可作为确权文件。

(5) 有偿使用合同书(协议书)和国有土地使用权证书。1986年之后，国家进一步明确了土地所有权与使用权分离的制度，改无偿使用土地为有偿使用土地。政府土地管理部门为国有土地管理人，以一定的使用期限和审批手续，对土地使用权进行出让、转让或拍卖。所签订的有偿使用合同书(或协议书)和发放的国有土地使用权证是土地使用权确认文件。

(6) 城市住宅用地确权文件。现阶段我国的城市住宅有3种所有制，即全民所有制住宅、集体所有制住宅和个人所有制住宅。在一般情况下，住宅的权属主同时是该住宅所坐落的土地的权属主。单位住宅用地根据其征(拨)地红线图和有关文件确权；个人住宅用地(含购商品房住宅)根据房产证、契约等文件确权；奖励、赠与的房屋用地应根据奖励证书、赠与证书和有关文件(如房产证)确认土地使用权。

3.1.4 土地权属调查的基本要求

权属调查由各区、县级市土地调查工作机构负责组织完成。专业调查(测绘)队伍担负技术性工作，所有地籍房产要素均必须由国土房管部门确定或确认。

权属调查原则上应在地籍测量前完成，房产调查则应在地籍测量完成后进行。若部分测区无该测区的地籍图或地形图资料，则可在完成数字化地籍测量形成图形后进行地籍调查工作。

权属调查的内容包括权属人及其性质、土地坐落、土地权属性质、宗地四至、界址认定、土地利用类别、土地权属来源及使用情况等。此外，房屋的结构、层次，虽属房产调查内容，但在进行地籍权属调查和地籍测量时，也应进行调查并注记在工作图上。

房产调查的内容包括房屋的坐落、产权人、产权性质、产别、所在层次、建筑结构、房屋门牌(包括临编门牌)、栋号、建成年份、用途、建基面积(此项由测量单位提供)、墙体归属、权源、产权纠纷和他项权利等。房产调查的具体内容见本书第7章。

权属调查的界址点应用规定的方式在现场标出，并以宗地为单位进行编号。

所有调查过程均应详细记录，并按规定填写地籍调查表和房产调查表，其中界址的认定应由所涉各方的权利人或其代理人在共同指界后签字盖章(未确定具体使用人的公共用地除外)。

3.2 土地的划分与编号

3.2.1 土地的划分

1. 宗地

在一个城市或一个行政区域内，连续分布的地表面(包括水面)被不同的权利人瓜分，形成多个大小不同、相互毗邻的地块，这些地块称为宗地。

宗地是地籍和土地管理的基本单元，也是土地最小的产权单元。宗地之间的界线称为土地的权属界线或界址线。凡是被权属界线封闭的、有明确权属主和利用类别的地块均称为一宗地。

宗地的划分应以方便土地管理为原则。一般将属于单一权利人、具有独立使用权的地块划为一宗地。对于在实际操作中存在的一些特殊情况可以进行如下处理。

(1) 几个使用者共同使用一块土地，并且相互之间界线难以划清，应按共用宗地处理，也称为混合宗地。

(2) 住宅小区土地的宗地划分，一般可以分为两类。一类是封闭式小区，小区有明显的围墙、建筑物外墙、铁栅栏等可作为宗地的权属界线，以整个小区为一宗地。另一类是开放式小区，可以以小区内的主干公共道路为分界，划分为若干宗。

(3) 对于大型工矿、企业、机关、学校内经济独立核算的单位(有自己的法人代表或已具有申请法人代表的资格)应独立划宗。

(4) 对于土地所有权属、土地使用者相同，土地用途明显不同，并且不同用途的面积较大、利用类别界线明确的情况，原则上应分宗表示。

(5) 凡是被区、县、街道、镇(乡)等行政界线或公用道路、河流分割的土地，不论其是否同属于一个土地使用者，一律应分宗表示。

(6) 土地权属有争议的地块可设为一宗地；界址线有争议的，可以将争议范围单独设宗。

(7) 公用广场、停车场、道路、水域、市政绿化用地、市政设施公共用地、城镇村内部公用地、空闲地等可单独设宗。

2. 界址线与界址点

相邻宗地地块之间权属的分界线称为界址线。宗地界线的拐点称为界址点。界址点决定着土地的准确位置和大小，是最重要的地籍要素之一。在权属调查中，权属界线涉及双方对宗地界线的确认，实际上就是对一系列界址点位置的确认。

一般来说，某宗地界线的复杂程度决定着该宗地界址点的数量。界址线有的简单，如直线，有的复杂，如圆弧线、曲线等。在调查中，调查人员不但要依据双方指界情况，还需要根据实际情况，合理设置界址点数量，合理标定每个界址点的准确位置，使得标定的界址线能最准确地反映宗地的实际边界。

3. 市(县)、镇(街区/地籍区)行政界线和街坊(地籍子区)界线

4. 土地权属调查的内容

(1) 土地的权属状况，包括宗地权属性质、权属来源、取得土地时间、土地使用者或所有者名称、土地使用期限等。

(2) 土地的位置，包括土地的坐落、界址、四至关系等。

(3) 土地的行政区划界线，包括行政村界线(相应级界线)、村民小组界线(相应级界线)、乡(镇)界线、区界线以及相关的地理名称等。

(4) 对于城镇国有土地，调查土地的利用状况和土地等级级别。

3.2.2 土地编号

要达到科学管理土地的要求，地籍必须建立地块标识和逻辑体系，包括土地的划分规则和编号系统，这不仅有利于土地利用规划、计划、统计与管理，而且便于资料整理以及信息化、自动化管理，以及检索、修改、存储、利用。我国土地管理以县或县级行政区域为基本调查、管理单位，称为调查区，每个调查区对宗地进行统一编号管理。其可划分为以下几个层次：县(市)—地籍区(乡、镇、街道)—地籍子区(街坊)—宗地。

在调查区内，主要依据乡(镇)或街道办事处的行政界线，结合明显地物特征划分地籍区。地籍区应不重、不漏。在地籍区内，主要依据行政村或街坊界线，结合明显地物特征划分地籍子区。地籍子区应不重、不漏。地籍区和地籍子区划定后应保持稳定，原则上不随行政或管理界线变化而调整。

1. 宗地编码

宗地编码也称为宗地号或地籍号，是土地单元在地籍档案和数据库中的关键标识，使每宗地均获得一个唯一的代码。为实施全国土地和城乡地政统一管理，实现全国宗地编码的标准化，以适应土地统一登记的需要，国土资源部制定了《宗地代码编制规则(试行)》。该编码规则综合了《城镇地籍调查规程》、《第二次全国土地调查技术规程》、《集体土地所有权调查技术规定》等规定规程中对宗地编码的规定，把城镇和农村编码体系中"街道、乡、镇和街道办"的概念整合为地籍区，"街坊、行政村、居委会"的概念整合为地籍子区，地籍区和地籍子区的设定可以保持编码的稳定性，为城乡一体化的土地管理及其信息化打下坚实的基础。

按《宗地代码编制规则(试行)》，宗地代码采用5层19位层次码结构，按层次分别表示县级行政区划、地籍区、地籍子区、土地所有权类型、宗地号，如图3.1所示。

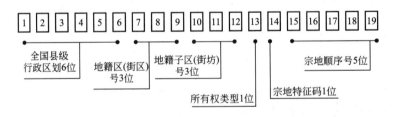

图3.1 宗地编码各字段及其含义

第一层次为县级行政区划，代码为6位，采用《中华人民共和国行政区划代码》(GB/T 2260—2007)。县级行政区划代码一般不注记在地籍图面，但在地籍数据库和地籍簿册中必须要完整表示。第二层次为地籍区，代码为3位，用阿拉伯数字表示。第三层次为地籍子区，代码为3位，用阿拉伯数字表示。第四层次为土地所有权类型，代码为1位，用G、J、Z表示。G表示国家土地所有权，J表示集体土地所有权，Z表示土地所有权争议。第五层次为宗地号，代码为6位，包括1位宗地特征码和5位宗地顺序码。其中，宗地特征码用A、B、S、X、C、D、E、F、W、Y表示。A表示集体土地所有权宗地，B表示建设用地使用权宗地(地表)，S表示建设用地使用权宗地(地上)，X表示建设用地使用权宗地(地下)，C表示宅基地使用权宗地，D表示土地承包经营权宗地(耕地)，

E 表示林地使用权宗地，F 表示草原使用权宗地，W 表示使用权未确定或有争议的土地，Y 表示其他土地使用权宗地，用于宗地特征扩展。

宗地顺序码用 00001~99999 表示，在相应的宗地特征码后顺序编码。

当未划分地籍子区时，相应的地籍子区编号用 000 表示，在此情况下地籍区也代表地籍子区。

跨地籍区或地籍子区的连续的铁路、公路、河流，可以单独划分为一个地籍区或地籍子区，用 999 表示。为了保证宗地代码的唯一性，因宗地的权利类型、界址发生变化，宗地代码在相应宗地特征码的最大宗地顺序码后续编，原宗地代码不再使用。新增宗地编号在相应宗地特征码的最大宗地顺序码后续编。宗地编码规则见表 3-1。

表 3-1　全国宗地统一编码规则

代码	代码含义
XXXXXX	县(市、区)行政区划代码
XXXXXX001	001 地籍区
XXXXXX001001	001 地籍子区
XXXXXX001001G	国家所有
XXXXXX001001GBXXXXX	建设用地使用权宗地(地表)
XXXXXX001001GSXXXXX	建设用地使用权宗地(地上)
XXXXXX001001GXXXXXX	建设用地使用权宗地(地下)
XXXXXX001001GDXXXXX	土地承包经营权宗地(耕地)
XXXXXX001001GEXXXXX	林地使用权宗地
XXXXXX001001GFXXXXX	草原使用权宗地
XXXXXX001001GWXXXXX	使用权未确定或有争议的土地
XXXXXX001001GYXXXXX	其他土地使用权宗地
XXXXXX001001J	集体所有
XXXXXX001001JAXXXXX	集体土地所有权宗地
XXXXXX001001JBXXXXX	建设用地使用权宗地(地表)
XXXXXX001001JSXXXXX	建设用地使用权宗地(地上)
XXXXXX001001JXXXXXX	建设用地使用权宗地(地下)
XXXXXX001001JCXXXXX	宅基地使用权
XXXXXX001001JDXXXXX	土地承包经营权宗地(耕地)
XXXXXX001001JEXXXXX	林地使用权宗地
XXXXXX001001JFXXXXX	草原使用权宗地
XXXXXX001001JWXXXXX	使用权未确定或有争议的土地
XXXXXX001001JYXXXXX	其他土地使用权宗地

(续)

代码	代码含义
XXXXXX001001Z	土地所有权争议
XXXXXX001001ZAXXXXX	集体土地所有权宗地
XXXXXX001001ZBXXXXX	建设用地使用权宗地(地表)
XXXXXX001001ZSXXXXX	建设用地使用权宗地(地上)
XXXXXX001001ZXXXXXX	建设用地使用权宗地(地下)
XXXXXX001001ZCXXXXX	宅基地使用权
XXXXXX001001ZDXXXXX	土地承包经营权宗地(耕地)
XXXXXX001001ZEXXXXX	林地使用权宗地
XXXXXX001001ZFXXXXX	草原使用权宗地
XXXXXX001001ZYXXXXX	其他土地使用权宗地

2．土地顺序码编号原则

（1）土地编号可采用自西向东、自北向南由00001开始的顺序编码方式。

（2）基于城乡统一编码，县级单位对同一行政区划的街道与乡镇级编码及其内的街坊与行政村级的城乡编码，应该按照地籍区和地籍子区的要求，做到顺序编码、不重号，并且编制科学规范，同时考虑到与原来城镇地籍调查测量和农村土地调查数据的衔接。

（3）同一个地籍子区从00001开始编号，不重号，不漏号。

3．土地编号举例

下面以湖北省荆州市江陵县郝穴镇为例。

1）宗地代码的5层19位码结构

地籍区(县、县级区)—地籍子区—所有权类型—特征码—宗地顺序号

2）宗地编码举例

（1）国有土地。

湖北省荆州市江陵县	郝穴镇	XX街坊	国有	地表建设使用
421024	001	001	G	B00001

（2）集体土地。

湖北省荆州市江陵县	郝穴镇	XX行政村	集体	地表宅基地使用
421024	001	007	J	C00008

3.3 土地初始权属调查

土地初始权属调查是指以宗地为单位，在一个较短的时间内，集中对某个行政区域内所有宗地的权属、位置等属性进行逐宗地调查的过程。

3.3.1 土地初始权属调查程序

1. 调查计划的拟订

首先明确调查任务、范围、方法、时间、步骤，人员组织以及经费预算，然后组织专业队伍，进行技术培训与试点。

2. 物质方面的准备

印刷统一制定的调查表格和簿册，配备各种仪器与绘图工具。

3. 调查底图的选择

根据需要和已有的图件，选择调查底图。一般要求使用近期测绘的地形图、航片、正射像片等。城镇地籍调查底图的比例尺在 1∶5000～1∶500 范围内为宜。

4. 地籍区(街区)和地籍子区(街坊)的划分

在确定了调查范围之后，还要在调查底图上，依据行政区域或自然界线划分成若干街区和街坊，作为地籍调查的基本工作区。

进行街区划分时，建制镇范围必须采用行政区域界线划分，街区范围则可参考民政部门提供的街道办事处辖区划分，并采用统计部门编制的县以下行政区划代码。街坊的划分在城镇范围可参考设立社区时划定的管理范围。在农村范围可参考行政村习惯上的控制范围。根据土地调查和测绘管理工作的实际需要，街坊也可以沿道路、河流等明显地物划分。街坊一经划分应保持稳定。

5. 宗地号预编

调查人员按土地登记申请书及权属来源证明材料对应的每一宗地勾绘到工作用图上，并在图上用铅笔注明编号。当一个街区或地籍街坊全部勾绘结束后，对街区或地籍街坊从西到东、从北到南，统一预编宗地号，并将预编的宗地号标注到地籍调查表上及登记申请书上。当一宗地分布在几幅图上时，在这几幅图内都注明该宗地的宗地号。为了方便工作，也可将工作图拼成街坊图，即街坊岛图。按上述方法预编的宗地号与调查结束后的正式宗地号基本上一致。

6. 通知书的发放

实地调查前，要向土地所有者或使用者发出通知书，同时对其四邻发出指界通知。按照工作计划，分区分片通知，并要求土地所有者或使用者(法人或法人委托的指界人)及其四邻的合法指界人，按时到达现场。

7. 土地权属资料的收集、分析和处理

在进行实地调查以前，调查员应到各土地权属单位收集土地权属资料，并对这些资料进行分析处理，确定实地调查的技术方案，并按街道或街坊将宗地资料分类，预编宗地号，在工作图上大致圈定其位置，以备实地调查。

8. 实地调查

根据资料收集、分析和处理的情况，逐宗地进行实地调查，现场确定界址位置，填写地籍调查表，绘制宗地草图。

9. 资料整理归档

在资料收集、分析、处理和实地调查的基础上，建立宗地档案，准备地籍测量所需的资料。

3.3.2 土地权属状况调查

1. 土地权属性质与土地使用权类型

土地权属性质调查分3种：国有土地使用权、集体土地所有权及集体土地使用权。国有土地使用权一般分为划拨国有土地使用权、出让国有土地使用权、国家作价出资（入股）国有土地使用权、国家租赁国有土地使用权、国家授权经营国有土地使用权。集体土地使用权又分为集体农用土地使用权、集体土地建设用地使用权、集体土地未利用地使用权。集体农用土地使用权主要是指对农业用地的承包经营权。集体土地建设用地使用权可进一步分为农村居民宅基地使用权和乡村企事业建设用地使用权。

2. 土地权属来源调查

土地权属来源（简称权源）是指土地权属主依照国家法律获取土地权利的方式。土地权属来源情况调查是指调查人员现场调查核实宗地的土地权属来源情况，初步核实土地权属来源证明材料是否齐全、合法及与实际情况的一致性，将调查核实结果填写在地籍调查表上，并收集各种权属来源证明材料，作为土地登记审查依据。

1）集体土地所有权来源调查

集体土地所有权的权属来源主要有以下几个。

（1）土改时分配给农民并颁发了土地证书，土改后转为集体所有的土地。

（2）农民的宅基地、自留地、自留山及小片荒山、荒地、林地、水面等。

（3）城市郊区依照法律规定属于集体所有的土地。

（4）凡在1962年9月《农村人民公社工作条例修正草案》颁布时确认的生产经营的土地和以后经批准开垦的耕地。

（5）城市市区内已按法律规定确认为集体所有的农民长期耕种的土地以及集体经济组织长期使用的建设用地、宅基地。

（6）按照协议，集体经济组织与国营农、林、牧、渔场相互调整权属地界或插花地后，归集体所有的土地。

（7）国家划拨给移民并确定集体土地所有权归移民拥有的土地。

2）城镇土地使用权来源调查

迄今为止，我国城镇土地使用权属来源主要分两种情况：一种是1982年5月《国家建设征用土地条例》颁布之前权属主取得的土地，通常称为历史用地；另一种是1982年5月《国家建设征用土地条例》颁布之后权属主取得的土地，具体有以下两种类型。

（1）经人民政府批准征用的土地，称为行政划拨用地，一般是无偿使用的。

（2）1990年5月19日中华人民共和国国务院令第55号《中华人民共和国城镇国有土

地使用权出让和转让暂行条例》发布后权属主取得的土地，称为协议用地，一般是有偿使用的。

3. 权属主名称

权属主名称是指土地使用者或土地所有者的全称。有明确权属主的为权属主全称；组合宗地要调查清楚全部权属主全称和份额；无明确权属主的，则为该宗地的地理名称或建筑物的名称，如××公园等。

土地使用者的调查是指调查核实土地使用者名称、单位全称或户主姓名、单位性质、土地使用者通讯地址及联系电话、与土地使用者有行政和资产等关系的上级主管部门全称、土地使用者单位法人代表等情况，并将调查结果填写在地籍调查表上。

土地使用者名称应与其营业执照或身份证等的记载一致。单位全称应为该单位公章全称。单位性质分为全民单位、集体单位、股份制企业、外资企业、个体企业和个人等。个人用地时，可不调查与土地使用者有行政、资产等关系的上级主管部门全称。

4. 取得土地的时间和土地年期

取得土地的时间是指获得土地权利的起始时间。土地年期是指获得国有土地使用权的最高年限。在我国，城镇国有土地使用权出让的最高年限规定为：住宅用地为 70 年；工业用地为 50 年；教育、科技、文化、卫生、体育用地为 50 年；商业、旅游、娱乐用地为 40 年；综合或者其他用地为 50 年。

5. 土地位置

对土地所有权宗地，调查核实宗地四至，所在乡(镇)、村的名称以及宗地预编号及编号。对土地使用权宗地，调查核实土地坐落，宗地四至，所在区、街道、门牌号，宗地预编号及编号。

土地坐落调查是指调查人员根据工作用图，现场核对宗地坐落的道路名称、门牌号码与申请书是否一致，同时还应调查宗地四至具体情况，并将调查结果填写到地籍调查表上。

共有使用权情况调查是指调查人员现场调查共用宗地使用情况、共有使用者各自使用的土地面积和建筑面积、共有使用者共同使用的土地面积和建筑面积等情况，将调查结果及确定的每个使用者的共用分摊面积填写到地籍调查表上。

6. 土地利用分类和土地等级调查

土地用途的调查是指调查人员依照《土地利用分类》规定(见本书第 4 章表 4-1)，调查宗地的实际使用用途，并将调查情况填写到地籍调查表上。调查时，如果申请书填写的土地类别与实地一致，则调查人员将申请书上的土地类别抄录到地籍调查表上。如果权利人申报的土地类别或批准用途与实地调查不一致，调查人员必须注明原因，并将调查的实际用途填写到地籍调表上。

7. 他项权利调查

土地他项权利是指其他土地使用者在本宗地拥有的权利。他项权利调查是指调查其申请内容是否与实际情况一致，并将调查情况填写到地籍调查表上。

3.3.3 土地权属界址调查

进行界址调查时,必须向土地权属主发放指界通知书,明确土地权属主代表到场指界时间、地点和需带的证明与权源材料。

1. 界址调查的指界

界址调查的指界是指确认被调查宗地的界址范围及其界址点、线的具体位置。现场指界必须由本宗地及相邻宗地指界人亲自到场共同指界。若由单位法人代表指界,则出示法人代表证明。当法人代表不能亲自出席指界时,应由委托的代理人指界,并出示委托书和身份证明。由多个土地所有者或使用者共同使用的宗地,应共同委托代表指界,并出示委托书和身份证明。

相邻宗地界址线间距小于0.5m时,宗地界址必须由本宗地及相邻宗地的使用者亲自到现场指界、认定。宗地界址临街、临巷,相邻宗地界址线间距大于0.5m或土地使用者已有建设用地批准文件且用地图上的界线与实地界线吻合时,可只由本宗地指界人指界。

单位使用的土地,必须由法人代表出席指界,并出具法人代表身份证明书及本人身份证明。个人使用的土地,必须由户主出席指界,并出具户口簿及其身份证明。法人代表或户主不能亲自出席指界的,可由委托代理人指界,委托代理人指界时应出具法人代表身份证明书、指界委托书及本人身份证明。

两个以上土地使用者共同使用的宗地,应共同委托代表指界,委托代理人指界时应出具指界委托书及本人身份证明。

经双方认定的界址,必须由双方指界人共同在地籍调查表上签字盖章;只由本宗地指界人指界的,本宗地指界人在地籍调查表上签字盖章即可。如果户主不能签字,可由调查人员代签,经户主盖章并按手印确认。

土地使用者已有建设用地批准文件,对于少批多用的,宗地界线按批准用地界线确定,多用部分在调查表中注明,待以后处理。对批多用少的,原则上按实际使用范围定界。对于代征的市政建设用地的宗地,按规定扣除代征地后,确定该宗地的界址。

对于历史用地、没有权属文件的宗地,依法按登记审核人员的意见确定界址。

宗地界址有争议的,调查人员应在现场调解处理。现场调解不了时,在调查记事栏上写明双方争议的原因,并标出有争议的地段,呈报地籍调查、土地登记领导小组裁决处理。

一宗地有两个以上土地使用者时,能查清各自的使用部分和共同使用部分界线的必须查清。

进行权属调查时,对于指界人缺席或不在地籍调查表上签字的,可按下面规定处理。

(1) 如一方缺席,其宗地界线以另一方所指界线确定。

(2) 如双方缺席,其宗地界线由调查人员根据现状及地方习惯确定。

将现场调查结果及违约缺席指界通知书送达违约缺席者。违约缺席者对调查结果如有异议,必须在收到调查结果之日起15日内重新提出划界申请,并负责重新划界的全部费用。逾期不申请者,则确定的界线自动生效。

指界人认界后,对于无任何正当理由不在地籍调查表上签字盖章的,可参照缺席指界的有关规定处理。

2. 界标的设置和界址点编号

调查人员根据指界认定的土地范围设置界标。对于弧形界址线，可以采取截弯取直的方法，按弧线的曲率加密设置界标。

在界址被认定后，双方指界人均在场的情况下，调查人员应对所认定的界址点在实地现场按照《城镇地籍调查规程》的要求设置界标。常用的界址点标志如图 3.2、图 3.3 所示。

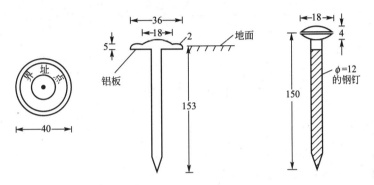

图 3.2　钢钉界址点标志

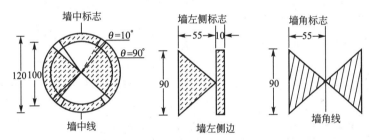

图 3.3　喷漆界址点标志

根据各地区的图件资料测量方法，界址点可按宗地编号或按地籍街坊统一编号。在实际工作中，应以便于工作、利于管理为原则选择编号方法。

（1）按宗地编号。如果在调查区内无近期的大比例尺地形图或其他能清楚地反映宗地之间关系的图件，可按宗地进行界址点编号，即每宗地的界址点独立编号，界址点统一由 1 开始自左向右、自上而下顺序编号。按宗地编号法编号时，两宗以上共用界址点有多个编号，可以在界址点编号前加上宗地号区别。

（2）按地籍街坊统一编号。如果调查范围内有现势性好、能反映宗地相互关系的图件作为工作底图，可依据权属调查时勘丈的宗地草图，将一个地籍街坊的每宗地都勾绘到工作底图上，然后按地籍子区统一编号，界址点统一由 1 开始自西向东、自北向南顺序编号。

3. 界址的标注

一个镇（街区）权属调查结束后，在镇（街区）境界内形成的土地所有权界线、国有土地使用权界线、无权属主或权属主不明确的土地权属界线、争议界线、城镇范围线构成无缝隙、无重叠的界线关系，其界址点、线均应标注在调查用图上。

3.3.4 调查表的填写

宗地权属调查完成后,调查人员应在现场将权属调查的结果填写在地籍调查表上。填写的宗地内容以表 3-2 所示的地籍调查表内容为准。调查人员绘制的宗地草图应附在地籍调查表上。

表 3-2 地籍调查表样式

编号:

地 籍 调 查 表

_____ 区(县) _____ 乡、镇、街道 _____ 号

年 月 日

土地使用者		名称	东江市西城区万里街中学		
		性质	全民		
上级主管部门		东江市西城区教育委员会			
土地坐落		东江市西城区万里街6号			
法人代表或户主			代理人		
姓名	身份证号码	姓名	身份证号码	电话号码	
郭川		李冬		541777	
土地权属性质		国有土地使用权			
预编地籍号		地籍号			
2-(3)-4		2-(3)-3			
所在图幅号		10.00-20.00			
宗地四至		详见宗地草图			
批准用途		实际用途		使用期限	
教育		中学校舍		50年	
共有使用权情况		万里街中学使用本宗地			
说明					

续表

界址标示											
界址点号	界标种类				界址间距(m)	界址线类别			界址线位置		
	钢钉	水泥桩	石灰桩	喷油漆		围墙	墙壁		内	中	外

界址线		邻宗地			本宗地		
起点号	终点号	地籍号	指界人姓名	签章	指界人姓名	签章	日期

界址调查员姓名

权属调查记事及调查员意见：

调查员签名　　　　　　　　　日期

地籍勘丈记事：

地籍调查表封面上的编号是宗地的正式地籍号，但区（县）编号可省去。"区（县）街道号"，填写该宗地使用者的通讯地址；"年　月　日"，填写现场权属调查时间。

"初始、变更"：若初始地籍调查时，在"变更"二字上划一个从左上至右下的斜杠，反之则在"初始"二字上划斜杠。

"性质"：指单位性质。个人用地时，"上级主管部门"栏可以不填。

"土地权属性质"：国有土地使用权的需填写具体的土地使用权类型。

"预编地籍号、地籍号"：指在工作用图上预编此宗地的地籍号。地籍号是指通过调查正式确定的宗地号。

"所在图幅号"：在未破宗时，是此宗地所在的图幅号。破宗时，则是包括此宗地各部分地块所在的图幅号。

"宗地四至"：具体填写邻宗地的地籍号及四至情况或注"详见宗地草图"字样。

"使用期限"：是指权属证明材料中批准此地块使用的期限，没有规定期限的，可以空此栏。

"说明"：初始地籍调查时，注记此宗地局部改变的用途等。变更地籍调查时，注明原使用者、土地坐落、地籍号及变更的主要原因，宗地的权属来源证明材料的情况说明。

"界址种类、界址线类别及位置"：根据现场调查结果，在相应位置处标注"√"符号，也可在空栏处填写表中不具备的种类、类别等。

"界址调查员姓名"：指所有参加界址调查的人员姓名。

"权属调查员记事及调查员意见"：现场核实申请书中有关栏目填写是否正确，不正确的应进行更正说明。界址有纠纷时，要记录纠纷原因(含双方各自认定的界址)，并尽可能提出处理意见。指界手续履行等情况。界标设置、边长丈量等技术方法、手段。评定能否进入地籍测量阶段。

"地籍勘丈记事"：包括勘丈前界标检查情况，根据需要，适当记录勘丈界址点及其他要素的技术方法、仪器、遇到的问题及处理的方法和尽可能提出遗留问题的处理意见。

"地籍调查结果审核意见"：根据审核人对地籍调查结果的审核情况填写，如无问题，即填写合格。如果发现调查结果有问题，应填写不合格，并指明错误所在及处理意见。

表中内容填写处原则上不得空项。

表中填写项目不得涂改，每一处只允许划改一次，并在划改处盖章，以示负责。

全表划改超过两处时，整个表作废。

填写时，需使用蓝黑墨水或碳素墨水，字迹工整、清晰、整洁。

不得使用谐音字、国家未批准的简化字或缩写名称。

地籍调查表按一宗地一个土地使用者填写，共有宗地按共有土地使用者的个数逐户填写。界址调查表可以续页，宗地草图可以附贴，凡续页或附贴的，必须加盖管理机关的印章。

3.3.5　宗地草图的绘制

宗地草图是描述宗地位置、界址点、线和相邻宗地关系的实地预编记录。在进行权属调查时，调查员填写并核实所需要调查的各项内容，实地确定了界址点位置并对其埋设了标志后，要现场编制勾绘宗地草图，一般还需丈量相邻界址点的边长，标注在宗地草图上的相应位置，如图3.4所示。本宗地相邻界址点间距数据注记在界址线外，界址点与相邻地物的关系距离及建筑物边长注记在界址线内或相应的位置上。在图3.4中，1、2、3为宗地号，(1)、(2)、(3)为门牌号。①、②、③为界址点号。

如图3.4所示，宗地草图应标有本宗地号和门牌号、相邻宗地的宗地号和门牌号；本宗地使用者名称、相邻宗地使用者名称；本宗地界址点、界址点编号及界址线；宗地内及宗地外紧靠界址点(线)的主要建筑物和构筑物；界址边边长、界址点与相邻地物的关系距离及建筑物边长；界址点的几何条件；指北线、丈量者、丈量日期等。

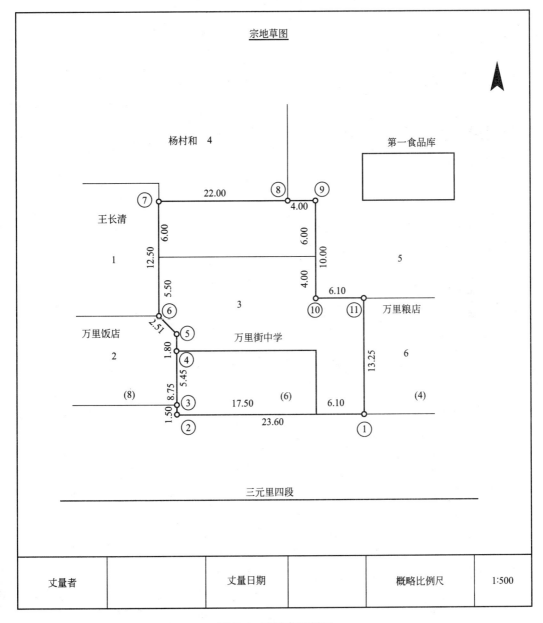

图3.4 宗地草图样图

宗地草图的规格为32开、16开或8开，对于特大宗地可分幅绘制。宗地草图以概略比例尺，用2H～4H的铅笔绘制，线条、字迹要清楚，数字、注记、字头要向北、向西书写，斜线字头垂直斜线书写。宗地使用者名称注记在宗地内，字头一律向北书写，本宗地相邻界址点之间的距离及界址点与相邻地物的关系距离等所有勘丈数据、几何条件都要进行注记。界址边长注记在界址线外，建筑边长注记在界址线内，界址点与相邻地物的关系距离注记在相应的位置。注记过密的部位可移位放大绘出。宗地草图必须实地绘制，一切注记应实地丈量记录（边长较长的界址边允许用坐标反算），不得涂改，不得复制。

本 章 小 结

本章主要讲述了土地权属调查的概念，土地的划分与编号，土地权属类别，土地权属调查的内容，土地权属调查的过程和程序等。

本章的重点是土地权属及其类别、确权、宗地编号，土地权属调查的内容、土地权属调查的基本程序，地籍调查表。

习 题

3-1 单项选择题

1. 凡被权属界线所封闭的地块称为（　　）。
   A. 单位　　　　　　B. 宗地　　　　　　C. 街坊　　　　　　D. 街道
2. 地籍街坊划分后，应填写街坊号，其编制应考虑（　　）。
   A. 相关性　　　　　B. 比较性　　　　　C. 时效性　　　　　D. 统一性
3. 土地权属调查的基本单元是（　　）。
   A. 单位　　　　　　B. 宗地　　　　　　C. 街坊　　　　　　D. 县或区
4. 城市或城镇土地的地籍测量工作分为（　　）两个步骤。
   A. 土地利用现状调查和地籍测量
   B. 土地权属调查和土地利用现状调查
   C. 土地权属调查和房产测量
   D. 权属调查和界址测量
5. 在宗地确权中，对于单位使用的土地，由单位的（　　）出席指界。
   A. 房管人员　　　　　　　　　　　　B. 法人代表
   C. 后勤管理人员　　　　　　　　　　D. 技术管理人员
6. 我国土地管理规定，商业、服务业用地的土地使用权的年限为（　　）。
   A. 40年　　　　　　B. 50年　　　　　　C. 60年　　　　　　D. 70年
7. 在宗地草图上，与本宗地相邻的各宗地的界址线（　　）。
   A. 不表示　　　　　　　　　　　　　B. 全部表示
   C. 部分表示　　　　　　　　　　　　D. 可表示也可不表示
8. 若违约缺席者对调查结果有异议，必须在收到调查结果之日起，（　　）日内重新提出划界申请。
   A. 10　　　　　　B. 15　　　　　　C. 30　　　　　　D. 60
9. 关于地籍调查表的填表要求正确的是(　　)。
   A. 表中栏目内容可按实际情况选择填写或空白
   B. 表中填写项目不得涂改，每一处只许划改一次，并在划改处盖章，以示负责；全表划改超过三处时，整个表作废
   C. 填写时，需要使用铅笔，字迹工整、清晰、整洁
   D. 地籍调查表按一宗地一个土地使用者填写，共有宗地则应按每个使用人一份填写调查表，并在说明栏中说明各自的独有和共有情况
10. 宗地编号原则是(　　)。
    A. 从东到西，从南向北编号　　　　B. 从左到右，自上向下编号
    C. 从南到北，自东向西编号　　　　D. 从北到南，呈S形编号

3-2　多项选择题

1. 以下对指界人缺席或不签字的处理，正确的是(　　)。
   A. 如一方缺席，其宗地界线以另一方所指界线确定
   B. 如一方缺席，其宗地界线由调查人员根据现状及地方习惯确定
   C. 如双方缺席，其宗地界线由调查人员根据现状及地方习惯确定
   D. 如双方缺席，违约缺席者对调查结果有异议的，必须在收到调查结果之日起，30日内重新提出划界申请
   E. 如双方缺席，调查人员必须重新确定指界日期并通知双方指界人
2. 地籍调查表的填表要求有(　　)。
   A. 表中内容填写处原则上不得空项
   B. 表中填写项目不得涂改，每一处只许划改一次，并在划改处盖章，以示负责，全表划改超过三处时，整个表作废
   C. 填写时，需要使用蓝黑墨水，字迹工整、清晰、整洁
   D. 不得使用谐音字、国家未批准的简化字或缩写名称
   E. 地籍调查表按一宗地一个土地使用者填写，共有宗地也是填写一份调查表，但应在说明栏中说明各自的独有和共有情况
3. 提交的初始地籍调查成果资料主要包括(　　)。
   A. 初始地籍调查技术设计书
   B. 初始地籍调查技术总结
   C. 初始地籍调查工作报告
   D. 初始地籍调查的土地权属成果及地籍测量成果
   E. 地籍测量草图资料
4. 宗地草图的绘制要求有(　　)。
   A. 数字、注记、字头向南、向东书写，斜线字头垂直
   B. 宗地使用者名称注记在宗地内
   C. 界址边长注记在界址线外
   D. 建筑物边长在内
   E. 所有边长都必须实地丈量，不得涂改、复制

5. 在地籍中，土地编号由（　　）组成。
   A. 地籍图号
   B. 街道号
   C. 所有权类型代码
   D. 街坊号
   E. 宗地顺序号

6. 界址桩的设置应该注意的几个基本点包括（　　）。
   A. 界址之间的距离，直线最长为 150m
   B. 曲折线的主要转折点埋桩
   C. 如果项目用地范围行政隶属不同，应在用地界线与行政界线交点上加设界址桩
   D. 基本农田界线与用地界线的交点不必加设界址桩
   E. 国有土地与集体土地的分界线与用地界线的交点应加设界址桩

7. 土地的权属类别主要分为（　　）。
   A. 国有土地使用权
   B. 集体土地使用权
   C. 集体土地所有权
   D. 国有土地所有权
   E. 他项权

8. 界址认定的要求有（　　）。
   A. 单位使用的土地必须由法人代表指界，并出具法人代表身份证明书及本人身份证明
   B. 两个以上土地使用者共同使用的宗地，应共同委托代表指界，委托代理人指界时应出具指界委托书及本人身份证明
   C. 经双方认定的界址，必须由双方指界人共同在地籍调查表上签字盖章；只由本宗地指界人指界的，本宗地指界人在地籍调查表上签字盖章即可
   D. 土地使用者已有建设用地批准文件，对于少批多用的，宗地界线按批准用地界线确定
   E. 对于土地使用者已有建设用地批多用少的情况，通常按照批准用地的界限进行调查

3-3　思考题

1. 土地权属调查包含哪些内容？
2. 简述土地权属调查的基本程序。
3. 土地的最小产权单元是什么？
4. 我国土地调查、管理基本行政单位是什么？土地编号划分为哪几个层次？
5. 简述宗地编号的基本规则和宗地号各字段的含义。
6. 什么是界址点？界址线通常表现为哪些线状地物？
7. 简述我国土地的权属类别与土地权源情况。
8. 在权属调查中，若遇到指界人违约未到场的情况，应该如何处理？
9. 宗地草图上表示的基本内容有哪些？
10. 简述地籍调查表的填写内容与填写要求。

第4章 土地利用现状调查

教学目标

本章主要讲述土地利用现状调查的目的和任务，土地利用分类标准，农村土地利用现状调查，城镇土地调查基本内容，土地利用现状调查内容和程序。通过本章的学习，达到以下目标：

(1) 掌握土地利用现状调查概念、对象、范围、基本比例尺；
(2) 掌握土地利用现状调查的目的和任务；
(3) 了解我国土地利用现状分类标准的发展；
(4) 掌握土地利用现状调查的内容、技术方法和基本程序；
(5) 了解全国第二次土地调查针对农村、城镇土地的不同要求。

教学要求

知识要点	能力要求	相关知识
土地利用现状调查的概念	(1) 掌握土地利用现状调查的概念、特点及对象范围 (2) 掌握土地利用现状调查目的、任务	(1) 土地调查 (2) 土地利用现状调查 (3) 土地资源管理、产权产籍管理
土地利用现状分类标准的发展	(1) 了解土地利用现状分类体系 (2) 了解我国几个不同时期的土地分类标准及其发展变化 (3) 了解现行全国统一的土地分类标准	(1) 土地分类及其意义 (2) 土地的分类统计和管理 (3) 分类标准体系 (4) 分类标准的变化发展 (5) 现行土地分类标准
土地利用现状调查的内容	(1) 掌握土地利用现状调查要素 (2) 掌握地类调查、权属调查 (3) 了解土地条件调查 (4) 掌握土地利用现状调查的成果	(1) 县、乡、村行政界线、地类界线 (2) 地类、位置、面积、分布等状况 (3) 国有土地的使用权、集体土地的所有权和使用权 (4) 境界与土地权属界线 (5) 土地总体面积和各类土地面积
地利用现状调查的技术方法	(1) 了解土地利用现状调查的不同方法 (2) 掌握内外业相结合土地利用现状调查方法 (3) 农村非建设用地与城镇建设用地调查一般采用的技术路径、方法	(1) 数字正射影像图，比例尺 (2) 分幅地籍图、土地利用现状图 (3) 城镇地籍调查 (4) 农村土地调查
农村土地调查的程序	(1) 了解农村土地调查内容 (2) 掌握内外业结合的农村土地调查程序	(1) 方案设计、底图资料准备 (2) 外业调查、地籍图、图斑、土地面积测算、统计

基本概念

行政界线、地籍区、地籍子区、土地分类、地类图斑、城镇土地调查、农村土地调查、土地利用现状调查、正射影像图、内外业结合的调查方法、调查方案、土地利用现状图。

引例

土地利用现状调查的主要对象是耕地、园地、林地、水域、草地以及其他非建设用途的农村土地。我国在1984年到2000年间、2007年到2009年间进行了两次全国范围土地利用现状调查工作，建立和更新了全国土地利用分类信息档案和数据，为适应新时期的土地管理、经济发展打下了坚实的基础。

土地利用现状调查，是指以一定行政区域为单位，依据一定的技术标准，为了查清区域内各种土地的利用类别、面积、分布等状况，并自下而上、逐级汇总为市级、省级、全国的土地总面积以及土地利用分类面积而进行的调查。从管理者的角度来说，就是要查清"土地的家底"，土地分布在哪里，面积有多少，有何种用途，因此土地利用现状调查通常是国家或地方政府为土地管理和国民经济发展需要而实施的一项土地调查工作。

我国土地的精确调查和统计起步较晚。1984年，我国全面启动了全国土地利用现状调查工作，历经10余年的时间，获得了全国土地的权属、分类面积等基础数据，建立起了全国完整的土地信息档案，为我国土地的科学管理打下了坚实的基础。为适应新时期的土地管理、经济发展需要，2007年到2009年，我国又开展了第二次全国土地利用现状调查工作。在已有成果基础上，对全国范围的土地进行了全面的调查和数据更新，并且建立起了县、市(地区)、省、国家四级土地利用数据库。

土地利用现状调查是我国目前大范围、大规模集中采集土地信息采用的主要方法。其工作侧重于依据土地分类标准，对土地的利用类别、面积进行调查、测算并进行统计。因此，可以认为，土地利用现状调查的主要对象是农用地，即除城市用地、工矿企业用地、农村建设用地之外的广大农村耕地、园地、林地、水域、草地以及其他非建设用途的农村土地。

4.1 土地利用现状调查的目的与任务

4.1.1 土地利用现状调查的目的

土地利用现状调查的目的是查清土地资源和利用状况，掌握真实准确的土地基础数据，为科学规划、合理利用、有效保护土地资源，加强和改善宏观调控提供依据，促进经济社会全面、协调、可持续地发展。

1. 为制定国民经济计划和有关政策服务

国民经济各部门的发展都离不开土地。土地利用现状调查获得的土地汇总数据和分析报告可为编制国民经济和社会发展中长期规划提供切实可靠的科学依据,同时,它还可为国家制定各项政策方针及做出重大土地决策提供技术支撑。

2. 为农业生产提供科学依据

土地利用现状调查中对农用地、耕地和基本农田的调查,可为编制农业区划、农业生产规划和土地利用总体规划等提供基础数据,并为农业生产计划、农田基本建设和保障粮食安全等服务。

3. 为建立土地登记和土地统计制度服务

通过土地利用现状调查,查清各类土地的权属、界线、坐落和面积等,为建立和维护土地档案、土地权属登记提供法律依据,为土地统计提供基础数据。

4. 为全面管理土地服务

土地利用现状调查数据、图件和各类统计分析报告可为地籍管理、土地利用管理和土地监察等提供基础资料。

4.1.2 土地利用现状调查的任务

开展农村土地调查,查清全国农村各类土地的利用状况;开展城镇土地调查,掌握城市建成区、县城所在地建制镇的城镇土地状况;开展基本农田状况调查,查清全国基本农田状况;建设土地调查数据库,实现调查信息的互联共享。在调查的基础上,建立土地资源变化信息的调查统计、及时监测与快速更新机制。具体任务如下。

1. 农村土地调查

农村土地调查是指对城市、建制镇以外的土地进行调查。农村土地调查是第二次土地调查的重点任务。按照调查内容,农村土地调查分为农村土地利用现状调查和农村土地权属调查两部分。

(1) 农村土地利用现状调查。以 1:10000 比例尺为主,以县区为基本单位,按照统一的土地调查技术标准,以正射影像图为基础,实地调查城镇以外每块土地的地类、位置、范围、面积、分布等利用状况,查清全国耕地、园地、草地、林地等各类土地的分布和利用现状。

(2) 农村土地权属调查。农村土地权属调查主要是查清农村集体土地所有权和公路、铁路、河流以及农、林、牧、渔场(含部队、劳改农场使用的土地)等国有土地的使用权状况。充分利用土地调查成果,加快推进土地登记发证,完成农村集体土地所有权登记发证工作。

2. 城镇土地调查

城市、城镇土地、工矿企业等各种建设用地就全国土地范围来说,所占的比例很小,但土地的价值却很高。因此城镇土地调查需要以宗地为单元,调查精度比农村土地要高很多。城镇土地调查实际上是通过地籍测量工作完成的。相关内容在本书其他章节介绍。

3. 基本农田调查

由各地组织,依据本地区的土地利用总体规划,按照基本农田保护区(块)划定资料,将基本农田保护地块(区块)落实至土地利用现状图上,统计汇总出各级行政区域内基本农田的分布、面积、地类等状况,并登记上证、造册。

4.2 土地利用分类标准

4.2.1 土地分类系统

土地不仅具有自然特性,还具有社会经济特性。由于土地所处环境和地域不同,土地本身的形态、色泽和肥力等方面存在不同之处,再加上人类生活、生产对土地的影响,必然导致土地生产能力和利用方式存在差异。

土地分类是指按一定的分类标准(指标),系统地将土地划分出若干类型。按照统一规定的原则和分类标准,将分类土地有规律、分层次地排列组合在一起,就叫做土地分类系统(或土地分类体系)。

根据土地本身的特性及人们对土地利用的不同需求,就形成了不同的土地分类系统。我国运用较多的土地分类系统,归纳起来,大致有以下3种。

1. 土地自然分类系统

土地自然分类系统又称为土地类型分类系统。它主要依据土地自然属性的相同性和差异性分类,可以依据土地的某一自然特性分类,也可以依据土地的自然综合特性分类。以地形地貌、土壤、植被为具体标志,揭示土地类型的差异和演替规律,遵循土地构成要素的自然规律,最佳、最有效地挖掘土地生产力。例如,按土地的地形地貌特征分类,可将土地分为平原、丘陵、山地、高山地4种地形地貌类型。

2. 土地评价分类系统

土地评价分类系统又称为土地生产潜力分类系统。它主要依据土地评价指标的相同性和差异性,按土地的经济特性如土地生产力水平、土地质量、土地生产潜力、土地适宜性等进行分类。土地评价分类系统可以为用户开展土地条件调查和适宜性调查提供服务,实现土地资源的最佳配置,是划分土地评价等级的基础,是确定基准地价的重要依据。

3. 土地综合分类系统

土地综合分类系统主要依据土地的自然特性和社会经济特性、管理特性及其他因素进行分类。以土地的覆盖特征、利用方式、用途、经营特点、利用效果等为具体标志。土地综合特性的差异导致了人类在长期利用、改造土地的过程中所形成的土地利用方式、土地利用结构、土地的用途和生产利用方面的差异。

土地利用现状分类就是土地综合分类的一种分类形式,在土地资源管理中应用最为广泛。我国土地分类研究起步较晚,主要是在新中国成立以后。国内土地分类依据与国外基本相同,也是土地利用现状,如土地利用现状调查以土地用途、经营特点、利用方式和覆盖特征为分类依据,城镇地籍调查以土地用途为分类依据等。

4.2.2 我国土地利用现状分类发展过程

1. 1984 年土地利用现状分类

为了适应土地管理的需要,应全国土地资源详查之需,1984 年全国农业区划委员会制定了《土地利用现状调查技术规程》,将其作为土地资源详查的指导性文件。《土地利用现状调查技术规程》中规定了土地利用现状分类及其含义。采用两级分类,包括 8 个一级类,46 个二级类。8 个一级类分别是耕地、园地、林地、牧草地、居民点及工矿用地、交通用地、水域及未利用土地。从 1984 年颁布开始,沿用到 2001 年 12 月。

2. 城镇土地分类

1989 年 9 月,我国颁布的《城镇地籍调查规程》中规定了城镇土地分类及含义。城镇土地根据土地用途主要分为商业金融业用地,工业、仓储用地,市政用地,公共建筑用地,住宅用地,交通用地,特殊用地,水域用地,农用地及其他用地,共 10 个一级类,24 个二级类。城镇土地分类用于城镇地籍调查和城镇地籍变更调查。从 1989 年发布开始,一直沿用到 2001 年 12 月。

3. 城乡统一的"全国土地分类"

(1) 为了满足土地用途管理的需要,科学实施全国土地和城乡地政统一管理,扩大调查成果的应用,在研究、分析土地利用现状分类和城镇土地分类两个土地分类的基础上,国土资源部制定了城乡统一的"全国土地分类"。"全国土地分类"自 2002 年 1 月 1 日起在全国范围试行,并有效地应用于土地变更调查及国土资源管理工作中。

(2)"全国土地分类"包括《全国土地分类(试行)》和《全国土地分类(过渡期间适用)》。《全国土地分类(试行)》是城乡一体化的土地分类,适用于城镇和村庄大比例尺地籍调查,在此基础上,针对全国城镇与村庄地籍调查尚未全面完成的现实情况,国土资源部制定了《全国土地分类(过渡期间适用)》,适用于土地变更调查和更新调查。

(3)《全国土地分类(试行)》采用三级分类。其中一级分为农用地、建设用地和未利用地 3 类,对应于《土地管理法》的三大土地地类。二级分为耕地、园地、林地、牧草地、其他农用地、商服用地、工矿仓储用地、公用设施用地、公共建筑用地、住宅用地、交通运输用地、水利设施用地、特殊用地、未利用土地和其他用地 15 类。三级分为 71 类。

(4)《全国土地分类(过渡期间适用)》的整体框架与《全国土地分类(试行)》相同,采用三级分类。其中农用地和未利用地部分与《全国土地分类(试行)》完全相同,在建设用地部分进行了适当归并。将商服用地、工矿仓储用地、公用设施用地、公共建筑用地、住宅用地、特殊用地 6 个二级类和交通运输用地中的三级类街巷合并为居民点及工矿用地。作为二级类,在其下划分城市、建制镇、农村居民点、独立工矿、盐田和特殊用地 6 个三级类。

4.《土地利用现状分类》(GB/T 21010—2007)标准

2007 年 8 月 5 日,《土地利用现状分类》国家标准(GB/T 21010—2007)开始颁布执行,该标准属于城乡统一的全国土地分类的分类标准,被同时运用于第二次全国土地调查的农村土地调查和城镇土地调查工作中。

4.2.3 《土地利用现状分类》(GB/T 21010—2007)

1. 制定统一的土地利用现状分类标准的重要性

1) 土地资源管理的需要

管理、保护和合理利用土地资源,需要对土地利用状况进行统一的分类、调查、登记和统计。

2) 统一不同土地分类标准的需要

目前存在着许多有关土地的分类,标准和含义不完全统一,造成在土地调查和统计上口径不一、数出多门,给管理和决策带来很大的困难。第二次全国土地调查采用《土地利用现状分类》国家标准(GB/T 21010—2007),标志着我国在统一土地分类标准中迈出了关键性的一步。

3) 国家宏观调控和科学决策的需求

当前,土地参与国民经济宏观调控,需要制定土地供应、保护、开发、集约和节约利用政策,经统一分类汇总的各类地面积数据是决策的重要依据。

2. 《土地利用现状分类》(GB/T 21010—2007)的分类依据

《土地利用现状分类》以服务国土资源管理为主,分类依据主要包括土地的自然属性、覆盖特征、利用方式、土地用途、经营特点及管理特性等因素。

3. 《土地利用现状分类》(GB/T 21010—2007)的分类原则

(1) 实用性原则:分类系统力求通俗易用、层次简明、易于判别,便于掌握和应用。

(2) 科学性原则:依据土地的自然和社会经济属性,运用土地管理科学及相关科学技术,采用多级续分法,对土地利用现状类型进行归纳、分类。

(3) 继承性原则:借鉴和吸取国内外土地分类经验,对目前无争议或异议的分类直接继承和应用。

(4) 开放性原则:分类系统具有开放性、兼容性,既要满足一定时期内管理及社会经济发展的需要,同时又要满足进一步修改完善的需要。

4. 《土地利用现状分类》(GB/T 21010—2007)的分类框架

《土地利用现状分类》采用一级、二级两个层次的分类体系,共分12个一级类、57个二级类。其中一级类包括耕地、园地、林地、草地、商服用地、工矿仓储用地、住宅用地、公共管理与公共服务用地、特殊用地、交通运输用地、水域及水利设施用地、其他土地。二级类是依据自然属性、覆盖特征、用途和经营目的等方面的土地利用差异,对一级类进行具体细化得到的。

各省根据本省的具体情况,可在全国统一的二级分类基础上,根据从属关系,续分三级类,并进行编码排列,但不能打乱全国统一的编码排序及其所代表的地类及含义。

2007年颁布的《土地利用现状分类》国家标准(GB/T 21010—2007)见表4-1。

表4-1 土地利用现状分类(GB/T 21010—2007)

一级类		二级类		含 义
编码	名称	编码	名称	
01	耕地			指种植农作物的土地,包括熟地,新开发、复垦、整理地,休闲地(含轮歇地、轮作地);以种植农作物(含蔬菜)为主,间有零星果树、桑树或其他树木的土地;平均每年能保证收获一季的已垦滩地和海涂。耕地中包括南方宽度<1.0m,北方宽度<2.0m固定的沟、渠、路和地坎(埂);临时种植药材草皮、花卉、苗木等的耕地,以及其他临时改变用途的耕地
		011	水田	指用于种植水稻、莲藕等水生农作物的耕地,包括实行水生、旱生农作物轮种的耕地
		012	水浇地	指有水源保证和灌溉设施,在一般年景能正常灌溉,种植旱生农作物的耕地,包括种植蔬菜等的非工厂化的大棚用地
		013	旱地	指无灌溉设施,主要靠天然降水种植旱生农作物的耕地,包括没有灌溉设施,仅靠引洪淤灌的耕地
02	园地			指种植以采集果、叶、根、茎、汁等为主的集约经营的多年生木本和草本作物,覆盖度大于50%和每亩株数大于合理株数70%的土地,包括用于育苗的土地
		021	果园	指种植果树的园地
		022	茶园	指种植茶树的园地
		023	其他园地	指种植桑树、橡胶、可可、咖啡、油棕、胡椒、药材等其他多年生作物的园地
03	林地			指生长乔木、竹类、灌木的土地,及沿海生长红树林的土地,包括迹地,不包括居民点内部的绿化林木用地、铁路、公路征地范围内的林木,以及河流、沟渠的护堤林
		031	有林地	指树木郁闭度≥0.2的乔木林地,包括红树林地和竹林地
		032	灌木林地	指灌木覆盖度≥40%的林地
		033	其他林地	包括疏林地(指树木郁闭度为10%~19%的疏林地)、未成林地、迹地、苗圃等林地
04	草地			指以生长草本植物为主的土地
		041	天然牧草地	指以天然草本植物为主,用于放牧或割草的草地
		042	人工牧草地	指人工种植牧草的草地
		043	其他草地	指树木郁闭度<0.1,表层为土质,生长草本植物为主,不用于畜牧业的草地
05	商服用地			指主要用于商业、服务业的土地
		051	批发零售用地	指主要用于商品批发、零售的用地,包括商场、商店、超市、各类批发(零售)市场,加油站等及其附属的小型仓库、车间、工场等的用地

(续)

一级类		二级类		含 义
编码	名称	编码	名称	
05	商服用地	052	住宿餐饮用地	指主要用于提供住宿、餐饮服务的用地，包括宾馆、酒店、饭店、旅馆、招待所、度假村、餐厅、酒吧等
		053	商务金融用地	指企业、服务业等办公用地，以及经营性的办公场所用地、包括写字楼、商业性办公场所、金融活动场所和企业厂区外独立的办公场所等用地
		054	其他商服用地	指上述用地以外的其他商业、服务业用地，包括洗车场、洗染店、废旧物资回收站、维修网点、照相馆、理发美容店、洗浴场所等用地
06	工矿仓储用地			指主要用于工业生产、采矿、物资存放场所的土地
		061	工业用地	指工业生产及直接为工业生产服务的附属设施用地
		062	采矿用地	指采矿、采石、采砂(沙)场，盐用，砖瓦窑等地面生产用地及尾矿堆放地
		063	仓储用地	指用于物资储备、中转的场所用地
07	住宅用地			指主要用于人们生活居住的房基地及其附属设施的土地
		071	城镇住宅用地	指城镇用于生活居住的各类房屋用地及其附属设施用地，包括普通住宅、公寓、别墅等用地
		072	农村宅基地	指农村用于生活居住的宅基地
08	公共管理与公共服务用地			指用于机关团体、新闻出版、科教文卫、风景名胜、公共设施等的土地
		081	机关团体用地	指用于党政机关、社会团体、群众自治组织等的用地
		082	新闻出版用地	指用于广播电台、电视台、电影厂、报社、杂志社、通讯社、出版社等的用地
		083	科教用地	指用于各类教育，独立的科研、勘测、设计、技术推广、科普等的用地
		084	医卫慈善用地	指用于医疗保健、卫生防疫、急救康复、医检药检、福利救助等的用地
		085	文体娱乐用地	指用于各类文化、体育、娱乐及公共广场等的用地
		086	公共设施用地	指用于城乡基础设施的用地，包括给排水、供电、供热、供气、邮政、电信、消防、环卫、公用设施维修等的用地
		087	公园与绿地	指城镇、村庄内部的公园、动物园、植物园、街心花园和用于休憩及美化环境的绿化用地
		088	风景名胜设施用地	指风景名胜(包括名胜古迹、旅游景点、革命遗址等)景点及管理机构的建筑用地。景区内的其他用地按现状归入相应地类

(续)

一级类		二级类		含 义
编码	名称	编码	名称	
09	特殊用地			指用于军事设施、涉外、宗教、监教、殡葬等的土地
		091	军事设施用地	指直接用于军事目的的设施用地
		092	使领馆用地	指用于外国政府及国际组织驻华使领馆、办事处等的用地
		093	监教场所用地	指用于监狱、看守所、劳改场、劳教所、戒毒所等的建筑用地
		094	宗教用地	指专门用于宗教活动的庙宇、寺院、道观、教堂等宗教自用地
		095	殡葬用地	指陵园、墓地、殡葬场所用地
10	交通运输用地			指用于运输通行的地面线路、场站等的土地，包括民用机场、港口、码头、地面运输管道和各种道路用地
		101	铁路用地	指用于铁道线路、轻轨、场站的用地，包括设计内的路堤、路堑、道沟、桥梁、林木等用地
		102	公路用地	指用于国道、省道、县道和乡道的用地，包括设计内的路堤、路堑、道沟、桥梁、汽车停靠站、林木及直接为其服务的附属用地
		103	街巷用地	指用于城镇、村庄内部公用道路（含立交桥）及行道树的用地，包括公共停车场、汽车客货运输站点及停车场等用地
		104	农村道路	指公路用地以外的南方宽度≥1.0m、北方宽度≥2.0m的村间、田间道路（含机耕道）
		105	机场用地	指用于民用机场的用地
		106	港口码头用地	指用于人工修建的客运、货运、捕捞及工作船舶停靠的场所及其附属建筑物的用地，不包括常水位以下部分
		107	管道运输用地	指用于运输煤炭、石油、天然气等管道及其相应附属设施的地上部分用地
11	水域及水利设施用地			指陆地水域，海涂，沟渠、水工建筑物等用地，不包括滞洪区和已垦滩涂中的耕地、园地、林地、居民点、道路等用地
		111	河流水面	指天然形成或人工开挖河流常水位岸线之间的水面，不包括被堤坝拦截后形成的水库水面
		112	湖泊水面	指天然形成的积水区常水位岸线所围成的水面
		113	水库水面	指人工拦截汇集而成的总库容≥10万立方米的水库正常蓄水位岸线所围成的水面
		114	坑塘水面	指人工开挖或天然形成的蓄水量<10万立方米的坑塘常水位岸线所围成的水面

(续)

一级类		二级类		含 义
编码	名称	编码	名称	
11	水域及水利设施用地	115	沿海滩涂	指沿海大潮高潮位与低潮位之间的潮浸地带，包括海岛的沿海滩涂，不包括已利用的滩涂
		116	内陆滩涂	指河流、湖泊常水位至洪水位间的滩地，时令湖、河洪水位以下的滩地，水库、坑塘的正常蓄水位与洪水位间的滩地，包括海岛的内陆滩涂，不包括已利用的滩地
		117	沟渠	指人工修建，南方宽度≥1.0米、北方宽度≥2.0米用于引、排、灌的渠道，包括渠槽、渠堤、取土坑、护堤林
		118	水工建筑用地	指人工修建的闸、坝、堤路林、水电厂房、扬水站等常水位岸线以上的建筑物用地
		119	冰川及永久积雪	指表层被冰雪常年覆盖的土地
12	其他土地			指除上述地类以外的其他类型的土地
		121	空闲地	指城镇、村庄、工矿内部尚未利用的土地
		122	设施农用地	指直接用于经营性养殖的畜禽舍、工厂化作物栽培或水产养殖的生产设施用地及其相应附属用地，农村宅基地以外的晾晒场等农业设施用地
		123	田坎	主要指耕地中南方宽度≥1.0米、北方宽度≥2.0米的地坎
		124	盐碱地	指表层盐碱聚集，生长天然耐盐植物的土地
		125	沼泽地	指经常积水或渍水，一般生长沼生、湿生植物的土地
		126	沙地	指表层为沙覆盖、基本无植被的土地。不包括滩涂中的沙地
		127	裸地	指表层为土质，基本无植被覆盖的土地；或表层为岩石、石砾，其覆盖面积≥70%的土地

4.3 土地利用现状调查的内容

4.3.1 土地利用现状调查的要素

土地利用现状调查主要包括如下四个方面的要素。
(1) 县、乡(镇)、村各级行政界线。
(2) 宗地界线，城镇、乡村建设用地，工矿企业用地界线，或农村村民宅基地用地界线。
(3) 土地利用分类界线，也称为地类界线，单一利用类别的地块，形成一个利用地块，表示在利用现状图上称为"图斑"。"图斑"是土地利用现状调查中的最小地块单元。

图斑如图 4.1 所示。

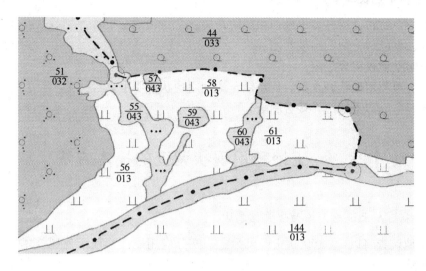

图 4.1　图斑及其编号

（4）道路、河流、沟、渠、堤、坎等线状地物及其宽度。

4.3.2　土地利用现状调查工作内容

1. 工作内容

土地利用现状调查内容包括土地地类调查、土地权属调查和土地条件调查。

（1）土地地类调查：调查土地利用现状及变化情况，包括地类、位置、面积、分布等状况。

（2）土地权属调查：调查土地的所有权和使用权状况及变化情况，具体包括国有土地使用权、集体土地所有权和使用权等状况。

（3）土地条件调查：调查土地的自然条件、社会经济条件等状况。

进行土地地类调查时，应当重点调查耕地和建设用地的现状及变化情况。

现实阶段的土地利用现状调查的主要内容是土地地类调查和土地权属调查两种。

土地利用现状调查根据调查区域的不同可分成农村土地利用现状调查和城镇土地利用现状调查两种，农村土地利用现状调查简称为农村土地调查，城镇土地利用现状调查也可以称为城镇地籍调查测量。

由于我国实行了耕地保护政策和严格的建设用地审批政策，为了节约使用土地，一般意义上的农村土地利用现状调查工作还包括基本农田调查、"批而未用"的土地调查、开发区调查、房地产用地调查等专项调查。

具体来说，土地利用现状调查的主要工作内容包括：①土地利用现状分类与分布状况；②境界与土地权属界线；③量算行政辖区范围内的土地总体面积和各类土地面积；④按土地权属单位及行政辖区范围，自下而上逐级汇总土地面积和各类土地面积；⑤编制土地利用现状图、土地权属界线图；⑥总结土地利用的经验教训，提出合理利用土地的建议；⑦编写土地利用现状报告，进行土地利用现状调查总结。

2. 土地利用现状调查主要成果

(1) 县、乡(镇)、村各类土地面积的统计表。
(2) 县、乡(镇)土地利用现状图。
(3) 分幅土地权属界线图。
(4) 县土地利用现状调查报告，乡镇土地利用现状说明书。
(5) 县、乡(镇)土地边界接合图表。

4.4 土地利用现状调查的技术方法

1. 以航空、航天遥感影像为主要信息源

农村土地调查将以1∶10000比例尺为主，充分应用航空、航天遥感技术手段，及时获取客观现势的地面影像作为调查的主要信息源。采用多平台、多波段、多信息源的遥感影像，包括航空、航天获取的光学及雷达数据，以实现在较短时间内对全国各类地形及气候条件下现势性遥感影像的全覆盖；采用基于DEM和GPS控制点的微分纠正技术，提高影像的正射纠正几何精度；采用星历参数和物理成像模型相结合的卫星影像定位技术和基于差分GPS/IMU的航空摄影技术，实现对无控制点或稀少控制点地区的影像纠正。

2. 基于内外业相结合的调查方法

农村土地调查以1∶10000主比例尺，以正射影像图作为调查基础底图，充分利用现有资料，在GPS等技术手段引导下，实地对每一块土地的地类、权属等情况进行外业调查，并详细记录、绘制相应图件，填写外业调查记录表，确保每一地块的地类、权属等现状信息详细、准确、可靠。以外业调绘图件为基础，采用成熟的目视解译与计算机自动识别相结合的信息提取技术，对每一地块的形状、范围、位置进行数字化，准确获取每一块土地的界线、范围、面积等土地利用信息。

城镇土地调查以1∶500比例尺为主，充分运用全球定位系统、全站仪等现代化测量手段，开展大比例尺权属调查及地籍测量，准确确定每宗土地的位置、界址、权属等信息。地籍调查尽可能采用解析法。

3. 基于统一标准的土地利用数据库建设方法

系统整理外业调查记录，并以县区为单位，按照国家统一的土地利用数据库标准和技术规范，逐图斑录入调查记录，并对土地利用图斑的图形数据和图斑属性的表单数据进行属性连接，即可形成集图形、影像、属性、文档为一体的土地利用数据库。

以地理信息系统为图形平台，以大型的关系型数据库为后台管理数据库，存储各类土地调查成果数据，实现对土地利用的图形、属性、栅格影像空间数据及其他非空间数据的一体化管理，借助网络技术，采用集中式与分布式相结合的方式，有效存储与管理调查数据。考虑到土地变更调查需求，采用多时序空间数据管理技术，实现对土地利用数据的历史回溯。另外，由于土地调查成果包括了土地利用现状数据、遥感影像数据、权属调查数据以及土地动态变化数据等，数据量庞大，记录繁多，应采用数据库优化技术，提高数据查询、统计、分析的效率。

4. 基于网络的信息共享及社会化服务技术方法

借助现有的国土资源信息网络框架，采用现代网络技术，建立先进、高速、大容量的全国土地利用信息管理、更新的网络体系，按照"国家—省—市—县"4级结构分级实施，实现各级互联和数据的及时交换与传输，为国土资源日常管理提供信息支撑。同时，借助现有的信息网络及服务系统，依托国家自然资源和空间地理基础数据库信息平台，实现与各行业的信息共享与数据交换，为各相关部门和社会提供土地基础信息和应用服务。

4.5 农村土地利用现状调查

4.5.1 数学基础与调查比例尺

1. 数学基础

（1）平面坐标系统：采用的是1980西安坐标系，之后的土地调查应逐步过渡到国家2000大地坐标系。

（2）高程系统：采用1985国家高程基准。

（3）投影方式：标准分幅图采用高斯投影。

1∶50000标准分幅图或数据按6°带。

1∶5000、1∶10000标准分幅图或数据按3°带。

1∶500、1∶2000标准分幅图或数据按1.5°带（可根据需要任意选择中央子午线）。

2. 调查比例尺

农村土地调查比例尺以1∶10000比例尺为主，荒漠、沙漠、高寒等地区可采用1∶50000比例尺，经济发达地区和大中城市城乡结合部可根据需要采用1∶2000或1∶5000比例尺。

4.5.2 计量单位与基本调查单位

1. 计量单位

长度单位采用米（m），面积计算单位采用平方米（m^2），面积统计汇总单位采用公顷（hm^2）和亩。

2. 基本调查单位

完整县级行政辖区。

4.5.3 农村土地现状调查的程序

农村土地利用现状调查工作是一项庞杂的系统工程，为确保成果资料符合技术规程的要求，必须遵照相关技术规程，按照土地利用现状调查工作的特点和规律，有条不紊地开展工作。其基本工作程序包括准备工作、外业调查、数据库及管理系统建设、面积量算和统计汇总、成果整理、检查验收等。

4.5.4 准备工作

1. 制订方案

各地根据本地区实际情况，制定农村土地利用现状调查方案，主要内容包括基本情况、资料情况、技术路线、技术方法、技术流程、时间安排、经费预算、组织实施、质量控制及主要成果等。

2. 人员培训

在开展农村土地利用现状调查前，应对参加调查的人员进行技术培训，规范调查程序，统一调查方法和要求等。

3. 开展试点

各地应先开展调查试点工作。试点工作可以选择一个镇区，也可以选择一幅多地类的调查图幅或在本辖区具有代表意义的区域。在试点基础上，总结分析和完善技术设计，以便全面开展调查工作。

4. 资料准备

（1）界线资料：包括国界线、陆地（含海岛）与海洋的分界线、行政区域界线等资料。

（2）基础地理资料：近期DOM、DLG、DEM，以及各等级测量控制点等资料。

（3）遥感资料：近期航空航天遥感资料。

（4）已有土地调查资料：包括已有的土地调查图件、表格、文本和数据库等。

（5）土地权属资料：包括《土地权属界线协议书》、《土地权属界线争议原由书》，以及宗地权属来源和土地登记等资料。

（6）各种表格：有关农村土地利用现状调查的各种表格。

（7）若存在基本农田等专项调查，还应该收集基本农田划定和调整资料以及有关的土地管理资料。

5. 仪器、工具和设备准备

包括全站仪、GPS接收机、钢尺、计算机、外部设备和软件系统，以及交通运输工具等。

4.5.5 调查底图制作

1. 数字正射影像图

数字正射影像图（DOM）是利用数字高程模型（DEM）对经扫描处理的数字化航天航空

像片，逐像元进行投影差改正、镶嵌，按国家基本比例尺地形图图幅范围剪裁生成的数字正射影像数据集。DOM 同时具有地图的几何精度和图像的影像特征，具有精度高、信息丰富、直观真实等优点。DOM 保留了航天航空像片信息量的同时，还包含线划地图的地形信息，不管比例尺放大还是缩小都不会引起变形。

DOM 反映了地物的影像特征，地物的影像特征包括地物的物理特征（影像的色调特征）和几何特征（空间分布特征），而专业的调查人员可以根据影像图上地物的形状、大小、阴影、色调、颜色、纹理、图案、位置和布局等特征来判别地物的类型，故农村土地利用现状调查底图应以航空航天的 DOM 为主。在山谷、山脊以及被植被影像遮盖的地方则可以借助于地形图等。

2. 调查底图制作

(1) 准备合适比例尺的 DOM，在影像缺失的地方配以地形图等数据。

(2) 套合界线数据，包括国界线、陆地（含海岛）与海洋的分界线和行政区域界线。行政区域界线包括省、地级市、县、镇和行政村界线。

(3) 套合土地权属界线，包括已有的国有土地使用权界线和集体土地所有权界线。

(4) 配以相应的符号注记和文字注记等。

4.5.6 外业调查

1. 外业调查的基本要求

(1) 充分利用已有土地调查成果。

(2) 进行外业调查时应实地逐个"图斑"调查。参考调查底图实地查看确认，正确识别土地利用类别，准确勾绘土地分类界线。

(3) 权属界线应认定合法、位置准确、表示规范。

(4) 图、数、实地三者应一致。

2. 土地权属调查

土地权属调查的调查单元是宗地。凡被权属界址线封闭的土地为一宗地，包括集体土地所有权宗地和国有土地使用权宗地。同一所有者的集体土地被铁路、公路，以及国有河流、沟渠等线状地物分割时，应分别划分宗地。对于有争议且一时难以调处解决的土地，可将争议土地单独划"宗"，待争议调处后划入相关宗地或单独划宗。

每宗土地内的不同地类要分开表示。

3. 地类调查

利用 DOM 和已有土地调查成果等资料，按土地现状以及土地的实际用途来调查地类及其界线。地类调查至《土地利用现状分类》的二级类（见表 4-1）。

1) 地类调查（以耕地为例）

(1) 下列土地确认为耕地。

① 种植农作物的土地。

② 新增耕地。

③ 采用不同耕作制度，以种植和收获农作物为主的土地。
④ 被临时占用的耕地。
⑤ 受灾但耕作层未被破坏的耕地。
⑥ 被人为撂荒的耕地。

(2) 下列土地不能确认为耕地。

① 已开始实质性建设（以施工人员进入、工棚已修建、塔吊等建筑设备已到位、地基已开挖等为标志，下同）的耕地。
② 江、河、湖、水库等常水位线以下耕地。
③ 路、渠、堤、堰等种植农作物的边坡、斜坡地。
④ 在耕地上建造保护设施，工厂化种植农作物等的土地，如长期固定的日光温室、大型温室等
⑤ 在农民庭院中种植农作物，如蔬菜等的土地。
⑥ 撂荒耕作制地区已撂荒的耕地。
⑦ 受灾、耕作层被破坏、无法恢复耕种的耕地。
⑧ 由于工程需要、改善生存环境等，农民整建或部分移民而造成的荒芜了的耕地。

2）线状地物调查

线状地物包括河流、铁路、公路、管道用地、农村道路、林带、沟渠和田坎等。

线状地物宽度大于等于图上 2mm 的，按图斑调查。

线状地物宽度小于图上 2mm 的，调绘中心线，用单线符号表示，称为单线线状地物（以下未进行特殊说明的线状地物指单线线状地物），要求在宽度均匀处实地量测宽度，精确至 0.1m；当宽度变化大于 20% 时，应分段量测宽度。

在以系数扣除田坎的地区，田坎不调绘。但作为权属界线和行政界线的田坎应调绘其准确位置，不参与面积计算。

3）图斑调查

单一地类地块，以及被行政界线、土地权属界线或线状地物分割的单一地类地块为"图斑"。明显界线与 DOM 上同名地物的移位不得大于图上 0.3mm，不明显界线不得大于图上 1.0mm。

最小上图图斑面积：城镇村及工矿用地为图上 $4.0mm^2$，耕地、园地为 $6.0mm^2$，林地、草地等其他地类为 $15.0mm^2$。

4）零星地物调查

零星地物是指耕地中小于最小上图图斑面积的非耕地或非耕地中小于最小上图图斑面积的耕地。零星地物可不调查。对于零星地物较多的地区，可根据本地区实际情况自行制订具体调查方法，开展调查。

5）海岛调查

对大潮平均高潮线以上，面积大于等于 $500m^2$，不与大陆相连的海岛进行调查与统计。海岛范围调查至零米等深线。有常住居民的海岛，应实地调查。其他海岛，调查底图覆盖到的，调绘至底图上。调查底图覆盖不到的，依据相关资料确定其位置（经纬度），仅对海岛的名称（无名称的可编号）、地类和面积等进行统计。

6）补测

对变化了的地物和地貌要进行野外修补测。当地物、地貌变化范围不大时，采用补

测；当其变化范围超过 1/3 以上时，则需要进行重测或重摄。通常，修补测在 DOM 工作底图上进行，外业补测与外业调绘结合进行。补测的地物点相对邻近明显地物点距离限差，平地、丘陵地不得大于图上 0.5mm，山地不得大于图上 1.0mm。

经外业调绘和外业补测的 DOM 工作底图应及时清绘整饰，经检查验收合格后，才能转入内业工作阶段。

4. 田坎系数测算

1) 耕地坡度分级

耕地坡度分为≤2°、2°～6°、6°～15°、15°～25°、>25°五个坡度等级（上含下不含），相应记录为Ⅰ、Ⅱ、Ⅲ、Ⅳ、Ⅴ共五个坡度等级。坡度≤2°的视为平地，其他坡度等级分为梯田和坡地两种类型。

农村土地调查数据库建成后，应用 DEM 生成坡度图，计算不同坡度级的耕地面积。

2) 耕地田坎系数测算

坡度大于 2°，测算耕地田坎系数。

按耕地分布、地形地貌相似性等特征，对完整省（区、市）辖区分区。区内按不同坡度级和坡地、梯田类型分组，选择样方、测算系数。样方应均匀分布，每组数量不少于 30 个，单个样方不小于 $0.4hm^2$。

实测样方中的田坎面积，计算样方田坎系数，即田坎面积占扣除其他线状地物后样方面积的比例（％）。

当同组样方田坎系数相对集中、最大值不超过最小值的 30％时，取其算术平均数，作为该组田坎系数。

5. 调查底图标绘及手簿填写

外业调查完成后，调查底图应完整标绘全部调查信息，包括行政界线、权属界线、地类及其界线、线状地物及宽度、补测地物，以及编号和注记等。

编号统一以行政村为单位，对于地类图斑、线状地物分别按从左到右、自上而下的顺序从 1 开始编号。

农村土地调查记录手簿应记载图斑地类、权属，以及有关线状地物权属、宽度等信息。地物补测应绘制草图，并在备注栏予以说明。

4.5.7 内业工作

土地利用现状调查的内业工作包括调查底图的清绘整饰、数据采集、数据编辑处理、数据库及管理系统建设、面积量算和统计汇总、成果整理等，其中面积量算和统计汇总是数据库及管理系统建设完成后由计算机实现的。

1. 调查底图的清绘整饰

(1) 外业调绘或补测的地物要在正射影像图上及时进行正规的着墨（色）清绘整饰。用小钢笔正规整饰，地类界线的线粗不应大于 0.2mm。图斑界线用红色，地物符号及注记用黑色，新增地物绘以红色斜晕线，飞地绘以蓝色斜晕线。

(2) 利用正射影像图进行外业调绘的，除逐图清绘整饰外，还应注意各图接边衔接，并在接边图上签名。

2. 数据采集

1) 图件扫描

根据不同介质的图件，采用不同的扫描方式：对于薄膜图和单色纸图，采用黑白二值方式扫描；对于彩色纸图，采用灰度方式扫描。

2) 扫描纠正

所有的图件扫描后都必须经过检查和纠正，并对扫描后的图形数据进行检查，以确保矢量化工作顺利进行。

3) 图形矢量化

(1) 线状要素。线状要素的采集主要采用分层方式进行，所分层次主要有等高线、水系、道路、行政界线、地类界、权属界、其他带有宽度的线状地物界。

(2) 点状要素。

① 零星地物：零星地物的采集主要是先建立相关属性结构，然后根据有具体点位和无具体点位两种不同情况分别进行录入。

② 注记：需要输入的注记包括地名、地形地貌、水系、道路名称等注记。

4) 数据质量初检

数据录入之后，需要对数据进行严格的检查。

5) 坐标系转换

矢量化后的图形数据的坐标是图面坐标（单位为 mm），需要将其转换为大地坐标系（单位为 m）。

(1) 转换控制点数据的采集。控制点就是每幅图的 4 个内图廓点及图内 4 个公里网交叉点。1：10000、1：5000 标准分幅图采集 4 个内图廓点作为坐标系转换控制点。

(2) 坐标系转换及检查。依据采集的控制点坐标对数据源进行坐标转换，并对转换的结果进行核查，超出限差的要重新转换。

6) 投影转换

县(市)级土地利用数据库的数据投影方式一般采用 3 度分带的高斯投影，但当行政区域跨过两个以上 3 度带时，则需要进行任意中央经线 3 度分带的高斯投影。如果数据源的投影方式与要求不吻合，则需要进行投影转换。

7) 点、线、面属性录入

为了提高数据录入的效率和准确性，属性数据的录入与图形录入可以分开进行。对应输入的属性数据应进行精度检查以防止输入错漏。

(1) 按照数据库设计标准的要求建立图斑、线状地物、零星地物和行政区属性结构。

(2) 以图幅为单位进行属性值录入。

(3) 检查无误之后使用属性连接工具以关键字段连接图形和属性文件，生成完整的图斑文件。

8) 数据接边处理

数据接边是指把被相邻图幅分割开的同一图形对象不同部分拼接成一个逻辑上完整的

对象。在图形接边的同时要注意保持与属性数据的一致性。数据接边限差为图面单位的 1mm 所代表的实地距离。

9）数据分层

依据数据标准的分层要求对拼接好的数据进行分层处理。

10）建立图形数据和属性数据的对应关系

根据数据库设计的方案建立图形数据和属性数据的对应关系。

11）控制面积平差

标准分幅图的控制面积平差：计算机量算的面积与理论面积之差在 15 亩范围内时，将理论面积作为控制面积进行平差。

3．数据编辑处理

数据采集、录入完成后要对其进行必要的编辑处理，以保证入库前数据的质量。

数据编辑处理应严格以数据源为依据，数据编辑处理精度必须限定在规定的范围内。

4．数据库及管理系统建设

数据库的建立是指用数据库系统软件提供的数据处理和管理功能，对经过编辑处理的空间数据进行入库处理，建成数据库运行管理系统。

5．面积量算和统计汇总

1）图斑面积及图斑地类面积

用图斑拐点坐标由计算机自动计算图斑面积。用图斑面积减去实测线状地物、按系数扣除的田坎和其他应扣除的面积计算图斑地类面积。

2）线状地物面积

采用图上计算的长度和外业测量的宽度计算线状地物面积。

3）田坎面积

实测的田坎面积计算方法同线状地物。按系数扣除的田坎面积等于耕地图斑面积和图斑内实测的线状地物面积之差与田坎系数的乘积。

6．成果整理

1）土地利用现状图件输出的要求

土地利用现状图是土地利用现状调查的重要成果图件。在数据建库完成之后，应将本行政区的土地利用现状图件按标准分幅、分乡（镇）或全县等形式进行输出。标准分幅图件比例尺可与建库底图的比例尺一致，分乡（镇）图的比例尺为 1∶10000 或 1∶25000。全县土地利用现状图的比例尺为 1∶50000 或 1∶100000。图件输出前经过编辑、整饰，加上图外要素和图例等。

分幅土地利用现状图的要求如下。

（1）图内要素内容：包括地类图斑、线状地物、行政界线、地形地貌线、地形地貌点、测量控制点、独立地物和注记。行政界线包括省市行政界线、区县行政界线、乡镇行政界线和乡镇名称、村（街坊）界线和编号；权属界线包括国有土地使用权界址线、集体土地所有权界址线、集体建设用地使用权界址线，地类图斑界线，图斑号与地类编码；标注线状地物宽度。其他标注如路名、村名和河流名称等。

图斑之间要求由行政界线、权属界线、线状地物、地类界线分隔，图斑要求闭合。土地利用现状图上地类编码和图斑号的注记以分式表示，分子表示图斑号，分母表示地类编码，并注记在图斑内的适当位置，如果是耕地，分母除加注地类编码外，还应加注坡度等级。

(2) 图外要素内容：包括图种名、图名、图号、图幅接合表、坐标系及高程系、成图比例尺、制图单位全称、说明(含调绘时间、制图时间)、辅助说明和图例。

2) 土地利用现状统计报表输出的要求

建成的土地利用数据库系统应对各类土地面积进行统计汇总，并按规定的表格形式输出，输出的表格类型如下。

(1) 本村集体土地面积汇总表。
(2) 外单位土地面积汇总表。
(3) 村(单位)土地面积汇总表。
(4) (国有、集体)土地面积汇总表。
(5) 土地统计台账。
(6) 土地统计簿一。
(7) 土地统计簿二。
(8) 土地统计簿三。
(9) 土地利用现状变更表。

3) 文字报告的要求

土地利用数据库建设文字报告包括自检报告、工作报告和技术报告，报告的内容要求如下。

(1) 建库承担单位自检报告内容要求。

① 自检内容，即建库过程中形成的每个步骤。

② 自检主要方法和程序，自检应100％检查，应逐一检查上述内容。每项内容至少检查3次。

③ 自检结果。

(2) 数据库建设工作报告内容要求。

① 项目概述，建库县的基本情况简介(包括地理位置、面积、人口、经济和辖区划分等内容)；承担建库单位的基本情况简介(包括软硬件环境、人员、单位性质等内容)；原始资料的基本情况简介(包括原土地详查情况、图幅数、建库年限、图幅比例尺、难易程度等)；建库投入(包括建库起止日期、人员及工天、经费等)。

② 建库工作的组织实施，包括项目管理方式、质量控制管理、经费支出管理。

③ 建库主要成果，包括数据成果、图件与表格成果、文字成果。

④ 存在问题及建议。

⑤ 土地面积变化分析，主要是分析耕地面积变化的原因。

⑥ 数据库成果应用设想。

(3) 数据库建设技术报告内容要求。

① 建库概述，包括建库背景及技术准备，建库依据，主要技术路线，软、硬件环境。

② 数据采集处理(含方法及质量控制)，包括工艺流程，资料预处理，数据采集与处

理(数据输入、坐标转换、数据检查、数据综合编辑处理、数据拼接、数据分层和数据格式转换)。

③ 数据建库，包括建立图幅索引、建立系统数据字典、数据入库和数据库管理系统试运行。

④ 存在问题及解决方案，包括已解决的问题及处理方法、未解决的问题及建议。

⑤ 数据库应用，内容包括数据变更、土地利用规划、专题图件输出等。

4.6 城镇土地调查

城镇土地调查即城镇地籍调查，是对城市、建制镇内部每宗土地的调查。城镇土地调查与农村土地调查确定的城镇范围要相互衔接。城镇土地利用现状调查与城镇土地权属调查(见本书第2章)同步进行。

1. 数学基础、调查比例尺与调查底图

1) 数学基础

(1) 平面坐标系统：城镇土地调查的坐标系统可以使用城镇自身的独立坐标系统，但独立的坐标系统必须与国家坐标系统建立联系。

(2) 高程系统：采用"1985国家高程基准"。

2) 调查底图与比例尺

城镇土地调查的调查底图可采用1∶2000～1∶500的大比例尺地形图，也可采用相同比例尺的正射影像图(DOM)。

2. 调查单元

城镇土地调查的地块单元是宗地。凡被权属界址线封闭的地块称为宗地。一个地块内由几个土地使用者共同使用而其间又难以划清权属界线的地块也称为一宗地。大型单位用地内具有法人资格的独立经济核算单位用地，或被道路、围墙等明显线状地物分割成单一地类的地块应独立分宗。难以调处的争议土地，以及河流和其他未确定使用权的土地，应按用地范围单独划宗，不调查使用权人，仅调查地类。

3. 调查内容

城镇土地调查的内容就是城市、集镇、工矿企业等建设用地的权属、位置、数量、质量、用途等信息。这些内容已在本书第3章中详细介绍。

本 章 小 结

本章主要讲述土地利用现状调查的目的和任务，土地利用分类标准，农村土地利用现状调查，城镇土地调查基本内容，土地利用现状调查内容和程序。

本章的重点是土地利用分类标准，土地利用现状调查基本内容，农村土地利用现状调查基本内容和程序。

习 题

4-1 单项选择题

1. 非建设用地的土地利用现状调查，基本的地块单元是（　　）。
   A. 宗地　　　　　　B. 地类图斑　　　　C. 行政村　　　　　D. 户
2. 我国第二次土地调查在农村土地利用分类调查中采用的基本工作底图是（　　）。
   A. 1∶10000 地形图　　　　　　　　　B. 1∶10000 航摄影像
   C. 1∶10000 卫星影像　　　　　　　　D. 正射影像
3. 我国第二次土地调查在农村土地利用分类调查中采用（　　）的技术。
   A. 正射影像图内业判读，外业核实测量
   B. 外业地面数字测量
   C. 数字摄影测量
   D. 根据航摄、卫星影像由计算机自动解译
4. 土地利用现状分类采用二级分类体系，在地籍图上地类号以（　　）数字表示。
   A. 2 位　　　　　　B. 3 位　　　　　　C. 4 位　　　　　　D. 5 位
5. 《土地利用现状分类》（GB/T 21010—2007）国家标准划分了（　　）一级类。
   A. 8 个　　　　　　B. 10 个　　　　　　C. 12 个　　　　　　D. 24 个
6. 全国第二次土地利用现状调查包括资料准备、正射影像制作、内业解译判读、外业实地核实测量、内业数据编辑、数据检查、（　　）、成果整理提交 8 个环节。
   A. 面积量算　　　　　　　　　　　　B. 投影转绘
   C. 土地统计　　　　　　　　　　　　D. 登记发证
7. 土地利用现状调查的基本行政单位是（　　）。
   A. 县或县级区　　　　　　　　　　　B. 乡、镇
   C. 村　　　　　　　　　　　　　　　D. 省
8. 在土地利用现状调查中，线状地物应（　　）。
   A. 实地测量其宽度　　　　　　　　　B. 实地测量其长度
   C. 实地测量长、宽　　　　　　　　　D. 忽略不计
9. 在土地利用现状调查中，同一地类的地块被权属界线划分为两个部分，则该地块应以（　　）处理。
   A. 1 个图斑　　　　　　　　　　　　B. 2 个图斑
   C. 3 个图斑　　　　　　　　　　　　D. 视具体情况而定
10. 地块周边权属界线外围的土地只属于一个土地权利人时，则本地块俗称为（　　）。
    A. 零星土地　　　　　　　　　　　　B. 岛
    C. 洞　　　　　　　　　　　　　　　D. 飞地

4-2 思考题

1. 土地利用现状调查的目的与任务和内容是什么？
2. 土地利用现状调查的主要对象是什么？城镇建设用地的土地如何调查？

3. 简述我国现行的土地利用现状分类标准。
4. 土地利用现状调查的基本地块单元是什么？图斑应如何表示？
5. 土地利用现状调查的底图资料有哪些？
6. 简述土地利用现状调查的主要内容。土地利用现状调查的外业工作内容及其要求是什么？
7. 土地利用现状调查获得的成果有哪些？如何表示？
8. 简述土地利用现状调查的基本程序。绘出县级土地利用现状调查程序框图。

第5章
房地产控制测量

教学目标

本章主要讲述房地产控制测量的概念和适用的方法,地籍控制测量,坐标正反算,平面控制测量方法,导线测量、GPS控制测量等。通过本章的学习,达到以下目标:
(1) 掌握房地产控制测量的概念;
(2) 了解房地产平面的基本精度指标;
(3) 了解房地产平面、高程控制测量的常用方法;
(4) 掌握导线测量的内外业工作和基本计算;
(5) 了解GPS控制测量基本方法和技术标准。

教学要求

知识要点	能力要求	相关知识
控制测量的概念	(1) 掌握平面控制测量的概念 (2) 掌握高程控制测量的概念 (3) 掌握地籍控制测量的概念	(1) 平面控制测量 (2) 高程控制测量 (3) 地籍控制测量 (4) 控制点、控制网、控制等级
控制测量的方法	(1) 了解三角测量的概念 (2) 掌握导线测量的概念 (3) 了解GPS作业定位方法 (4) 了解三角高程测量、水准测量、GPS测量等高程控制测量方法	(1) 三角测量 (2) 导线测量 (3) GPS平面位置测量 (4) GPS高程测量
坐标正反算问题	(1) 掌握坐标正算问题 (2) 掌握坐标反算问题	(1) 象限角、方位角 (2) 距离 (3) 坐标 (4) 坐标正反算计算
导线测量	(1) 了解导线测量的外业内容 (2) 掌握导线测量的精度等级及其指标 (3) 掌握导线测量的内业计算 (4) 了解导线测量的误差来源	(1) 导线测量,闭合导线、附合导线 (2) 左角、右角 (3) 转折角、连接角 (4) 方位角闭合差、角度改正 (5) 坐标闭合差、坐标改正
GPS测量	(1) 掌握GPS静态测量 (2) 了解GPS-RTK测量 (3) 掌握CORS测量	(1) 静态测量、快速静态测量 (2) 同步环、异步环 (3) 基线处理

基本概念

平面控制测量、高程控制测量、三角测量、导线测量、GPS测量、控制测量精度等级、坐标正算、坐标反算、导线测量外业、导线计算、方位角闭合差、坐标闭合差、导线全长相对闭合差、GPS 测量、GPS 静态测量、CORS 测量。

在房地产测量中,城市或行政区内通常在开展房地产测量之前,一般由房地产管理部门或规划部门组织实施区域内统一的房地产基础控制测量。具体到某个房地产项目,则是在房地产基础控制点的基础上进行较低等级的控制测量。

5.1 房地产控制测量概述

在一个城市或区域内开展房地产测量,首先要进行房地产控制测量,建立起区域内满足房地产测量需要的控制点网,然后才能在这些控制点的基础上进行测定地籍、房产要素,测绘地籍图、房产图等"细部测量"工作。

5.1.1 控制测量的概念

测量工作的基本原则是"先控制,后细部",即首先要建立控制网,然后根据控制网进行细部测量。

控制测量工作就是在一定区域范围内,首先选择一批位置稳固、通视条件良好、按一定密度分布的离散点,将这些点之间有机地组成某种几何图形,采用某种测量方法,以较高的精度来测定它们的坐标和高程。这些点是下一步细部测量工作的基准点,称为控制点。这些控制点之间彼此联系,通常组成具有某种几何强度的网状图形,因此也将它们称为控制网。

控制测量工作分为平面控制测量和高程控制测量。确定控制点平面坐标(x, y)的测量工作称为平面控制测量。确定控制点高程(H)的测量工作称为高程控制测量。

平面控制测量和高程控制测量既可以分别单独进行,也可以同时进行。控制测量的基本工作包括控制网设计、踏勘选点、埋石、观测、计算和技术总结等。

控制测量根据需要分成若干精度等级。等级分为一、二、三、四等,从一等到四等逐级进行控制,精度逐级降低,边长逐级缩短,密度逐级增大。

平面控制网的类型包括国家控制网、城市控制网。

1) 国家控制网

在全国范围内布设建立的控制网。

我国国家一、二等控制网称为天文大地网,全网有 4.8 万多个大地控制点。

2) 城市控制网

国家控制网的密度较稀,难以满足城市或厂矿建设的需要,所以,在县级以上的城市,一般具有自己的平面控制网,称为城市平面控制网。

城市控制网一般要与国家控制网相联系,即以两个或两个以上的国家控制点为基础,根据城市规模大小以及经济建设对测量精度的要求,合理布设相应等级的平面控制网。城市平面控制网的等级最高为二等,一般为三等或四等,也可根据需要布设一级导线角网。

城市控制网的等级与测量方法的选择必须因地制宜,既满足当前需要,又兼顾今后发展,做到技术先进、经济合理、确保质量、长期适用。

5.1.2 控制测量方法

1. 平面控制测量方法

平面控制网的形式有许多种,不同形式的控制网有不同的施测方法。

1) 三角网与三角测量

所有的控制点构成彼此相连的三角网,如图 5.1 所示。

用经纬仪测量网中所有三角形的内角。当已知两个点的坐标,或已知一个点的坐标和一条边的长度与方位角时,便可求算网中所有控制点的平面坐标。构建、测定三角网点的控制测量方法叫做三角测量。我国在 20 世纪 80 年代以前已经建成、目前仍在使用的国家一、二、三、四等平面控制点基本上都是采用三角测量方法获得的。

三角测量的观测量主要是水平角,边长观测很少,也可以不观测。但三角网对相邻控制点之间的通视条件要求很高,实地组成三角网的选点难度较大,目前已较少采用。

2) 导线测量

导线是由若干条直线连成的折线。从已知边(如图 5.2 中的 AB、CD)开始,将一系列待测量的控制点(如图 5.2 中的 1、2、3、…、9、10)依相邻次序连接起来,即构成折线形式的平面控制图形。每条折线称为导线边,折线之间的水平夹角称为转折角。

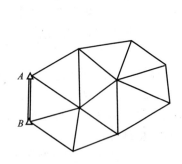

图 5.1 三角网

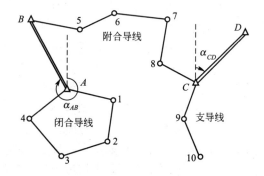

图 5.2 导线的基本形式

导线测量通过测量导线边长和转折角,再根据起算边、已知边的已知点数据,推算各导线边的坐标方位角,从而求出所有转折点的平面坐标。导线的形式有附合导线、闭合导线、支导线和导线网 4 种。

与三角测量相比,导线的主要优点是点间通视条件容易满足,布设灵活、方便。在城市中,导线的优势尤为明显,因此导线测量是目前在房地产控制测量中被广泛采用的平面控制测量方法。

3) GPS 控制网

GPS 控制网是利用 GPS 定位技术建立的测量控制网。GPS 测量的特点是速度快、精度高、全天候,无须考虑点与点之间的通视情况,但在建筑物内、地下、树下及狭窄的城区街道内不能使用。

4) 其他形式

除了三角测量、导线测量、GPS测量之外,在某些场合还可以运用其他的控制测量方法,如大地四边形、前方交会、后方交会等。

2. 高程控制测量

高程控制测量方法一般可采用本书第2章中介绍的水准测量、三角高程测量等方法。在精度可行时,也可采用GPS高程测量方法。

5.1.3 地籍控制测量

地籍控制测量包括地籍基本控制测量与地籍图根控制网测量。地籍控制点是进行地籍测量和测绘地籍图的依据。地籍控制测量是根据界址点和地籍图的精度要求,视测区范围的大小、测区内现存控制点数量和等级等情况,按测量的基本原则和精度要求进行的技术设计、选点、埋石、野外观测、数据处理等测量工作。地籍控制测量必须遵循从整体到局部、由高级到低级分级控制(或越级布网)的原则。

地籍测量的坐标系应采用国家统一的坐标系,当投影变形大于2.5cm/km时,可采用任意投影带高斯平面直角坐标系,或采用城市地方坐标系。

1. 地籍基本控制测量

地籍基本控制测量可采用三角网(锁)、测边网、导线网和GPS相对定位测量网进行施测。各个城市和地区可根据面积大小,根据现有控制网,顾及发展规划,合理选择二、三、四等和一、二级控制网中的任何一级作为首级控制网。一般面积为100km² 以上的大城市,应选择二等,30～100km² 的中等城市选二等或三等,10～30km² 的城镇选三等或四等,10km² 以下的城镇可选一级或二级。目前在各大中城市所建立的质量良好的城市控制网,基本上能满足建立地籍控制网的需要。

2. 地籍图根控制网测量

为了满足地籍细部测量和日常地籍管理的需要,在基本控制(首级网和加密控制网)点的基础上,加密的直接供测图及测量界址点使用的控制网称为地籍图根控制网。

由于地籍图根控制点密度是由界址点位置及其密度决定的,一般说来,地籍图根控制点密度比地形图根控制点密度要大,通常每平方千米应布设100～400个地籍图根控制点。

5.2 控制点坐标的正反算

平面控制测量通常需要从相互联系、等级更高的两个已知点(称为已知边)开始进行。坐标正算、坐标反算是平面控制测量的基本计算。

未知点与已知点相联系,构成一边,通过该边长、方位角计算未知点坐标的过程称为坐标正算。

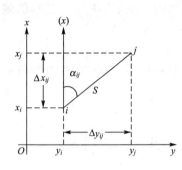

图 5.3 坐标正算和坐标反算

根据已知边上两端的已知点坐标，计算该已知边坐标方位角的过程称为坐标反算。

1. 坐标正算

如图 5.3 所示，若 i 为坐标已知的较高等级控制点，j 为待测定坐标的控制点。现测得 ij 的边长（水平距离）S，且获得方位角 α_{ij}，则 j 点坐标可如由式(5-1)、式(5-2)计算得出。

用 Δx_{ij}、Δy_{ij} 分别表示直线 ij 的纵、横坐标增量，则有

$$\left.\begin{aligned} \Delta x_{ij} &= S \cdot \cos\alpha_{ij} \\ \Delta y_{ij} &= S \cdot \sin\alpha_{ij} \end{aligned}\right\} \quad (5-1)$$

$$\left.\begin{aligned} x_j &= x_i + \Delta x_{ij} \\ y_j &= y_i + \Delta y_{ij} \end{aligned}\right\} \quad (5-2)$$

2. 坐标反算

在图 5.3 中，若 i、j 均为坐标已知的较高等级控制点，则可根据它们的已知点坐标计算出已知边 ij 的坐标方位角 α_{ij}，以作为起始方位角。

直线 ij 的纵、横坐标增量为

$$\left.\begin{aligned} \Delta x_{ij} &= x_j - x_i \\ \Delta y_{ij} &= y_j - y_i \end{aligned}\right\} \quad (5-3)$$

求得坐标增量之后，可分别按式(5-4)和式(5-5)计算直线 ij 的边长 S 和方位角 α_{ij}。

$$S = \sqrt{(\Delta x_{ij})^2 + (\Delta y_{ij})^2} \quad (5-4)$$

$$\left.\begin{aligned} \alpha_{ij} &= \tan^{-1}\left(\frac{\Delta y_{ij}}{\Delta x_{ij}}\right) + 360° \quad (\Delta x_{ij} > 0) \\ \alpha_{ij} &= \tan^{-1}\left(\frac{\Delta y_{ij}}{\Delta x_{ij}}\right) + 180° \quad (\Delta x_{ij} < 0) \end{aligned}\right\} \quad (5-5)$$

5.3 导线测量

导线的定义及其基本形式在 5.1 节中已经介绍。本节将介绍导线测量的主要技术要求、导线测量的外业和内业计算工作。

5.3.1 导线控制测量的主要技术要求

不同等级的导线测量，其技术要求也有所不同。城市房地产测量各等级导线的主要技术指标应符合表 5-1 的规定。

表 5-1 各等级导线的技术指标

等级	平均边长（km）	附合导线长度（km）	每边测距中误差（mm）	测角中误差（″）	导线全长相对闭合差	水平角观测的测回数			方位角闭合差（″）
						DJ_1	DJ_2	DJ_6	
三等	3.0	15	±18	±1.5	1/60000	8	12	—	$±3\sqrt{n}$
四等	1.6	10	±18	±2.5	1/40000	4	6	—	$±5\sqrt{n}$
一级	0.3	3.6	±15	±5.0	1/14000	—	2	6	$±10\sqrt{n}$
二级	0.2	2.4	±12	±8.0	1/10000	—	1	3	$±16\sqrt{n}$
三级	0.1	1.5	±12	±12.0	1/6000	—	1	3	$±24\sqrt{n}$

注：n 为导线转折角的个数。

导线应尽量布设成附和导线或闭合导线，当导线平均边长较短时，导线边数不应超过表 5-1 中由相应等级的导线长度和平均边长算得的边数；当附合导线长度短于规定长度的 1/2 时，导线全长的闭合差可放宽至不超过 0.12m。

房地产图根导线的测量，在首级控制许可的情况下，应尽可能采用附合导线和闭合导线，但如果控制点遭到破坏，不能满足要求，也可谨慎采用无定向导线、支导线。表 5-2 提供了两个等级的图根导线的技术指标，作业时可选用。

表 5-2 图根导线技术参数表

等级	平均边长（m）	附合导线长度（km）	测距中误差（mm）	测角中误差（″）	导线全长相对闭合差	水平角观测测回数		方位角闭合差（″）
						DJ_2	DJ_6	
一级	100	1.5	±12	±12	1/6000	1	2	$±24\sqrt{n}$
二级	75	0.75	±12	±20	1/4000	1	1	$±40\sqrt{n}$

5.3.2 导线测量外业

导线测量的外业工作包括选点埋石和测角量边。

1. 选点埋石

选点埋石工作就是选择导线控制点的位置，并在所选位置埋设标石。选点分为图上选点和实地选点两个步骤。在进行实地选点之前，应到有关部门（测绘或国土、规划部门）收集测区原有的中小比例尺地形图以及高一等级控制点的成果资料，然后在地形图上初步设计导线布设路线，最后按照设计方案到实地踏勘选点。

现场踏勘选点时，应注意以下事项。

（1）相邻导线点之间应通视良好。
（2）点位应选在土质坚实处，便于埋石、保存和使用。
（3）视野应开阔，便于测绘周围的地物、地貌。
（4）边长应符合规范要求，且大致相等，相邻边比不得小于 1/3。
（5）密度足够，分布均匀，便于控制整个测区。

导线点位选定后，先在地面上点位位置打一木桩，作为临时标志，随后再埋设预制的混凝土标石或进行现场浇铸。导线点标志的中心通常有一个"十"字标记,其中心点即控制点的准确位置,如图5.4所示。

导线点埋好之后,一般应绘制"点之记",如图5.5所示。"点之记"上记有控制点的名称、点号、等级、标志类型、地点、方位以及与周围主要地物或自然地理环境的相互关系,便于今后使用导线点时寻找点位。

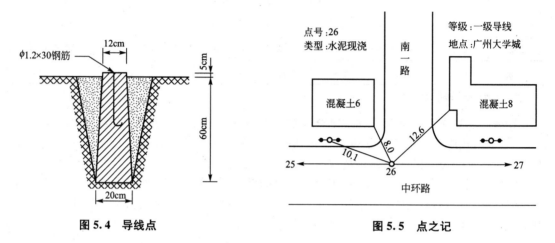

图5.4 导线点　　　　　　　　　图5.5 点之记

2. 测角量边

选点埋石结束之后,一般需间隔一段时间,待所埋标石稳固之后才能测角和量边。

测角就是用经纬仪或全站仪观测导线上的所有水平转折角。对附合导线一般同测左角或右角,如图5.6所示。除观测转折角 $\beta_1 \sim \beta_3$ 之外,还需观测"连接角"(已知边与待测导线间的夹角,如图5.6中的 β_B、β_C)。根据导线图给出的推算方向,这些角都属于左角。

闭合导线则一般观测内角,同样需观测连接角(β_B),如图5.7所示。

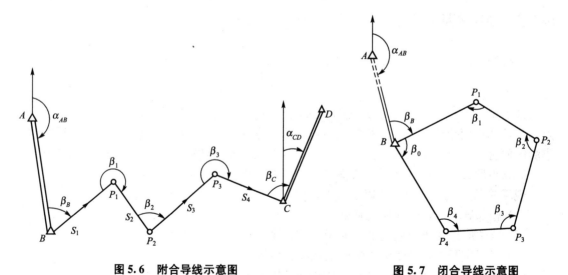

图5.6 附合导线示意图　　　　　　　图5.7 闭合导线示意图

水平角的观测通常采用测回法。所用仪器及测回数必须符合《工程测量规范》(GB 50026—2007)的规定(见表5-3)。

导线边长一般宜用光电测距仪或全站仪观测(若没有测距仪,也可用经过检定的钢尺丈量)。边长测量技术要求符合《工程测量规范》(GB 50026—2007),相关内容见表5-3。

表 5-3 光电测距的主要技术要求

平面控制网等级	仪器精度等级	每边测回数		一测回读数较差(mm)	单程各测回较差(mm)	往返测距较差(mm)
		往	返			
三等	5mm级仪器	3	3	≤5	≤7	≤2(a+b×D)
	10mm级仪器	4	4	≤10	≤15	
四等	5mm级仪器	2	2	≤5	≤7	
	10mm级仪器	3	3	≤10	≤15	
一级	10mm级仪器	2	—	≤10	≤15	—
二、三级	10mm级仪器	1	—	≤10	≤15	

注:1测回是指照准目标一次,读数2~4次的过程。

采用光电测距仪或全站仪时,量边和测角工作既可以分开进行,也可以同时进行。

5.3.3 导线测量的内业计算

外业工作结束后,即进入内业阶段。导线测量内业计算的目的是计算各导线点的坐标。

导线的内业计算可以采用严密平差方法或简易计算方法。导线的等级较高时一般应采用严密平差方法,等级较低时则通常采用简易计算方法。下面以附合导线为例介绍导线的简易计算。

附合导线简易计算的工作内容包括检查原始记录、计算并分配角度闭合差、推算方位角、计算坐标增量、调整坐标增量闭合差、计算导线点坐标等。

1. 检查外业记录、抄录成果数据

全面检查观测手簿,漏测需补测,测错或超限需重测。若外业观测数据符合要求,则绘制导线略图,将各项数据标注在略图上的相应位置,如图5.8所示。

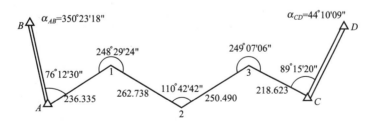

图 5.8 附合导线略图

2. 角度闭合差的计算与角度闭合差分配

附合导线两端都有较高精度的已知边,其方位角 α_{AB}、α_{CD} 为已知。根据导线转折角及连接角的观测值,从一条已知边(如 AB)开始,利用其已知方位角可以推算出另一条已知边(如 CD)的方位角,设为 α'_{CD}。α'_{CD} 与对应的已知值 α_{CD} 之差叫做角度闭合差(也称为方位角闭合差),用 f_β 表示,即

$$f_\beta = \alpha'_{CD} - \alpha_{CD} = \alpha'_{终} - \alpha_{终} \tag{5-6}$$

方位角的推算方法在第 2 章中已介绍。

对于闭合导线,角度闭合差等于所有内角观测值之和与内角和的理论值之差,即

$$f_\beta = \sum \beta_{测} - \sum \beta_{理} = \sum \beta_{测} - (n-2) \times 180° \tag{5-7}$$

若 f_β 值超过规范规定值,需返工重测。若未超限,则反号平均分配,即对每个角度观测值加上改正数 v_β:

$$v_\beta = -\frac{f_\beta}{n} \quad (n \text{ 为角度个数}) \tag{5-8}$$

$$\beta_i = \beta'_i + v_\beta \quad (\beta'_i \text{ 为角度观测值}) \tag{5-9}$$

在分配角度闭合差之后,必须进行以下检核:

$$\sum v_\beta = -f_\beta \tag{5-10}$$

3. 计算各边的坐标方位角

根据起始边的已知坐标方位角 $\alpha_{始}$ 及改正后的转折角 β_i,按方位角推算方法计算各导线边的坐标方位角 α_{ij}。

为了检核计算的正确性,需推算终边(如 CD)的方位角,若推算值与其已知值不一致,则要仔细检查计算过程。对于闭合导线,需推回起始边进行检核。

4. 计算坐标增量

根据导线边长(水平距离)观测值 S_{ij} 和推算得到的各边坐标方位角 α_{ij} 按下式计算坐标增量:

$$\left. \begin{array}{l} \Delta x'_{ij} = S_{ij} \times \cos\alpha_{ij} \\ \Delta y'_{ij} = S_{ij} \times \sin\alpha_{ij} \end{array} \right\} \tag{5-11}$$

5. 坐标增量闭合差的计算与调整

对于附合导线而言,各导线边坐标增量代数和的理论值应等于附合点(终点)与起算点(始点)的已知坐标之差。

由于存在量边误差和测角误差,由误差传播定律可知,坐标增量的计算值也必定含有误差,因此,根据实际观测值计算得到的各边坐标增量的代数和并不等于终、始点已知坐标之差,其较差称为坐标增量闭合差。纵、横坐标增量闭合差分别用 f_x、f_y 表示:

$$\left. \begin{array}{l} f_x = \sum \Delta x'_{ij} - (x_{终} - x_{始}) \\ f_y = \sum \Delta y'_{ij} - (y_{终} - y_{始}) \end{array} \right\} \tag{5-12}$$

从始点(A)出发,用含有误差的坐标增量逐点推算导线点坐标,最后推算得到的终点(C)的坐标值必定与该点的已知坐标不一致,使附合导线未能真正附合,存在一个缺口,如图 5.9 所示。

这个缺口叫做"导线全长闭合差",用 f_S 表示,计算公式为

$$f_S = \sqrt{f_x^2 + f_y^2} \tag{5-13}$$

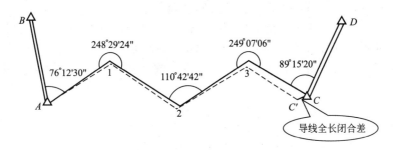

图 5.9 附合导线全长闭合差

对于闭合导线，各边坐标增量代数和的理论值等于零。因此，闭合导线的坐标增量闭合差为

$$\left.\begin{array}{l} f_x = \sum \Delta x'_{ij} \\ f_y = \sum \Delta y'_{ij} \end{array}\right\} \qquad (5-14)$$

闭合导线的附合点即起始点，可视为附和导线的一种特殊情形。导线全长闭合差的计算公式与附合导线相同，见式(5-13)。

f_S 与导线全长 $\sum S$ 之比，叫做导线全长相对闭合差，用 K 表示。K 值通常采用分子为 1 的分数形式：

$$K = \frac{f_S}{\sum S} = \frac{1}{\sum S / f_S} \qquad (5-15)$$

相对闭合差 K 是衡量导线测量精度高低的指标之一，必须符合相关测量规范的要求（见表 5-1、表 5-2）。超限必须重测，未超限时则进行坐标增量闭合差的调整。

坐标增量闭合差的调整方法是分别将 f_x 及 f_y 反号，按与边长成正比的方法计算各导线边的纵、横坐标增量改正数，然后将改正数加在对应的纵、横坐标增量中。

$$\left.\begin{array}{l} v_{xij} = -\dfrac{S_{ij}}{\sum S} \times f_x \\ v_{yij} = -\dfrac{S_{ij}}{\sum S} \times f_y \end{array}\right\} \qquad (5-16)$$

$$\left.\begin{array}{l} \Delta x_{ij} = \Delta x'_{ij} + v_{xij} \\ \Delta y_{ij} = \Delta y'_{ij} + v_{yij} \end{array}\right\} \qquad (5-17)$$

计算和调整坐标增量闭合差之后，需进行以下检核：

$$\left.\begin{array}{l} \sum v_x = -f_x \\ \sum v_y = -f_y \end{array}\right\} \qquad (5-18)$$

6. 计算各导线点的坐标

根据起始点(A)的已知坐标和经过改正之后的坐标增量，按下式计算各导线点的坐标：

$$\left.\begin{array}{l} x_j = x_i + \Delta x_{ij} \\ y_j = y_i + \Delta y_{ij} \end{array}\right\} \qquad (5-19)$$

为了检查坐标计算是否正确，最后还需计算终点(C)的坐标。若计算值与已知值一致，说明计算无误，导线内业计算工作结束，否则必须进行检查、重算。

【例 5-1】 某附合图根导线如图 5.10 所示。A、B、C、D 为已知点，1、2、3、4 为待测的图根导线点。已知数据以及连接角、转折角和各边的水平距离观测值见表 5-4。按照上面介绍的步骤对该附合导线进行内业计算，全部计算工作均在表格中完成。计算结果见表 5-4。

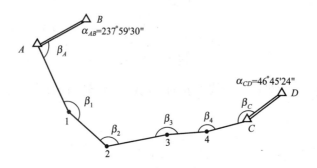

图 5.10 附合导线算例示意图

表 5-4 附合图根导线计算表

点号	角度观测值 (° ′ ″)	改正数 (″)	改正后角值 (° ′ ″)	坐标方位角 (° ′ ″)	平距 (m)	坐标增量		改正后坐标增量		坐标值	
						$\Delta'x$(m)	$\Delta'y$(m)	Δx(m)	Δy(m)	X(m)	Y(m)
B											
A	99 01 00	+6	99 01 06	237 59 30						2507.69	1215.63
1	167 45 36	+6	167 45 42	157 00 36	222.85	+0.05 −207.91	−0.04 +88.21	−207.86	+88.17	2299.83	1303.80
2	123 11 24	+6	123 11 30	144 46 18	139.03	+0.03 −113.57	−0.03 +80.20	−113.54	+80.17	2186.29	1383.97
3	189 20 36	+6	189 20 42	87 57 48	172.57	+0.03 +6.13	−0.03 +172.46	+6.16	+172.43	2192.45	1556.40
4	179 59 18	+6	179 59 24	97 18 30	100.07	+0.02 −12.73	−0.02 +99.26	−12.71	+99.24	2179.74	1655.64
C	129 27 24	+6	129 27 30	97 17 54	102.48	+0.02 −13.02	−0.02 +101.65	−13.00	+101.63	2166.74	1757.27
D				46 45 24							
∑	888 45 18	+36	888 45 54		740.00	−341.10	+541.78	−340.95	+541.64		

闭合差计算：

$\alpha'_{CD}=46°44'48''$　　$\alpha_{CD}=46°45'24''$　　$f_\beta=\alpha'_{CD}-\alpha_{CD}=-36''$　　$f_{\beta容}=\pm40''\sqrt{n}=\pm98''$　　$v=-f_\beta/n=+6''$

$f_x=\sum\Delta x'_{ij}-(x_C-x_A)=-0.15\text{m}$　　　$f_y=\sum\Delta y'_{ij}-(y_C-y_A)=+0.14\text{m}$

导线全长闭合差：$f_s=0.20\text{m}$　　导线全长相对闭合差：$K=1/(\sum S/f_s)=1/3700$

相对闭合差允许值：$K_容=1/2000$

5.4 GPS 控制测量

房产平面控制测量可选用 GPS 定位测量、导线测量等方法。

5.4.1 GPS 静态相对定位测量

GPS 网应布设成三角网形或导线网形，或构成其他独立检核条件可以检核的图形。GPS 网点与原有控制网的高级点重合应不少于 3 个。当重合不足 3 个时，应与原控制网的高级点进行联测，重合点与联测点的总数不得少于 3 个。

各等级 GPS 静态相对定位测量的主要技术要求应符合表 5-5 和表 5-6 的规定。

表 5-5 各等级 GPS 相对定位测量的仪器

等级	平均边长 D(km)	GPS 接收机性能	测量量	接收机标称精度优于	同步观测接收机数量
二等	9	双频（或单频）	载波相位	10mm+2ppm	≥2
三等	5	双频（或单频）	载波相位	10mm+3ppm	≥2
四等	2	双频（或单频）	载波相位	10mm+3ppm	≥2
一级	0.5	双频（或单频）	载波相位	10mm+3ppm	≥2
二级	0.2	双频（或单频）	载波相位	10mm+3ppm	≥2
三级	0.1	双频（或单频）	载波相位	10mm+2ppm	≥2

表 5-6 各等级 GPS 相对定位测量的技术指标

等级	卫星高度角(°)	有效观测卫星总数	时段中任一卫星有效观测时间(min)	观测时段数	观测时段长度(min)	数据采样间隔(s)	点位几何图形强度因子 PDOP
二等	≥15	≥6	≥20	≥2	≥90	15~60	≤6
三等	≥15	≥4	≥5	≥2	≥10	15~60	≤6
四等	≥15	≥4	≥5	≥2	≥10	15~60	≤8
一级	≥15	≥4		≥1		15~60	≤8
二级	≥15	≥4		≥1		15~60	≤8
三级	≥15	≥4		≥1		15~60	≤8

5.4.2 CORS 测量

1. CORS 测量技术要求

使用 CORS 进行控制测量的主要技术指标见表 5-7。点位平面残差(HRMS)≤2cm，测回水平较差≤4cm。

表 5-7 CORS 控制测量的技术指标

等级	使用仪器	解算类型	相邻点间距离	测回	采样间隔	每测回历元
图根起算点	双频 GPS 接收机	固定解	≥200	≥3	1s	≥30
图根点	双频 GPS 接收机	固定解	≥120	≥2	1s	≥30

2. CORS 测量操作方法

使用 CORS 流动站直接测量控制点的典型步骤如下。

(1) 安置 GPS 天线，开启 GPS 接收机。

(2) 对中、整平后量取天线高。

(3) 开启 GPS 控制手簿。

(4) 在控制手簿上通过手机连接无线网络。

(5) 启动 CORS 配置，开始 CORS 测量。

(6) 初始化后开始点测量。

(7) 输入点号，输入天线高、点类型(或测绘历元数)。

(8) 当点位水平和高程收敛精度符合要求后，观测不小于规定历元数的历元并保存数据。

(9) 按规定测回要求重新初始化。

(10) 计算二测回点位的水平较差和大地高较差，如果符合测回较差要求，则该点观测值为有效观测，否则需重新观测。

(11) 在测量底图上标注该控制点的概略位置和点号。

(12) 检测相邻点位。

二级导线点、图根导线点 CORS 观测要求见表 5-8。

表 5-8 CORS 观测要求

等级	仪器	计算类型	相邻点平均间距(m)	测回	采样率	每测回间历元	PDOP	水平收敛精度	高程收敛精度	测回间水平较差	测回间大地高较差
二级导线点	双频 GPS	固定解	≥300	≥3	1s	≥60	≤4	≤2cm	≤3cm	≤4cm	≤4cm
图根点	双频 GPS	固定解	≥120	≥2	1s	≥60	≤5	≤2cm	≤3cm	≤4cm	≤4cm

5.4.3 GPS 快速静态测量

1. GPS 快速静态测量操作方法

使用 GPS 快速静态测量控制点的典型步骤如下。

(1) 观测设计。

(2) 观测准备。安置 GPS 天线，开启 GPS 接收机。对中、整平后量取天线高。

(3) 数据记录。待接 GPS 接收机卫星观测稳定后，进行数据记录。观测时间达到观测时段要求后，关闭接收机。

(4) 按观测设计的要求开始下一站的观测。

(5) 全部观测完成后，用全站仪测量任意相邻两个点位的距离。

(6) 内业数据预处理。利用配套软件观测数据的质量，剔除质量较差的卫星或数据。

(7) 基线处理，并计算同步环闭合差和异步环闭合差。

(8) 三维无约束网平差。取 CORS 基站点位之外的观测质量较高的点位的三维坐标作为已知点位进行三维无约束平差。

(9) 三维约束平差。取 CORS 基站点位的三维坐标作为已知点位进行三维约束平差。

(10) 计算相邻点位的距离并与全站仪测量的距离进行比对，边长较差相对中误差符合技术要求方为合格。

2. GPS 快速静态测量技术要求

1) 设计要求

一般以 3 台或 3 台以上 GPS 作为同步环观测组，采用边连式连接观测环。如果只有两个待测点位，则需要进行两个时段的观测。

2) 观测要求

GPS 快速静态测量观测要求见表 5-9。

表 5-9 GPS 快速静态测量观测要求

等级	仪器	计算类型	相临点平均间距(m)	重复设站数	采样率	时段长度	有效卫星观测数	PDOP
二级导线点	双频 GPS	双差固定	≥300	≥2	10s	≥15min	≥5	≤8
图根点	双频 GPS	双差固定	≥120	≥2	10s	≥15min	≥5	≤8

3) 观测质量检核及平差计算

观测质量检核包括同步环闭合差、异步环闭合差的检核，三维无约束平差质量检核，三维约束平差质量检核。

4) 基线测量中误差

$$\delta=\sqrt{a^2+(bD)^2} \tag{5-20}$$

式中，δ——标准差，mm；

a——固定误差，mm；

b——比例误差系数，取为 1×10^{-6}；

D——相邻间距(km)。

5) 三边同步环闭合差

三边同步环坐标闭合差 W 及坐标分量闭合差 Wx、Wy、Wz 需要满足式(5-21)：

$$\left.\begin{array}{c}W_x \leqslant \frac{\sqrt{3}}{5}\delta \\ W_y \leqslant \frac{\sqrt{3}}{5}\delta \\ W_z \leqslant \frac{\sqrt{3}}{5}\delta \\ W \leqslant \frac{3}{5}\delta\end{array}\right\} \quad (5-21)$$

6)异步环闭合差

异步环坐标闭合差 W 及坐标分量闭合差 W_x、W_y、W_z 需要满足式(5-22):

$$\left.\begin{array}{c}W_x \leqslant 3\sqrt{n}\delta \\ W_y \leqslant 3\sqrt{n}\delta \\ W_z \leqslant 3\sqrt{n}\delta \\ W \leqslant 3\sqrt{3n}\delta\end{array}\right\} \quad (5-22)$$

7)复测基线长度较差

复测基线长度较差 ds 满足式(5-23):

$$ds \leqslant 2\sqrt{2}\delta \quad (5-23)$$

8)无约束平差基线分量的改正数绝对值

无约束平差基线分量的改正数绝对值 $V\Delta x$、$V\Delta y$、$V\Delta z$ 满足式(5-24):

$$\left.\begin{array}{c}V\Delta x \leqslant 3\delta \\ V\Delta y \leqslant 3\delta \\ V\Delta z \leqslant 3\delta\end{array}\right\} \quad (5-24)$$

9)约束平差基线分量的改正数绝对值

约束平差基线分量的改正数绝对值 $dV\Delta x$、$dV\Delta y$、$dV\Delta z$ 满足式(5-25):

$$\left.\begin{array}{c}dV\Delta x \leqslant 2\delta \\ dV\Delta y \leqslant 2\delta \\ dV\Delta z \leqslant 2\delta\end{array}\right\} \quad (5-25)$$

本 章 小 结

本章主要讲述房地产控制测量的概念和适用方法,地籍控制测量,坐标正反算,平面控制测量方法,导线测量,GPS控制测量等。

本章的重点是坐标正反算、导线测量、GPS控制测量。

习 题

5-1 单项选择题

1. 地籍平面控制点等级包括( )。

A. 二、三、四等平面控制点和一、二级平面控制点

B. 二、三、四等平面控制点和一、二、三级平面控制点

C. 二、三、四等平面控制点,一、二级平面控制点,一、二级图根平面控制点

D. 二、三、四等平面控制点和一、二、三级图根平面控制点

2. 地籍平面控制测量的方法目前主要采用(　　)。

   A. 三角网　　　　B. 导线网　　　　C. 边角网　　　　D. GPS网

3. 地籍平面控制网的坐标系统应采用(　　)。

   A. 国家统一的坐标系统

   B. 地籍独立的平面坐标系统

   C. 该地区地形、房产测量统一的平面坐标系统

   D. 以上都可以

4. 地籍图根控制测量是测绘地籍图的根据。建筑物密集区的图根控制点的平均间距应在(　　)左右。

   A. 300m　　　　B. 200m　　　　C. 100m　　　　D. 500m

5. 目前在城市房地产测量中,较低等级的平面控制测量方法一般采用(　　)。

   A. 三角测量　　　B. 导线测量　　　C. 前方交会　　　D. 后方交会

6. 房地产控制测量必须遵循(　　)分级控制的布网原则。

   A. 从整体到局部、由高级到低级　　　B. 先局部,后整体

   C. 由低级发展到高级　　　　　　　　D. 从整体到局部、由低级到高级

7. 导线测量通过测量(　　)进行平面控制点的定位。

   A. 距离、角度　　　　　　　　　　　B. 水平角、垂直角

   C. 距离、水平角　　　　　　　　　　D. 高差、水平角

8. 导线测量的两个检核条件是(　　)。

   A. 方位角闭合条件、坐标闭合条件　　B. 水平角条件、坐标条件

   C. 距离条件、水平角条件　　　　　　D. 高差闭合差、角度闭合差

9. 图根导线测量的方位角闭合差容许值是(　　)秒。

   A. $\pm 10\sqrt{n}$　　B. $\pm 16\sqrt{n}$　　C. $\pm 24\sqrt{n}$　　D. $\pm 40\sqrt{n}$

10. 在GPS测量中,检验基线观测质量最基本的参量是(　　)。

   A. 同步环闭合差　　　　　　　　　　B. 异步环闭合差

   C. 中误差　　　　　　　　　　　　　D. 复测长度较差

5-2 思考题

1. 什么是控制测量?平面控制测量和高程控制测量各有哪些方法?这些方法有哪些特点?

2. 什么是导线测量?简述导线测量的精度指标。

3. 导线测量的外业工作有哪些内容和要求?

4. 导线测量计算的两个检核条件分别是什么?为什么?

5. 简述GPS控制测量方法的特点及其精度要求。

6. 结合第1章,思考城市房地产控制测量坐标系的选择、基本控制网的布设要考虑哪些因素。

第 6 章
地籍要素测量与地籍图绘制

教学目标

主要讲述地籍要素,界址测量,界址测量精度,界址测量方法和程序,GPS-RTK 地籍要素测量,地籍图分类,分幅地籍图,宗地图等内容。通过本章的学习,达到以下目标:
(1) 掌握界址测量的概念、基本程序和精度要求;
(2) 掌握界址点测量常用方法;
(3) 了解 GPS-RTK 地籍要素测量方法;
(4) 掌握地分幅籍图、宗地图的内容和要求;
(5) 了解分幅籍图、宗地图的绘制过程。

教学要求

知识要点	能力要求	相关知识
界址测量内容、精度要求	(1) 了解地籍要素测量内容 (2) 掌握界址测量的内容 (3) 掌握界址测量精度要求	(1) 地籍要素 (2) 界址点、界址相关地物点 (3) 界址点精度,一、二级界址点
界址测量方法	(1) 掌握极坐标法界址点测量 (2) 掌握距离交会法、内外分点法、直角坐标法 (3) 了解角度交会法	(1) 极坐标法 (2) 距离交会、角度交会法 (3) 内外分点法 (4) 直角坐标法 (5) GPS-RTK 测量方法
分幅地籍图绘制	(1) 了解地籍图分类 (2) 了解地籍图分幅及其编号 (3) 掌握分幅地籍图表示的基本内容和绘制方法 (4) 掌握分幅地籍图、宗地图的内容和要求 (5) 了解分幅地籍图、宗地图的绘制过程	(1) 分幅地籍图 (2) 宗地图 (3) 土地利用现状图 (4) 地籍图分幅、梯形分幅、矩形分幅 (5) 地籍图比例尺
宗地图绘制	(1) 了解宗地图的绘制过程 (2) 掌握宗地图的内容 (3) 掌握宗地图的表示内容 (4) 掌握宗地图的绘制方法、要求	(1) 宗地图 (2) 比例尺 (3) 指北针 (4) 本宗地、相邻宗地

基本概念

地籍要素、地籍要素测量、界址测量、界址测量方法、极坐标法、交会法、内外分点法、直角坐标法、地籍图、分幅地籍图、宗地图。

> **引例**
>
> 地籍要素测量的核心内容是界址测量。但宗地界线并非孤立存在，而往往是依附在某些地物之上的，因此在实际工程中，除了测量界址点外，地籍要素测量还需要测量界址相关的地物、地貌，如地面上的房屋、道路、水域等。

地籍控制测量完成后，即可进行地籍测量中的细部测量，即地籍要素测量工作。地籍要素测量的核心内容是界址测量，即测定目标区域内所有土地权属界址点坐标。此外，在测定界址点的同时，通常还需进行其他地籍要素的测量，如界址相关的地物、地形、独立地物、水域、道路、桥梁等，以便绘制该区域的地籍图。

6.1 界址测量

6.1.1 界址测量工作内容

界址测量是地籍要素测量的核心内容。界址点坐标是确定地块(宗地)地理位置的依据，也是量算宗地面积的基础数据。界址点坐标对实地的界址点起着法律上的保护作用。一旦某个区域的界址点坐标全部测定，则该区域的所有宗地的权属界线、位置、面积也就明确了。按照地籍测量规范，界址点、界址线以及其他地籍要素，测定后需要严格按照地籍图图式表示在分幅地籍图上。

界址测量通常以地籍基本控制点或地籍图根控制点为基础(视界址点精度要求)测定界址点坐标。目前已普遍采用全站型电子速测仪、电磁波测距仪和电子经纬仪或 GPS 等数字设备进行解析测量。无论是采用何种方法获得的界址点坐标，一旦履行确权手续，就成为确定土地权属主用地界址线的准确依据之一。界址点坐标取位至 0.01m。具体的方法有极坐标法、角度交会法、距离交会法、内外分点法、直角坐标法等。在野外作业过程中可根据不同的情况选用不同的方法。

6.1.2 界址测量精度指标

为了满足地籍管理和土地面积测算的精度需要，界址点的精度有明确要求。《地籍测量规范》(CH 5002—1994)规定，地籍测量界址点对邻近控制点的点位误差应达到表 6-1 中列出的指标要求。考虑到我国地域广大，经济发展不平衡，对界址点精度的要求有不同的等级。目前在我国地籍测量中，对于大中城市繁华地段的界址点及重要建筑物的界址点一般要选用一级或二级，其他地区则可选用三级。例如，城镇街坊的街面、大型工矿企业及大型建筑物的界址点，一般选用一级或二级，而街坊内部隐蔽地区及居民地内部的界址点，可选用三级。在第二次全国土地调查中也规定了界址点测量的精度以一级界址点的精度为基本要求，但在困难的情况下，可适当放宽到二级或三级，见表 6-1。

表 6-1 界址点精度要求

级别	界址点相对于对邻近控制点的点位中误差/cm		相邻界址点之间的允许误差/cm	适用范围
	中误差	允许误差		
一	±5.0	±10.0	±10	地价高的地区、城镇街坊外围界址点、街坊内明显的界址点
二	±7.5	±15.0	±15	地价较高的地区、城镇街坊内部隐蔽的界址点及村庄内部界址点
三	±10.0	±20.0	±20	地价一般的地区

6.1.3 界址点测量方法

进行界址点测量时,可根据界址点的观测环境选用不同的方法,主要方法有极坐标法、距离交会法、角度交会法、内外分点法、直角坐标法、GPS 定位方法等。这些方法都能满足表 6-1 中所规定的精度要求。一般利用全站仪、GPS-RTK 系统和钢尺等仪器设备野外实测界址点坐标。

1. 极坐标法

极坐标法是测量界址点的主要方法。通常在邻近控制点上架设全站仪来测量界址点坐标。如图 6.1 所示,A 是作为测站的控制点,B 是用于定向的控制点,在通过测站设置、定向等程序后,就可以逐个点测定周围邻近界址点的坐标。也可以测定和记录极角 β 和距离 D,按式(6-1)计算各界址点坐标:

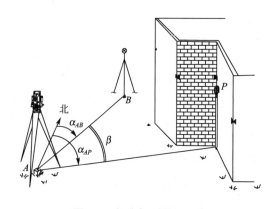

图 6.1 极坐标测量界址点

$$\left.\begin{array}{l} x_P = x_A + S_{AP} \cos(\alpha_{AB} + \beta) \\ y_P = y_A + S_{AP} \sin(\alpha_{AB} + \beta) \end{array}\right\} \quad (6-1)$$

式中,α_{AB} ——已知边 AB 的坐标方位角;

β ——已知边 AB 与未知边 AP 之间的水平角;

S_{AP} ——已知点 A 到界址点 P 的水平长度。

2. 交会法

交会法又分为角度交会法和距离交会法。

1) 角度交会法(角度前方交会法)

如图 6.2(a)所示,在控制点 $A(x_A, y_A)$、$B(x_B, y_B)$ 上架设仪器时,可通过分别测定水平角 α、β 来计算界址点 P 的坐标。P 点坐标可按下式计算:

$$\left.\begin{aligned}x_P &= \frac{x_A\cot\beta + x_B\cot\alpha - y_A + y_B}{\cot\alpha + \cot\beta} \\ y_P &= \frac{y_A\cot\beta + y_B\cot\alpha + x_A - x_B}{\cot\alpha + \cot\beta}\end{aligned}\right\} \quad (6-2)$$

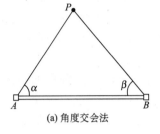 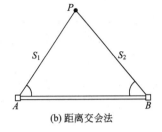

(a) 角度交会法　　　　　(b) 距离交会法

图 6.2　交会法

角度交会法施测简单，但需要在多个测站测量，适用于对难以到达或难以量距但又通视的明显界址点的测定。交会角应控制在 30°～150°的范围内。仪器测角精度应不低于 6 秒级。

2) 距离交会法

在界址点测量中，距离交会法更为简便易行，应用更为广泛。如图 6.2(b)所示，通过测定 P 点到已知点 A、B 的水平距离 S_1、S_2 可计算 P 点坐标，如下计算公式为

$$\left.\begin{aligned}x_P &= x_B + k_1(x_A - x_B) + k_2(y_A - y_B) \\ y_P &= y_B + k_1(y_A - y_B) + k_2(x_B - x_A)\end{aligned}\right\} \quad (6-3)$$

$$k_1 = \frac{S_2^2 - S_1^2 + S_{AB}^2}{2S_{AB}^2}, \quad k_2 = \sqrt{\frac{S_2^2}{2S_{AB}^2} - k_1^2}$$

式中，S_{AB}——A、B 间的水平距离。

公式推导可查阅相关资料。

距离交会方法适用于测定二类界址点及对原界址点位置的检查和恢复、变更界址点的测定等，在控制点上指界一类界址点等，但也应注意交会角不能太大或太小(30°～150°)。

用钢尺量距时，宜丈量两次并进行尺长改正，两次较差应小于±5cm。对交会结果应进行检核，通常采用两组交会图形计算同一个界址点坐标，或采用界址点间距检核。

3. 内、外分点法

内、外分点法是解析界址点测定的重要辅助方法，如图 6.3 所示。A、B 为已知点，待测定的界址点 P 在直线 AB 上。通过测量 P 点到已知点 A、B 的水平距离 S_1、S_2 来计算 P 点坐标。P 点无论处于 A、B 之间(内分)还是外侧(外分)，均可以按式(6-4)计算得到 P 的平面坐标。

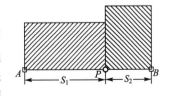

图 6.3　内外分点法

$$\left.\begin{aligned}x_P &= \frac{x_A + \lambda x_B}{1 + \lambda} \\ y_P &= \frac{y_A + \lambda y_B}{1 + \lambda}\end{aligned}\right\} \quad (6-4)$$

式中，内分时 $\lambda = S_1/S_2$，外分时，$\lambda = -S_1/S_2$。

内、外分点法要求已知点的连线必须通视,适用于规则建筑物外侧呈线状排列的界址点的测定。

4. 直角坐标法

直角坐标法是通过测量目标点到控制边之间的距离来计算目标点坐标的。如图 6.4 所示,A、B 为控制点,P 点为待定点,先取 P 到 AB 的垂足点,再量取水平距离 S_1、S_2,从而计算出目标点 P 的平面坐标。

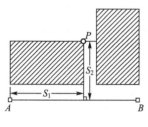

图 6.4　直角坐标法

采用直角坐标法,目标点到垂足的距离受获取的垂足点位置精度的影响。在大量的界址点测量中,它仅是对极坐标法的补充。使用时,界址点到控制边的水平距离与控制边的水平长度之比不应超过 1/3。为了确保 P 点坐标的精度,引设垂足时操作要仔细。

在上述测定界址点的方法中,极坐标法已成为测定解析界址点坐标的首选方案。其他几种方法都有各自的适用条件和局限,选择时应根据测区的具体情况如精度要求、技术水平、仪器设备、现场条件等多种因素进行综合考虑,灵活选择与之相适应的技术方法,充分发挥各自的优点,做到取长补短。

6.2 界址测量实施

6.2.1　作业程序

1. 资料准备与踏勘

在进行土地权属调查时所填写的地籍调查表中详细地说明了界址点实地位置的情况,并丈量了大量的界址边长,预编了宗地号,绘有详细的宗地草图。这些资料都是进行界址点测量所必需的。

采用地籍调查区内现势性较强的大比例尺图件作为工作底图,在调查区内统一编制野外界址点观测草图(街坊草图)。踏勘时应由参加地籍调查的工作人员引导,实地查找界址点位置,了解权属主的用地范围,并在工作底图上清晰地标记出界址点的位置和权属主的用地范围,统一标出预编宗地号或权属主姓名,统一标上预编界址点号,并注记出与地籍调查表中相一致的实量边长。如无参考图件,则要在踏勘现场详细画好街坊草图作为工作底图。

2. 野外测量实施

界址点坐标的测量应有专用的界址点观测手簿。记簿时,界址点的观测序号直接用观测草图上的预编界址点号。观测用的仪器设备有光学经纬仪、钢尺、测距仪、电子经纬仪、全站型电子速测仪和 GPS 接收机等。这些仪器设备都应进行严格的检验。

测角时,仪器应尽可能地照准界址点的实际位置,方可读数。角度观测一测回,距离读数至少两次。使用光电测距仪或全站仪测距。

采用光电测距仪、全站仪极坐标法测定界址点时,观测时应采取距离(纵向)和角度(横向)偏心等技术消除或减小棱镜中心到界址点的偏心(棱镜对准误差)的影响。如图 6.5 所示,由于棱镜具有一定的体积,棱镜中心无法放置到界址点的准确位置,此时,一般将棱镜摆放在距离与界址点相等的位置上,仪器十字丝瞄准棱镜中心,在测得距离后,再将仪器十字丝瞄准界址点准确点位,测定界址点的水平角。偏心的另一种情况是距离偏心,如图 6.6 所示,界址点位在内凹的墙角上,而棱镜只能摆放在图 6.6 中的位置,此时,瞄准棱镜中心观测可得到正确的水平角,但距离应加上 ΔD 偏移值。偏移值可以利用小钢尺量取。在测定界址点的同时,一般还需按规范测定界址点、界址线的相关地物、地貌,以便绘制调查区内的分幅地籍图。

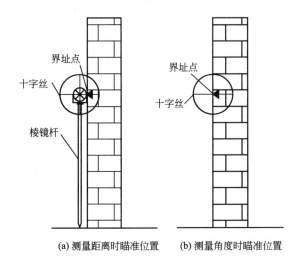

图 6.5 横向偏心

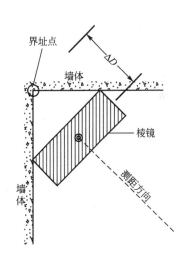

图 6.6 纵向偏心

3. 野外观测成果整理

界址点的外业观测工作结束后,应及时地计算出界址点坐标,并反算出相邻界址边长,填入界址点误差表中,计算出每条边的 Δ_1。如 Δ_1 的值超出限差,应按照坐标计算、野外勘丈、野外观测的顺序进行检查,发现错误及时改正。

当一个宗地的所有边长都在限差范围内时才可以计算面积。

当一个地籍调查区内的所有界址点坐标(包括图解的界址点坐标)都经过检查合格后,按界址点的编号方法对调查区域内的所有界址点统一编号,并计算全部的宗地面积,然后把界址点坐标和面积填入标准的表格中,并整理成册。

6.2.2 其他地籍要素测量

界址点、界址线通常不是独立存在的,而是依附于一些特定地物之上的。因此,地籍要素测量除界址点测量外,还须包括一系列地物、地貌的测量。

界址相关地物点的点位测量精度与界址点精度要求相同。

远离界址点、界址线的地物、地貌,测点精度可以放宽至与相同比例尺数字地形图的要求一致。

1. 界址相关地物、地貌测量

界址点依附的线状地物，如道路、河流、沟渠、堑坎、围墙、栅栏、房屋外墙等地物应进行重点测量。界址相关的地形、地貌，如作为界址线的山脊线、山谷线等，界址线周边的地形地貌应进行重点测量。

2. 房角点测量

进行地籍要素测量时，对于区域内的房屋或各类建筑物，应测量其房角点坐标，并表示在地籍分幅图上。房角应以房屋外墙勒脚以上(100 ± 20) cm 处的墙角为测点，测定其坐标。房角测量一般采用极坐标法、正交法测量。对于正规的矩形建筑物，可直接测定房屋的 3 个房角点的坐标，另一个房角点的坐标可通过计算求出。

3. 房屋附属设施的测量

房屋附属设施如走廊(包括檐廊)、架空通廊、门廊、雨篷、车栅、货棚、站台、门顶、门墩、台阶、室外楼梯等，通常以其外围投影为准测量其轮廓。

4. 其他相关地物测量

其他相关地物如亭、塔、水井、烟囱、消火栓、碑等独立地物以及站台、阶梯路、泳池、天桥、检阅台、地下构筑物等。测定其中心位置或投影轮廓，或按独立符号或依比例绘制在地籍分幅图上。地下铁道、过街地道只表示出入口位置，且注意入口方向。

5. 道路和水域测量

包括铁路、公路、小路、桥梁的测绘，河流、湖泊、水库等水域、沟渠、池塘等。

6. 境界测量

境界测量主要包括县(区)、乡(镇)、村(街道)等各级行政区划界线的测量，也包括除宗地界线外的其他土地界线、境界的测量。

需要测定行政境界时，各级行政区划界线应根据勘界协议、相关文件准确测量，或依据双方确认的界碑、界桩准确测量其坐标值，记录其编号并列出界桩坐标成果表。将境界测量成果准确绘制到地籍分幅图上，并使地籍测量成果与其保持一致，不产生矛盾。对未定边界线和争议界线，按未定边界或争议界线测量和描述。

其他土地界线的测量包括如特殊用地界线、农田保护区界线等的测量。

上述地籍要素点的测量通常与界址点的测量同步进行，也可以以测绘地籍图的方式进行。

6.3 GPS-RTK 地籍要素测量

GPS 测量的基本原理在本书第 2 章中已初步介绍。在地籍要素测量中，目前也广泛采用 GPS 动态测量技术，即通过 GPS-RTK 系统进行界址点和其他地籍要素点的测量，本节将结合 GPS-RTK 的系统组成和基本操作进行详细介绍。

6.3.1 GPS-RTK 定位系统的组成

一套 GPS-RTK 系统至少由一台基准站和一台流动站组成。一套 GPS-RTK 主要由 GPS 接收机、电台和电子手簿组成。下面以美国 Trimble GPS 仪器为例简要介绍 GPS-RTK 系统的一般组成部分。如图 6.7 所示，左面为基准站架设完成的情况，右面为流动站工作中的情况。

图 6.7　Trimble 5700 GPS-RTK 系统组成

（1）GPS 接收机：基准站和流动站需要分别配置一台，负责接收 GPS 卫星信号，图 6.8 为 Trimble 5700 GPS 双频接收机，各端口功能见表 6-2。

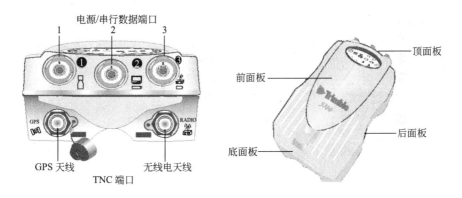

图 6.8　Trimble 5700 GPS 双频接收机

表 6-2　5700 接收机端口功能

图标	名称	连　　接
	端口 1	Trimble 手簿、事件标记或计算机
	端口 2	外接电源接入、计算机、1PPS 或事件标记

(续)

图标	名称	连接
	端口3	外部无线电入、外接电源接入、基准站电台数据线接出
	GPS	GPS 天线电缆接入
	无线电	流动站无线电通信天线接入

（2）电台：电台一般有两个，一个为基准站发射电台（一般为外置的独立电台），如图6.9所示，一个为流动站接收电台（一般为内置电台）。

（3）电子手簿：在 GPS-RTK 作业过程中，为了方便建立测量项目、建立坐标系统、设置测量形式和参数、设置电台参数、存储测量坐标和精度等，一般都会采用手持式电子手簿，如图6.10所示。手簿各图标含义说明见表6-3。

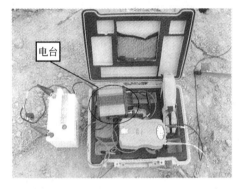

图6.9　Trimble 5700 GPS-RTK 基准站电台

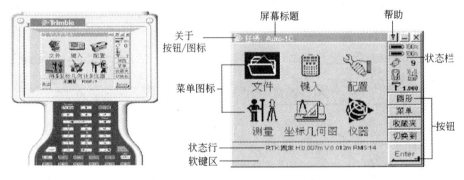

图6.10　Trimble GPS-RTK 手簿

表6-3　手簿各图标含义说明

图标	表示的内容
	连接到数据采集器，正从外部电源接线
	数据采集器连接到外部电源，并正在给内部电池充电
100%	电源能级是 100%
50%	电源能级是 50%。如果该图标是在右角，它指的是 TSCe 内部电池。如果图标在内部电池下面，它指的是外部设备的电源能级

(续)

图标	表示的内容
(GPS接收机图标)	GPS 接收机 5700 正在使用中
(天线图标)	外部天线正在使用中。天线高度显示在图标右边
(接收机图标)	GPS 接收机 5700 正在使用中，天线高度显示在图标右边
(无线电信号图标)	正在接收无线电信号
(手机信号图标)	正在接收流动的调制解调器信号（即手机通信）
(测量人员图标)	正在测量点
(卫星图标)	如果没有运行测量：在被追踪的卫星数目（显示在图标右边） 如果正在运行测量：正在解算的卫星数目（显示在图标右边）

6.3.2 GPS-RTK 地籍要素测量的操作过程

GPS-RTK 地籍要素测量的基本操作过程为：设置基准站、设置流动站、地籍要素采集、内业数据处理等。

1. 设置基准站

设置基准站主要包括选址、架设、设置和启动基准站。

（1）选址：基站位置选择比较重要，为了观测到更好的观测数据，基准站上空应当尽可能的开阔，周围尽量不要有高大建筑物或地物遮挡；为了减少电磁波干扰，基准站周围不要有高功率的干扰源；为了减少多路径效应，基准站应当尽量远离成片水域等；为了提高作业效率，基准站应当安置在交通便利的地方。

（2）架设：基准站架设主要包括连接电台天线、电台及电，连接 GPS 天线、接收机和电台，架设好的基准站如图 6.7 所示。

（3）设置：在架设好基准站后，需要利用电子手簿做一些设置，主要包括新建项目，选择坐标系统、设置投影参数、基准点名及坐标、天线高等内容。新建任务和选择坐标系统的界面如图 6.11 所示，在一般情况下可选择输入参数或者无投影无基准情况，输入任务名称，选择输入参数后，比例因子选 1，然后再选择投影参数，在我国投影方式要选择"横轴墨卡托投影"，参考椭球参数和投影高度面可根据实际情况进行选择，如图 6.12 所示，投影高度一般设为 0m。

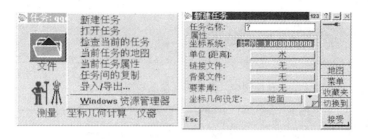

图 6.11　新建任务和选择坐标系统

图 6.12　投影参数设置

设置好项目有关属性后，要设置基准站选项和基准站天线高，包括基准站天线高和无线电类型，设置基准站天线高时，一定要选择好天线类型和天线量取的位置，天线量取位置一般有 3 种情况：天线底部、天线槽口和天线相位中心。基准站无线电要选择好电台的类型以及接口，否则将无法进行正确连接。各项设置内容如图 6.13 所示。

图 6.13　基准站天线高度及无线电选项设置

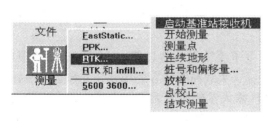

图 6.14　启动基准站操作

（4）启动基准站：在设置好基准站后，必须启动基准站才能进行 GPS-RTK 作业。启动基准站操作如图 6.14 所示，单击"测量"选项列表中的 RTK 选项，然后选择"启动基准站接收机"选项，此时会出现一个界面，要求输入基准站坐标，可以输入，也可以通过单击"此处"链接获得当时单点定位的结果。

2. 设置流动站

流动站设置如图 6.15 所示,包括天线类型设置、天线高设置、无线电设置。流动站无线电的频点和无线电传输模式设置一定要与基准站电台一致,否则流动站接收不到无线电信号。一般无线电类型选择 Trimble internal(内置无线电),单击"连接"按钮,如果连接成功,单击"接受"按钮即可。然后选择"测量"选项列表中的 RTK 选项,再选择"开始测量"选项即可,完成该步骤后就可以进行 GPS-RTK 作业了。

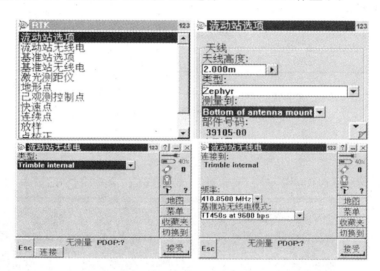

图 6.15 流动站有关设置

3. 地籍要素采集

开始测量后,可根据实际情况,逐一进行地籍要素点的采集,如图 6.16 所示,另外为了进行点校正往往还需要对已有的控制点进行观测,观测时间一般可设为 180 个历元。而对地物和地形点进行数据采集的时候,每次可采集 5 个历元。在采集数据时要及时输入要素代码,以便识别。

4. 内业数据处理

在外业采集完数据后,一般先在手簿中进行点校正,然后再将手簿中的数据传输到计算机中,以便成图,数据传输可分为两种情况:用 USB 口和串口,当采用 USB 口时需要同步软件支持。如果采用串口,则只需使用 Data Transfer 软件即可,如图 6.17 所示。

图 6.16 地形点采集

若在手簿中没有校正,也可以将导出数据导入 TGO 软件中,再进行点校正。图 6.18 为外业测量结果导入 TGO 后的显示图。

在获取碎部点的三维坐标后,根据需要进行适当的数据格式转换(如转换为南方 CASS 数据格式)得到所需要的点号、编码和三维坐标的坐标数据文件,即可利用成图软件进行数字地籍图的成图工作。

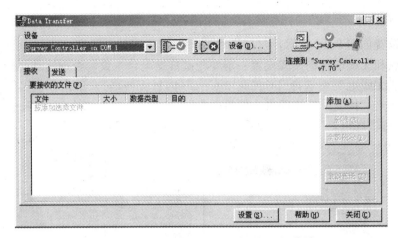

图 6.17　用 Data Transfer 软件进行数据传输

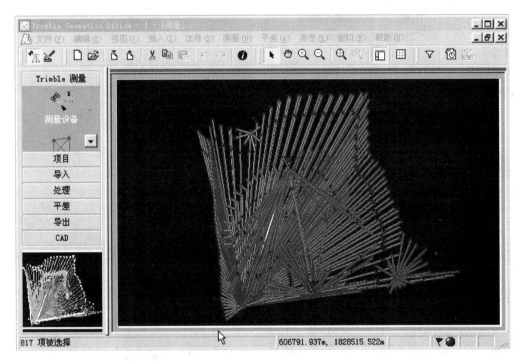

图 6.18　GPS-RTK 测量结果

6.4　地籍图绘制

地籍要素测量的成果要通过地籍图来表达,因此地籍要素测量的坐标成果,以及在权属调查阶段取得的如权属主名称、宗地号等一系列地籍要素和宗地信息,都应按一定的规则通过地籍图表示出来。

在城镇地籍测量中,地籍图主要包括分幅地籍图和宗地图,分幅地籍图通常采用1∶500

比例尺。分幅地籍图是地籍要素测量的主要成果，是地籍测量成果的基本图。宗地图是分宗地绘制的地籍图，其用途为土地登记发证时作为土地权证的附图。

地籍测量的成果除了界址点的坐标数据，还要将界址点、线及其相关地物、编号、注记、标识符等地籍图要素根据地籍图的图式规范表示在地籍图上。

地籍图有多种，地籍测量的基本图是分幅地籍图。在分幅地籍图的基础上一般还需要绘制宗地图。

6.4.1 分幅地籍图的绘制

在建立起完整地籍档案的城市或城镇，必须选定某种合适的图形比例尺，在图上完整地表示出该行政区域范围内的地籍信息，这样的图称为分幅地籍图。分幅地籍图逐个图幅无缝地覆盖该区域内的所有宗地，以分幅图的图幅号作为宗地在空间上的一级索引，这样便于在空间上对宗地进行管理和查询。

分幅地籍图采用专门的地籍图式符号，选用适当的比例尺和图幅大小将地籍要素表示在图上。分幅地籍图的比例尺一般选择 1∶500、1∶1000、1∶2000。我国大中城市的分幅地籍图基本上采用 1∶500 比例尺。图幅大小一般采用 50cm×50cm 或 50cm×40cm，并按规范对图幅进行统一编号。

1. 地籍图分幅与编号

城镇地籍图的幅面通常采用 50cm×50cm 和 50cm×40cm，分幅方法采用有关规范所要求的方法，以便进行各种比例尺地籍图的连接。当 1∶500、1∶1000、1∶2000 比例尺地籍图采用正方形分幅时，图幅大小均为 50cm×50cm，图幅编号按图廓西南角坐标公里数编号，X 坐标在前，Y 坐标在后，中间用短横线连接，如图 6.19 所示。

1∶2000 比例尺地籍图的图幅编号为 689-593；1∶1000 比例尺地籍图的图幅编号为 689.5-593.0；1∶500 比例尺地籍图的图幅编号为 689.75-593.50。

当 1∶500、1∶1000、1∶2000 比例尺地籍图采用矩形分幅时，图幅大小均为 40cm×50cm，图幅编号方法同正方形分幅，如图 6.20 所示。

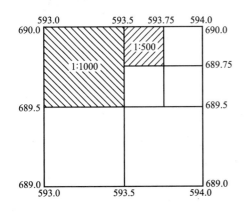

图 6.19 正方形分幅

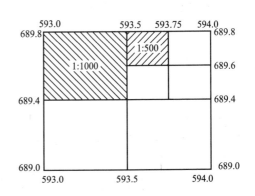

图 6.20 矩形分幅

1∶2000 比例尺地籍图的图幅编号为 689-593；1∶1000 比例尺地籍图的图幅编号为 689.4-593.0；1∶500 比例尺地籍图的图幅编号为 689.60-593.50。

若测区已有相应比例尺地形图，地籍图的分幅与编号方法可沿用地形图的分幅与编号，并于编号后加注图幅内较大单位名称或著名地理名称命名的图名。

2. 分幅地籍图精度

地籍图的基本精度主要指界址点、地物点及其相关距离的精度，通常要求如下。

（1）相邻界址点间距、界址点与邻近地物点之间的距离中误差不得大于图上 ±0.3mm。依测量数据展绘的上述距离中误差不得大于图上 ±0.3mm。

（2）宗地内外与界址边相邻的地物点，不论采用何种方法测定，其点位中误差不得大于图上 ±0.4mm，邻近地物点间距中误差不得大于图上 ±0.5mm。

3. 分幅地籍图成图方法

目前我国的地籍测量数据采集已经基本上实现了数字化。城镇 1∶500 分幅地籍图的成图一般采用全站仪、钢尺（或手持测距仪）等设备完成，在便于采用 GPS 的区域也常采用 GPS-RTK（或 CORS 系统），按全野外数字测图方法实施测量成图。

当野外界址点、相关地物等地籍要素测定后，通常采用专业的地籍数字图形软件系统来编辑、绘制分幅地籍图。如南方 CASS7.0 等地形地籍图形系统等。标准的分幅地籍图也被称为双色图，因为其中的重要地籍要素要求用红色表示，地籍相关地物用黑色表示，如图 6.21 所示。

较小比例尺分幅地籍图也可以采取数字摄影测量成图、依据较大比例尺数字地形图编制成图等成图方法。在满足成图精度要求的前提下，上述两种成图方法的效率较高。

6.4.2 分幅地籍图内容及其表示

在分幅地籍图上表示的内容应包括各级行政界线、宗地界址点、界址线、宗地编号、权属人、土地利用类别、相关的地物、地名等。一部分内容可通过实地调查得到，如街道名称、单位名称、门牌号、河流、湖泊名称等，而另一部分内容则要通过测量得到，如界址位置、建筑物、构筑物等。

地籍图的内容包括行政要素、地籍要素、地形要素、数学要素和图廓要素。

1. 行政要素

行政要素主要指行政界线和行政区划名称。

不同等级的行政境界相重合时应遵循高级覆盖低级的原则，只表示高级行政境界，境界线在拐角处不得间断，应在转角处绘出点或线。行政级别从高到低依次为省级行政界线、市级行政界线、县级行政界线、乡镇（街道）级行政界线。

当输出分幅地籍图时，除了在乡、镇、街道办事处的驻地注记名称外，还应在内外图廓线之间行政界线与内图廓线的交汇处注记乡、镇、街道办事处的名称。

在地籍图上不注记行政代码和邮政编码。

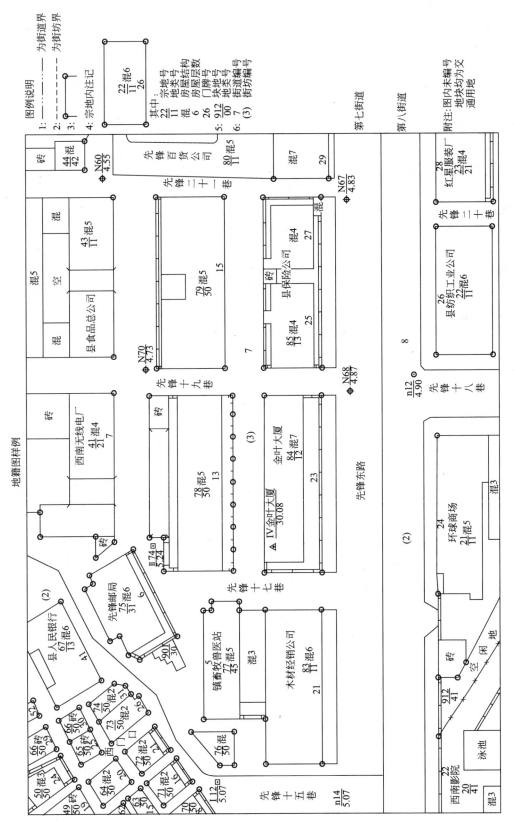

图 6.21 城镇分幅地籍图样(局部)

2. 地籍要素

地籍要素包括地籍区和地籍子区界线、土地权属界址线、图斑界线、地籍区号和地籍子区号、宗地代码、界址点号、图斑号、图斑地类号、土地权利人名称、门牌号码等。

土地界线级别从高到低依次为省界、市界、县界、乡镇（街道或地籍区）界、村（街坊或地籍子区）界、宗地界、地类界。不同等级的行政境界相重合时应遵循高级覆盖低级的原则，只表示高级界线，在界线上应表示土地权属界址点，界线在拐角处不得间断，应在转角处绘出点或线。

在土地使用权宗地内，宗地号及其地类代码用分式的形式标注在宗地内，分子为宗地号，分母为地类号。在集体土地所有权宗地内，只注记宗地号。宗地的门牌号可选择性注记。集体土地所有权人的名称应表示。一般不表示土地使用权人名称，但权利主体为机关、团体或企事业等单位的宗地，可选择性注记单位名称。住宅小区要注记小区名称。

在土地利用现状图上，对于集体土地所有权宗地，注记宗地代码、图斑号、图斑地类、图斑号及其地类代码用分式的形式标注在图斑内，分子注图斑号，分母注地类号；对于土地使用权宗地，宗地号及其地类代码用分式的形式标注在宗地内，分子注宗地号，分母注地类号。

如果需要分幅存储和输出地籍图，当地籍区、地籍子区、宗地或图斑被图幅分割时，其相应的编号应分别在各图幅内按照规定注记。当分割的面积太小注记不下时，允许移注在空白处并以指示线标明。

可根据需要在地籍图上绘出土地分级界线，注记土地等级。

3. 地形要素

界址线依附的地形要素应表示，不可省略。分幅地籍图上的主要地形要素包括建筑物、道路、水系、地貌、植被、地理名称等，注记表示方法按照《国家基本比例尺地图图式》（GB/T 20257）执行。单线道路按线状地物表示，对于有确定名称的双线道路注记道路名称。与双线道路相连接的主要桥梁、涵洞及隧道要在地籍图上表示。单线水系按线状地物表示，对于有确定名称的双线水系注记水系名称。有名称的湖泊、水塘、堤坝等必须注记名称，选择性地注记一些地名、地物名称，如高等级公路、水库、河流等名称。植被，包括绿化地、街心花园等。输电线应表示，配电线、通信线可不表示。等高线、悬崖、斜坡、高程注记等地貌元素可根据需要表示。

4. 数学要素

数学要素包括内外图廓线、内图廓点坐标、坐标格网线、控制点、比例尺、坐标系统等。

5. 图廓要素

图廓要素包括分幅索引、密级、图名、图号、制作单位、测图时间、测图方法、图式版本、测量员、制图员、检查员等。

6.4.3 宗地图内容及其表示

宗地图是以宗地为单位编绘的地籍图。它是在地籍测绘工作的后期，界址点坐标被检核并确认准确无误,其他的地籍资料也正确收集完毕的情况下,依照一定的比例尺制作成的反映宗地实际位置和有关情况的一种图件。宗地图的主要用途是作为土地使用证的附图。宗地图样图如图6.22所示。

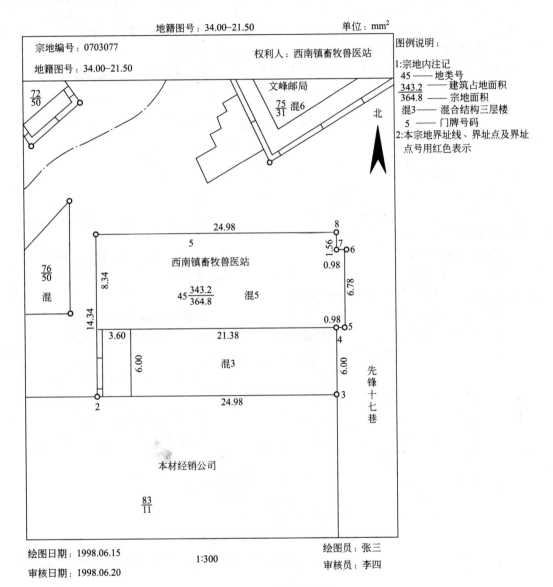

图6.22 宗地图样图

宗地图通常在相应的基础地籍图(如分幅地籍图)基础上进行编制。宗地图图幅规格一般选用32开、16开、8开等,调查区内宗地图的图幅大小一般是固定的。宗地图的比例尺则可根据各宗地大小而进行调整,以能清楚表示宗地情况为原则。编绘宗地图时,应做到界址线走向清楚,坐标正确无误,面积准确,四至关系明确,各项注记正确齐全,比例尺适当。界址点用1.0mm直径的圆圈表示,界址线粗0.3mm,用红色或黑色表示。

一般一宗地编制一幅宗地图。对于有共用情况的宗地,则应为该宗地制作多幅宗地图,以备使用。

本 章 小 结

本章主要介绍了地籍要素,界址测量,界址测量精度,界址测量方法和程序,GPS-RTK 地籍要素测量,地籍图分类,分幅地籍图,宗地图等内容。

本章的重点是界址测量精度,界址测量方法,分幅地籍图测制,宗地绘制。

习 题

6-1 单项选择题

1. 地籍测量中最基本的要素是( )。
   A. 控制点　　　　B. 界址点　　　　C. 境界线　　　　D. 房屋
2. 宗地图的图幅规格一般为( )。
   A. 50cm×50cm　　　　　　　　　　B. 32K、16K、8K 中的一种
   C. 40cm×50cm　　　　　　　　　　D. A4
3. 在城镇地籍测量中,宗地图的测绘是( )。
   A. 在实地测量成图　　　　　　　　B. 根据分幅地籍图编制成图
   C. 根据分幅地籍图和宗地草图编制成图　　D. 根据宗地草图编制成图
4. 地籍测量的界址点测量应在权属调查( )进行。
   A. 之前　　　　B. 同时　　　　C. 之后　　　　D. 交叉
5. 在城市建筑物密集区,地籍图根的测量主要采用( )。
   A. GPS 测量方法　　　　　　　　　B. 全站仪导线测量方法
   C. 摄影测量方法　　　　　　　　　D. 三角测量方法
6. 下列叙述中正确的是( )。
   A. 在地籍调查中绘制的宗地图是土地证书的附图
   B. 在地籍调查中绘制的地籍图是土地证书的附图
   C. 在地籍调查中绘制的宗地草图是土地证书的附图
   D. 在地籍调查中绘制的分丘图是土地证书的附图
7. 根据界址点与邻近地物点关系距离允许误差要求,邻近地物点的测量精度应( )界址点的测量精度。
   A. 低于　　　　B. 高于　　　　C. 同于　　　　D. 不同于
8. 地籍平面控制测量方法与普通地形测量平面控制测量方法( )。
   A. 相同　　　　B. 不同　　　　C. 基本相同　　　　D. 部分相同
9. 关于分幅地籍图比例尺,城市市区一般选择( ),郊区一般选择( ),农村一般选择( )。
   A. 1∶500　　　　B. 1∶1000　　　　C. 1∶2000　　　　D. 1∶10000
10. 采用解析法测定城镇街坊外围界址点及街坊内明显的界址点时,界址点间距允许误差、界址点与邻近地物点距离允许误差应控制在( )内。

A. ±10cm　　　　　B. ±5cm　　　　　C. ±7.5cm　　　　　D. ±15cm

6-2　多项选择题

1. 在城镇地籍测量中，分幅地籍图的测绘主要采用（　　）。
　　A. 地面数字测图方法　　　　　　　　B. 数字摄影测量方法
　　C. 平板仪测图方法　　　　　　　　　D. 3D激光扫面测图方法
2. 界址点测量精度分为三级，一级界址点的精度指标为（　　）。
　　A. 界址点的绝对点位中误差不大于±5cm
　　B. 界址点相对于邻近图根点的点位中误差不大于±5cm
　　C. 界址点之间的间距中误差不大于±5cm
　　D. 界址点对邻近地物点之间的间距中误差不大于±5cm
3. 采用全站仪测量界址点，界址点相对于邻近图根点的点位误差与（　　）有关。
　　A. 控制点点位误差　　　　　　　　　B. 图根点点位误差
　　C. 全站仪设站误差　　　　　　　　　D. 全站仪观测误差
　　E. 棱镜对点误差
4. 地籍测量成果包括（　　）。
　　A. 基本控制点、图根控制点　　　　　B. 宗地面积
　　C. 分幅地籍图、图宗地图　　　　　　D. 技术设计书、技术总结
　　E. 调查底图
5. 地籍图的基本内容有（　　）。
　　A. 界址点及其编号　　B. 宗地号　　　　C. 地类　　　　　D. 面积
　　E. 行政界线　　　　　F. 测量控制点　　G. 地下管线

6-3　思考题

1. 什么是地籍要素测量？其核心内容是什么？
2. 界址点测量的精度指标是什么？
3. 界址点测量的常用方法有哪些？各有什么特点？
4. 简述地籍要素测量的基本程序。
5. 什么是地籍图？主要的地籍图有哪些？
6. 试述分幅地籍图和分幅地形图有什么不同。
7. 在宗地图上表示的基本内容有哪些？比较宗地图与宗地草图的异同。

第7章 土地面积量算

教学目标

本章主要讲述土地面积，土地面积量算，土地面积量算精度指标，土地面积量算方法，土地面积控制与平差，土地面积汇总等基本概念和基本内容。通过本章的学习，达到以下目标：
(1) 掌握土地面积及土地面积量算的概念；
(2) 掌握土地面积量算的精度要求；
(3) 了解土地面积量算的方法；
(4) 掌握土地面积量算中的面积控制与平差；
(5) 了解土地面积汇总、土地面积量算成果资料等。

教学要求

知识要点	能力要求	相关知识
土地面积及土地面积量算	(1) 掌握土地面积量算的概念和范围 (2) 掌握土地面积量算技术路径、方法	(1) 地表面、水平面积、椭球面面积、投影面面积、坡面面积 (2) 宗地面积 (3) 图斑面积
土地面积量算的方法	(1) 了解土地面积量算的图解方法 (2) 掌握土地面积量算的解析方法	(1) 模拟图、数字图 (2) 图解方法、解析方法 (3) 格网法、坐标解析法
土地面积量算的精度	(1) 掌握土地面积量算的精度要求 (2) 掌握土地面积量算的误差来源	(1) 模拟图计算的误差源分析 (2) 面积精度与图形比例尺关系 (3) 数字图计算的误差源分析 (4) 面积精度与界址点坐标精度关系
面积控制与平差	(1) 掌握面积量算中的控制概念 (2) 掌握面积闭合差的概念 (3) 掌握"二级控制、三级量算" (4) 掌握面积闭合差的规定 (5) 掌握闭合差分配处理方法	(1) 图幅面积 (2) 街道面积 (3) 街坊面积 (4) 宗地面积 (5) 图斑面积 (6) 地籍区面积 (7) 地籍子区面积
土地面积汇总	(1) 了解面积汇总统计内容 (2) 掌握土地分类面积统计基本要求 (3) 了解面积汇总统计中几种特殊地块的处理 (4) 掌握土地汇总统计资料	(1) 土地分类统计 (2) 行政区内总面积汇总、统计 (3) 行政区内土地分类面积汇总、统计

基本概念

土地面积、土地面积量算、土地面积量算精度指标、土地面积量算方法、土地面积控制、面积平差、土地面积汇总。

引例

在早期的土地面积量算中,面积量算主要在模拟图上进行,采用的方法是图解方法。目前土地面积量算则一般依据数字地籍图,即以数字线划图(DLG)来表达解析测定的土地界线如宗地界线、地类界等,然后在图上方便地获取每个封闭地块的面积,其实质是采用坐标解析法对土地面积进行了量算。

土地面积量算是地籍测量、土地调查工作中的一项重要内容,是获取土地数据必不可少的技术环节。通过土地面积量算,首先得到土地各权属单元、地类图斑的面积,继而取得各级行政区域的土地总面积和分类土地面积等数据资料,从而为土地登记、土地规划、土地综合管理以及制定国民经济计划等提供依据。

土地面积量算方法大致归纳为两大类:一类为直接计算面积法,包括几何要素解析法、坐标解析法,是依据实地测量所得数据,利用解析法直接计算图形面积。另一类为图上量算面积法,包括图解计算法、求积仪法、扫描法等,是在合格的图纸上,按照要求的精度,利用某种方法量算图形面积。

7.1 土地面积量算概述

7.1.1 土地面积量算的内容

1. 土地面积

土地面积量算是指土地的水平面积量算,即按照目前我国对土地面积量算的技术规定和方法,对地块面积进行量算,如宗地、图斑等,首先得到的是它们的水平投影面积。

这里的土地面积概念应注意区别于地表土地面积、参考椭球面(投影面)上的球面面积等概念。严格说来,土地面积量算所获得的地块面积,是地块边界投影到参考椭球面,再按高斯投影展开后的平面的面积。

较小行政区域(地籍区、地籍子区)内土地面积的汇总统计,通常也为土地水平面积的汇总统计。在实际工作中,为了某种需要,也可能将土地的水平面积转换为地表面积或地表坡面面积。

在进行大区域(县、省、全国)土地面积的统计和汇总时,高斯平面上的平面面积与其所代表的椭球表面的面积会出现较为明显的差别,因此通常需要将统计出的高斯平面面积改正为参考椭球球面面积。

2. 面积量算技术路径

土地面积量算由于可获得的基础资料不同，适合采用的面积量算方法也不同。应根据实际情况选择适合的量算方法。目前土地面积量算主要采取以下几种技术路径。

（1）在纸质图上进行面积量算。
（2）在数字图上进行面积量算。
（3）利用解析边长、解析坐标等数据进行面积量算。

3. 土地面积量算的内容

在土地调查、地籍测量工作中，土地面积量算的基本内容包括宗地面积量算和土地利用分类图斑面积量算。量算的地块面积项目有县级行政区面积、乡镇级行政区面积、地籍区面积、地籍子区面积、宗地面积、地类图斑面积、建筑占地面积和建筑面积等。但城市土地、农村土地面积量算在尺度、精度、内容上又有所区别。

1）城市、集镇土地面积量算

城市、集镇或村庄等建设用地，通常在分幅地籍图上进行面积量算。面积量算的主要内容包括宗地面积量算、地籍子区面积量算、地籍区面积量算。面积单位采用平方米（m^2），计算结果保留至 $0.01m^2$。

2）农村土地面积量算

除城市、集镇等和村庄等建设用地外，其他未进行地籍测量的土地，主要为农村耕地、林地、草地、水域等，通常在土地利用现状图上进行土地面积量算。面积量算的主要内容包括地类图斑面积量算、村面积量算、乡（镇）面积量算。土地面积的计量单位采用公顷（hm^2），1公顷＝10000平方米。计算结果保留至 $0.01hm^2$。

目前，特别是"二调"之后，全国各县、区均取得较为完整的数字分幅地籍图和数字土地利用现状图，土地面积量算一般在数字分幅地籍图或数字分幅土地利用现状图上进行，面积计算的技术路径实质上是坐标解析法。和早期的土地面积量算相比，采用数字图形量算面积的精度、效率都大为提高。

7.1.2 土地面积量算的误差来源

引起土地面积量算中面积误差的因素很多，但归纳起来有以下几个方面。

1. 底图误差

底图即用来进行面积量算的地籍图、土地利用现状图等图形。

在纸质图上进行面积量算，图形包括了图上要素的测量误差和表示误差，这主要与图的比例尺有关，比例尺越大，误差越小，比例尺越小，误差越大。如果从图纸上读取几何要素来计算面积，则还含有读图的误差。另外，纸质图上量算面积必须考虑的图纸变形的因素，一般需要进行图纸变形改正。

在数字图上进行面积量算，图形的表示误差很小，可以忽略不计，误差来源主要是图上要素的测量误差。在数字图上读取几何要素的误差也可以忽略，因此数字底图量算面积的精度要比模拟图的量算精度高。在数字图上，对大量的图斑、宗地面积进行量算和统计时，若相邻宗地、图斑之间存在很小的重叠、缝隙等情况，则会引起面积统计误差。

利用解析边长、解析坐标等数据进行面积量算，通常采用严密的解析公式计算面积，因此面积的误差来源主要是边长、坐标等数据采集的误差。

2. 方法误差

由于选用了不同的面积量算方法而引起的面积量算结果的差异称为方法误差。面积量算的方法很多，方法误差各异。如本章7.2节中介绍的梯形方法和辛普森方法，就有不同的方法误差。

总之，无论采用哪种技术路径或面积计算方法，通常面积误差都与所量算的面积大小、几何形状有关。一般来说，面积越大，误差越大，面积越小，误差越小。从面积的形状来说，简单、方正的地块，量算误差小，复杂狭长的地块面积，量算误差大。

7.2 土地面积量算方法

7.2.1 几何要素法

几何要素法，就是将量算面积的多边形地块划分成若干个简单的几何图形（图7.1），如三角形、四边形、梯形等，然后，在实地或图纸上测量边长和角度计算各简单的几何形面积，最后，将各简单几何图形面积加总得出整个地块的面积。实地测量几何要素计算面积时，也称为几何要素解析法；在已有的图纸上测量几何要素计算面积时，则属于图解法。下面简单介绍采用几何要素法测算面积时，几种简单几何图形的面积计算方法。

1. 三角形面积量算

三角形如图7.2所示，通常测量三角形的底、高和其三边的边长等要素计算三角形面积，计算公式为

$$S=\frac{1}{2}ch=\sqrt{l(l-a)(l-b)(l-c)} \tag{7-1}$$

其中，$l=\frac{1}{2}(a+b+c)$。

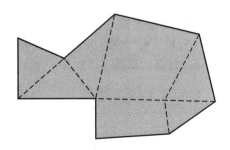

图7.1 几何要素法面积量算

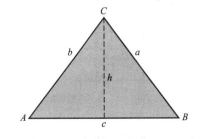

图7.2 三角形面积量算

2. 梯形面积量算

梯形如图 7.3 所示，可根据实际情况选择测量梯形的底、高、边长、底角等要素计算三角形面积，计算公式为

$$S = \frac{1}{2}(b+d)h = \frac{d^2 - b^2}{2(\cot A + \cot D)} \tag{7-2}$$

式中，A、D——梯形两个底角。

3. 四边形面积量算

四边形如图 7.4 所示，可根据实际情况选择测量四边形边长、顶角、对角线长、对角线夹角等要素计算四边形的面积，计算公式为

$$\begin{aligned} S &= \frac{1}{2}\left(ad\sin A + \frac{1}{2}bc\sin C\right) = \frac{1}{2}\left[ad\sin A + \frac{1}{2}ab\sin B + bd\sin(A+B-180)\right] \\ &= \frac{1}{2}d_1 d_2 \sin\varphi \end{aligned} \tag{7-3}$$

式中，A、B、C、D——四边形的顶角。

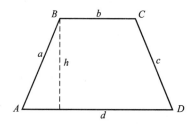

图 7.3　梯形面积量算

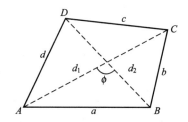

图 7.4　四边形面积量算

7.2.2　图解方法

1. 格网法

如图 7.5 所示，在图上量算面积时，常使用在透明纸或透明膜片上绘有矩形格网的简单工具，最常用的是正方形格网，最小方格为 1mm×1mm、5mm×5mm、10mm×10mm 的方格。

将印有精确方格网的透明模片或透明纸覆盖在图斑上，分别统计 m——完整方格个数，n——不完整方格个数，设方格面积为 a，计算公式为

$$S = \left(m + \frac{1}{2}n\right)a \tag{7-4}$$

2. 格点法

如图 7.6 所示，格点法原理与格网法类似。将印有

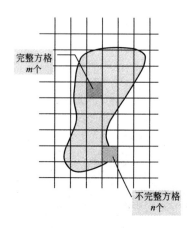

图 7.5　格网法面积量算

精确圆点阵列的模片覆盖在图纸上,分别统计 m——内部点个数,n——边界上的点个数。设点距为 b,则每个点所代表的面积(称为点值)为 $a=b$。按式(7-5)计算图斑面积:

$$S=\left(m-1+\frac{1}{2}n\right)a \tag{7-5}$$

3. 平行线法

1)梯形方法

使用具有平行线的透明模板覆盖在图斑上,如图 7.7 所示,量取平行线落在图斑内的截距(称为支距)d_i,即可按式(7-6)计算面积,实际上对于平行线截取的每部分,均按梯形来计算面积,因此称为梯形公式。

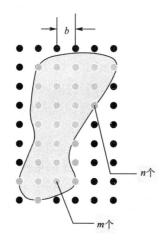

图 7.6　格点法面积量算　　　　　图 7.7　平行线法面积量算

$$S=\frac{h}{2}(0+2d_1+2d_2+2d_3+2d_4+2d_5+2d_6+2d_7+0)$$

$$=h(d_1+d_2+d_3+d_4+d_5+d_6+d_7)$$

$$=h\sum d_i \tag{7-6}$$

$\sum d_i$ 是支距累积值,故平行线法又称为累积支距法。

2)辛普森方法

如果平行线组将图斑截为 $2n$ 份,仍以上图为例说明,如图 7.7 所示,$d_0=0$,$d_8=0$,则可按式(7-7)计算图斑面积:

$$S=\frac{h}{6}(0+4d_1+2d_2+4d_3+2d_4+4d_5+2d_6+4d_7+0)$$

$$=\frac{h}{6}(4d_1+2d_2+4d_3+2d_4+4d_5+2d_6+4d_7) \tag{7-7}$$

式(7-7)称为辛普森公式,该方法的精度比梯形方法的精度要高。

7.2.3 解析方法

解析法使用的数据是解析坐标或解析边长,用严密的解析公式计算。数字地籍测量最为常用的是坐标解析法。

1. 坐标解析法

坐标解析法是采用解析法计算面积方法中的一种。边界已经具有解析坐标的地块,适合采用坐标解析法计算面积。目前在土地面积量算中应用最为普遍。

采用坐标解析法计算面积的公式为

$$S = \frac{1}{2}\sum_{1}^{n} x_i(y_{i-1} - y_{i+1}) \tag{7-8}$$

$$S = \frac{1}{2}\sum_{1}^{n} y_i(x_{i+1} - x_{i-1}) \tag{7-9}$$

式中,S——地块面积,m^2;

x_i, y_i——地块第 i 个点的坐标,m;

n——地块边界点个数。当 $i-1=0$ 时,$x_0 = x_n$,当 $i+1 = n+1$ 时,$x_{n+1} = x_1$。

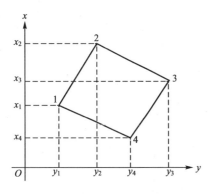

图 7.8 坐标解析法面积量算(1)

这里通过一个简单的例子来说明坐标解析法。如图 7.8 所示,利用边界点 1,2,3,4 的坐标计算四边形面积。四边形的各边分别与坐标横轴构成 4 个梯形,采用坐标解析方法计算四边形面积,就是用较大的两个梯形面积之和减去较小的两个梯形面积之和,如图 7.9 所示。

2. 坐标解析法精度分析

例如图 7.10 所示的多边形,设其面积中误差为 m_s,坐标测量 x,y 等精度,设地块边界点位中误差为 $m_x = m_y = m$,根据误差传播律,有

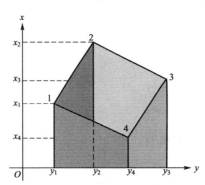

图 7.9 坐标解析法面积量算(2)

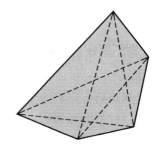

图 7.10 多边形隔点对角线

$$m_s^2 = \frac{1}{4}\sum_{i=1}^{n}[(y_{i+1} - y_{i-1})^2 + (x_{i-1} - x_{i+1})^2]m^2 \tag{7-10}$$

令 $D_{(i-1,i+1)}$ 为多边形第 $i-1$ 点到第 $i+1$ 点的距离,称为多边形隔点对角线长度,且知 $D_{(i-1,i+1)} = \sqrt{(y_{i+1} - y_{i-1})^2 + (x_{i-1} - x_{i+1})^2}$,则

$$m_s^2 = \frac{1}{4}\sum_{i=1}^{n}[D_{(i-1,i+1)}]^2 m^2 \tag{7-11}$$

通过对式(7-11)进行分析可以得出,采用坐标解析法计算的面积的中误差的平方,与多边形隔点对角线长度的平方和成正比,说明多边形面积计算的误差不仅与多边形(地块)大小有关,也与多边形的形状有关。面积越大,面积误差越大。对于相同面积的多边形地块,其形状越接近正多边形,计算出的面积精度越高,多边形越狭长,计算出的面积误差越大。

7.3 土地面积量算程序

面积量算也要按照从整体到局部逐级控制和步步有检核的原则进行,以杜绝量算过程中的错误,提高量算精度。

7.3.1 土地面积量算的精度指标

1. 图解面积量算精度

无论采用何种方法量算面积,均应独立进行两次运算,以便检核。当采用坐标解析法时,两次计算成果应当一致;在纸质地籍图上量算面积时,两次量算所得面积的较差应符合以下规定:

$$\Delta S \leqslant 0.003 M \sqrt{S} \tag{7-12}$$

式中,ΔS——两次量算面积较差,m^2;
　　　S——所量算的地块面积,m^2;
　　　M——地籍图比例尺分母。

2. 解析方法面积量算精度

采用坐标法计算面积的中误差的公式为

$$m_s = \pm 0.3 \times m \times \sqrt{S} \tag{7-13}$$

式中,m_s——地块面积中误差,m^2;
　　　m——地块边界点点位中误差,m;
　　　S——地块的面积,m^2。

按照规定的界址点精度,式(7-13)中界址点点位中误差 m 可根据实际情况取 0.05、0.075、0.10,从而估算采用坐标解析法计算面积时的面积中误差。此时,面积限差可取中误差的 2 倍。

3. 土地面积量算基本程序

本书介绍的面积量算是在高斯投影面上(高斯平面)面积的计算,椭球面面积的量算与汇总方法按照《第二次全国土地调查技术规程》(TD/T 1014)等标准执行。

量算的地块面积有县级行政区面积、乡镇级行政区面积、地籍区面积、地籍子区面积、宗地面积、地类图斑面积、建筑占地面积和建筑面积等。土地面积量算一般包括以下几个层次和内容。

(1) 地类图斑、宗地面积量算。
(2) 地籍子区(街坊、村)面积量算。
(3) 地籍区(乡、镇、街道)面积量算。

7.3.2 面积控制与平差处理

土地面积量算应遵循"整体到局部，分级量算，层层控制"的原则，即以县级行政区下属的各地籍区、地籍子区、宗地、图斑层层控制、分级量算的方法。

1. 数字面积量算的面积控制

对于解析方法、数字图形的面积量算，应进行"整体 $=\sum$ 部分"的面积逻辑检验。
(1) 县级行政区域面积与内含地籍区面积之和相等。
(2) 地籍区面积与内含地籍子区面积之和相等。
(3) 地籍子区面积与内含宗地面积之和相等。
(4) 集体土地所有权宗地面积与内含地类图斑面积之和相等。

2. 图解方法量算的面积控制

在分幅纸质地籍图上量算面积时，需要分幅地籍图的图幅理论面积作为面积控制的条件，大比例尺地籍图为矩形或正方形图幅，其理论面积根据图幅大小求得；1∶10000 或更小比例尺的分幅土地利用现状图则一般为梯形分幅，其理论面积需要根据经纬度和图幅经差、纬差计算，也可查表获得。
(1) 图幅理论面积与图幅内各地籍子区的面积之和相等。
(2) 图幅内各地籍子区的控制面积与内含的所有宗地(或图斑)面积之和相等。

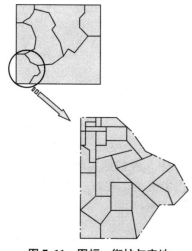

图 7.11 图幅、街坊与宗地

以上两个面积控制条件也称为"两级控制"，如图 7.11 所示。

对于图解面积量算的一级控制，面积的闭合差应满足如下规定：

$$\Delta p \leqslant 0.0025 p \quad (7-14)$$

式中，Δp——一级面积闭合差，m^2；
p——图幅面积，m^2。

当面积闭合差不满足上述要求时，应重新量算各区块面积；当闭合差满足上述要求时，则将闭合差按比例分配到各区块，得出平差后的各区块的控制面积(平差后的面积)。

对于图解面积量算的二级控制，面积的闭合差一般应满足如下规定：

$$\Delta S \leqslant 0.01 S \quad (7-15)$$

式中，ΔS——二级面积闭合差，m^2；
S——区块的控制面积，m^2。

当面积闭合差不满足上述要求时，应重新量算该区块内宗地或图斑的面积；当闭合差满足上述要求时，则将闭合按比例分配到各宗地，得出平差后的各宗地或图斑面积。平差后其面积之和应与区块的控制面积相等。

7.3.3 地表水平面、地表坡面面积量算

1. 地块地表水平面积

根据土地管理需要，也可以量算地块地表水平面积和地表倾斜面面积，如图 7.12 所示。地块地表水平面积由其高斯投影面上的面积改正得到。利用不同的高程 H，可以通过式(7-16)计算地表面水平面积。

$$P = P_0 \left(1 + \frac{2H}{R}\right) \tag{7-16}$$

式中，P——地块地表水平面积；
P_0——地块高斯投影面面积；
R——参考椭球平均半径。

2. 地块地表倾斜面的面积

如图 7.13 所示，地块地表倾斜面的面积可由其地表水平面积改正得到，根据地表坡面倾角 α，可算出 α 的大小对坡面面积的影响情况，改正公式为

$$P \approx P_0 \left(1 + \frac{\alpha^2}{2}\right) \tag{7-17}$$

式中，P——地块地表倾斜面面积；
P_0——地块地表水平面积；
α——倾斜面与水平面的夹角。

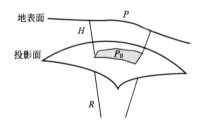
图 7.12 从投影面计算地表面面积

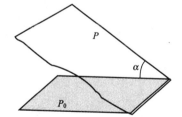
图 7.13 水平面积与坡面面积

7.4 土地面积汇总统计

面积汇总包括宗地面积汇总和土地分类面积汇总。面积汇总统计是在面积量算成果的基础上，按行政辖区、土地权属、利用分类进行汇总统计的过程。各级行政区域面积必须以调查工作底图比例尺图幅理论面积为基本控制进行量算，以图幅理论面积进行平差。

宗地面积汇总以地籍区为单位，按地籍子区的次序进行；在同一地籍子区内按图斑或宗地的编号次序进行编列汇总，形成以地籍区为单位的宗地面积汇总表。

土地分类面积汇总以地籍区为单位，按土地利用类别，由地籍子区开始，逐级汇总统

计地籍区、县土地分类面积，形成县土地分类面积统计表。

在控制面积量算中，下级行政单位的面积受上级行政单位面积的控制，下级控制面积在上级控制面积控制下平差。一幅图的图幅理论面积是各级面积的最基本控制。街道或街坊、村土地面积一般为城、乡的末级控制面积。在碎部面积量算中，本级控制面积范围内各独立量测的图斑面积、碎部面积要依上级控制面积进行平差，平差后其面积之和应与控制面积相等。进行汇总统计时，先分图幅统计各行政单位的宗地面积或土地分类面积，然后再将各图幅的统计数字汇总。汇总时，应当进行校核，各级面积之和均应与其上一级控制面积吻合。

量算面积之后，要分别按行政单位和权属单位对量算的结果进行汇总统计。汇总土地面积是土地面积量算工作的总结，也是土地登记、土地统计、土地规划等土地管理工作的基础。

面积汇总包括各级行政单位（村、乡、县等）的总体面积汇总以及依权属单位和行政单位按地类进行的汇总。需要对平差后的面积按行政单位自下而上逐级进行汇总统计。

7.4.1 行政单位面积汇总

行政单位面积汇总的基础是村（街坊）土地面积汇总。所量算图幅上的末级控制（在农村为村或乡，在城镇为街坊或街道）是面积汇总的单元。因为使用量算面积的平差值，所以汇总应在量算控制面积之后进行。将同一村（街坊）在各涉及图幅内的控制面积相加，即得该村（街坊）的土地总面积。本村（街坊）总面积与涉及图幅的非本村面积之和应等于涉及图幅的理论面积之和，并以此作为校核。

由校核后的所属各村面积汇总而得到乡（镇）的行政总面积，进而由乡得到县的总面积。校核方法可仿照村的汇总进行。

县、乡土地总面积通常分布在较多数量的分幅图上。为了避免面积汇总出现重复或遗漏，应预先编制县、乡图幅控制面积接合图表，如图7.14所示。

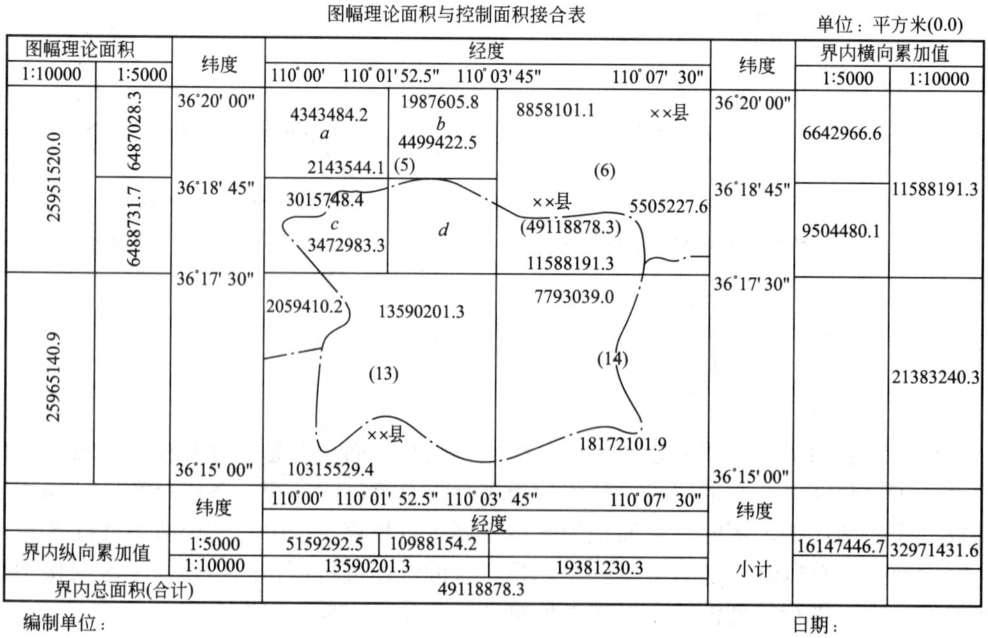

图幅理论面积与控制面积接合表   单位：平方米(0.0)

图幅理论面积		纬度	经度			纬度	界内横向累加值	
1:10000	1:5000		110°00′ 110°01′52.5″ 110°03′45″ 110°07′30″				1:5000	1:10000
25951520.0	6487028.3	36°20′00″	4343484.2 *a* 2143544.1 (5)	1987605.8 *b* 4499422.5	8858101.1 ××县 (6)	36°20′00″	6642966.6	
	6488731.7	36°18′45″	3015748.4 *c* 3472983.3	*d*	××县 (49118878.3) 5505227.6 11588191.3	36°18′45″	9504480.1	11588191.3
25965140.9		36°17′30″	2059410.2	13590201.3 (13)	7793039.0 (14)	36°17′30″		21383240.3
		36°15′00″	10315529.4		××县 18172101.9	36°15′00″		
		纬度	110°00′ 110°01′52.5″ 110°03′45″ 110°07′30″			纬度		
			经度					
界内纵向累加值		1:5000	5159292.5	10988154.2		小计	16147446.7	32971431.6
		1:10000	13590201.3		19381230.3			
界内总面积(合计)			49118878.3					

编制单位：   日期：

图7.14 图幅控制面积接合表

7.4.2 分类土地面积汇总

各权属单位和行政单位的各类土地面积汇总应在各图幅碎部测量完成之后进行，汇总单元为各图斑的平差面积。

仍然以图幅为基础，先统计一幅图内村（街坊）的各类土地面积之和，其汇总值应当等于该图幅内村（街坊）的总面积（控制面积），两者互相校核。将各有关图幅内的村（街坊）的土地分类面积之和汇总，即得到村（街坊）的土地分类面积。村的各类面积总和应等于村的行政总面积。同法按地类汇总统计乡（镇）和县的各类土地面积，并将乡、县的各类土地面积求和，与乡、县的控制面积互相校核。

7.4.3 汇总统计中的几种地块的处理

（1）飞地利用《飞地通知书》通知所属单位，由该单位汇总。

（2）线状地物应根据外业调查记载的实堪面积汇总在相应地类中，并在相邻地类中扣除。其长度可在图上量出，宽度应是实量值，如宽度不等可分段堪丈。

（3）田坎或田埂也是线状地物，但由于数量过多而不能逐个量测，可划分成若干类型，依不同类型抽样实测，得出

$$净耕地面积 = 毛耕地面积 - 田坎面积$$

从而求得耕地系数：$K_{耕}$＝净耕地面积/毛耕地面积。

依不同类型求出 K 值，即可在量算出毛耕地面积之后，按上述方法求出净耕地面积和应扣除的田坎面积。

由于投影面积与椭球面积不同，并且计算存在舍入误差，由各个图斑量算面积汇总得到的各级行政辖区面积与控制面积存在差值。当两个差值之和小于图幅理论面积的 1/400 时，为了衔接汇总面积与控制面积，将差值面积放入除耕地、建设用地之外的较大宗地，并做好标记和记录。

7.4.4 土地调查规程对汇总统计新的要求

（1）依据农村调查确定的国家所有（G）、集体所有（J）土地性质，统计土地利用现状一级分类面积，国家所有（G）和集体所有（J）面积之和等于行政区域土地总面积。

（2）飞地分类面积统计：按行政界线，统计辖区内相邻行政辖区的飞入土地面积。按飞入地单位名称分别对飞入地土地利用现状一级、二级分类面积进行统计。

（3）海岛土地利用现状分类面积统计：沿海的县（市、区）要对海岛土地利用现状面积进行统计，以岛为单位进行统计汇总。

（4）耕地坡度分级面积统计：在进行耕地坡度分级面积统计时，将土地利用现状数据库耕地图斑层与坡度数据库进行叠加分析，统计汇总不同类型、不同坡度级的耕地面积。

（5）基本农田面积情况统计：将基本农田数据层与地类图斑层叠加，计算基本农田地块中各地类的面积，由此得到基本农田面积和构成基本农田的地类。

（6）城镇土地分类面积统计：城镇土地分类面积统计，结合城镇土地调查成果，统

计、汇总城镇土地面积。

(7) 其他面积统计：各县(市、区)土地面积统计还包括土地争议地面积统计、批而未用地面积统计、可调整地类面积统计。

本 章 小 结

本章主要讲述了土地面积，土地面积量算，土地面积量算精度指标，土地面积量算方法，土地面积控制与平差，土地面积汇总等基本概念和基本内容。

本章的重点是土地面积量算方法、土地面积量算精度、土地面积控制与平差。

习 题

7-1 单项选择题

1. 按坐标计算一五边形宗地 $ABCDE$ 的面积。坐标分别为 $A(100，100)$，$B(500，100)$，$C(500，360)$，$D(300，460)$，$E(100，460)$，单位，m。得面积为(　　)m^2。
   A. 128000　　　　B. 134000　　　　C. 118000　　　　D. 124000

2. 地籍土地面积量算以(　　)面积为首级控制。
   A. 宗地　　　　　B. 图幅　　　　　C. 街坊　　　　　D. 街道

3. 进行图上面积量算时，两次量算的较差公式 ΔP 中的系数是(　　)。
   A. 0.00025　　　 B. 0.0025　　　　C. 0.0003　　　　D. 1/200

4. 基本地籍图图幅规格大小一般为(　　)的矩形图幅。
   A. 40cm×50cm　　　　　　　　　　B. 45cm×45cm
   C. 40cm×40cm　　　　　　　　　　D. 50cm×60cm

5. 面积量算一般不包括(　　)。
   A. 各级行政辖区的总面积量算　　　B. 图幅面积量算
   C. 宗地面积量算　　　　　　　　　D. 土地利用分类的面积量算

6. 在地籍图上地籍号以分式表示，其中分母表示(　　)。
   A. 地类号　　　　B. 宗地号　　　　C. 面积　　　　　D. 界址点号

7. 在地籍图上量取求积所需元素或直接在地籍图上量取图形面积的方法叫做(　　)。
   A. 坐标面积计算法　　　　　　　　B. 解析法
   C. 图解法　　　　　　　　　　　　D. 图解坐标法

8. 在土地征用、土地出让或转让等对面积精度要求较高的面积量算中，一般采用(　　)计算宗地面积。
   A. 解析法　　　　B. 图解坐标　　　C. 求积仪　　　　D. 方格网

9. 土地利用现状调查中，土地面积量算是(　　)进行的。
   A. 在正射影像图上　　　　　　　　B. 在数字分幅土地利用现状图上
   C. 利用坐标解析法　　　　　　　　D. 在纸质的地籍图上

10. 传统的城镇地籍面积量算中遵循"两级控制,三级量算"的原则,两级控制是指( )。
   A. 图幅面积控制街坊面积,街坊面积控制宗地面积
   B. 图幅面积控制街道面积,街道面积控制宗地面积
   C. 图幅面积控制街坊面积,街坊面积控制街道面积
   D. 图幅面积控制街道面积,街道面积控制街坊面积

7-2 思考题

1. 土地面积的含义是什么?
2. 土地面积量算通常采取的技术路径是什么?
3. 面积量算的误差来源有哪些方面?
4. 面积量算有哪些常用方法?
5. 用几何图形法量算面积时,将待测算区域分割成什么样的几何图形最为有利?为什么?
6. 试分析用图解法量算面积时,影响面积精度的各种因素。
7. 面积量算的程序如何?
8. 简述面积量算的控制原则和面积平差。
9. 简述土地利用现状调查各级汇总的主要内容和程序。

第8章 房产调查

教学目标

本章主要讲述房产调查，房产调查的目的和任务，房产调查单元及其编号，房产调查的基本内容，房产调查的基本过程和程序等。通过本章的学习，达到以下目标：
(1) 掌握房产调查的概念、对象和范围；
(2) 掌握房产调查单元的划分及其编号规则；
(3) 掌握房产调查的基本内容；
(4) 掌握房产调查的基本过程和程序；
(5) 了解房屋调查表及填写的内容。

教学要求

知识要点	能力要求	相关知识
房产调查的目的和任务	(1) 掌握房产调查的概念 (2) 掌握房产调查的对象及范围 (3) 掌握房产调查的目的和任务	(1) 房屋 (2) 房产 (3) 房屋产权管理 (4) 房屋产权登记
房产调查单元的划分与编号	(1) 掌握房产调查单元的划分原则与规则 (2) 掌握宗地与丘的关系 (3) 掌握幢、层、户的概念及其划分原则	(1) 土地单元：宗地号、丘号 (2) 房产单元：幢、层、户 (3) 地籍区、房产区 (4) 地籍子区、房产分区 (5) 房屋权界线、权界点
房产调查的内容	(1) 了解房屋用地调查内容 (2) 掌握房屋调查内容，包括房产权属、权利人、产别、权源及其调查；房屋坐落、房屋结构、层数、建成年代、用途及其调查 (3) 了解房屋产别分类 (4) 了解房屋结构、用途分类	(1) 房屋产权人、产别、权源、权号 (2) 房屋坐落、结构、年份、层数、用途，房屋墙体归属、权界点 (3) 房屋产别分类 (4) 房屋结构 (5) 房屋用途分类
房产调查的程序	(1) 了解房产调查的组织原则 (2) 掌握房产调查的一般程序 (3) 掌握房产调查的准备工作 (4) 掌握房产调查的实施和房屋调查表的填写	(1) 地籍调查资料的综合应用 (2) 房产调查底图的准备 (3) 实地调查 (4) 房屋调查表
房屋调查表	(1) 掌握在房屋调查表中填写的内容 (2) 了解房屋调查表的填写要求	(1) 房产单元编号 (2) 房屋坐落 (3) 房屋状况、面积、墙体归属 (4) 房产权界示意图

基本概念

房屋、房产、房产调查、房产权源、房屋产别、房屋产权单元、幢、层、户、房屋编号、房屋用途、房屋结构、房屋调查表。

引例

房产调查并不单单是为房产行政管理服务。例如在城市拆迁、区域住房改造等工程项目中,在施工前进行详细的房产调查、测量十分必要。调查获取的房产信息、数据对之后的拆迁补偿、施工等都有重要的支撑作用。

8.1 房产调查概述

房产调查是房地产测绘的主要任务之一。房产调查是指通过实地详细调查,查清区域内所有房屋及其用地每个房屋产权单元的权属、位置、界线、质量、数量和用途等基本信息,以建立或更新区域内房产的产籍档案或房产数据库,为房屋产权管理、产权保护、征收税费以及政府的资源管理、城市规划、行政决策服务。

根据房产测量工作的开展方式不同,可以将房产测绘方式分为房产基础测绘和房产项目测绘。在短时间内集中对区域内的所有房屋产权单元逐个进行调查、测量的方式称为房产基础测绘。将区域内的房产测量工作有机地划分为多个房产测量项目,各项目分阶段逐步实施的方式称为房产项目测绘。目前,各地较多采用房产项目测绘的方式实施房产测量。

8.1.1 房产调查的目的和任务

一个城市需要经过房产调查,采集房产相关的各种信息,建立起城市的房屋产籍档案或房产数据库,以满足以下几个层次的需要。

(1)满足实时的房屋产权登记需要。
(2)满足高效行政管理、经营管理需要。
(3)满足城市建设、科学发展决策的需要。
(4)满足其他相关各行业的信息需要。

8.1.2 房屋

房屋是人们生产生活的基本物质要素,是房产调查、测量和房产管理的基本对象。房屋是指能够供人居住、工作、娱乐、储藏物品、纪念或进行其他活动的建筑物,一般由基础、墙、门、窗、柱和屋顶等主要构件及附属设施和设备组成。

在房产调查中,房屋一般指具有如下特征的建筑物。

(1) 结构牢固，属于永久性建筑物。
(2) 有围护体，如墙、板、门、窗、栏等建筑构件。
(3) 有上盖，如屋顶、顶面楼板。

8.1.3 房产调查单元及其编号

在一个城市或一个行政区域内开展房产测量，无论是房产基础测绘还是房产项目测绘，都要首先理顺房屋产权单元的逻辑关系。所以，房产调查与地籍调查一样，应将所有的调查单元赋予满足科学管理需要的逻辑编号。

房产调查同样以县或县级行政区域（如城市下辖的县级区）为基本单位，分区域实施房产调查与测量工作。所以，县级房产数据库是房产信息管理的基础数据库。在此房产数据库中，房产信息的逻辑层次是：县—房产区（乡、镇、街道）—房产分区（街区、街坊）—丘（宗地）—幢—层—户。户是房屋产权的基本单元。

1. 房产区与房产分区

房产区在县、市辖区（县）或县级市的基础上划分。一般以其下辖的下一级行政区域来划分房产区。如一个县下辖若干个镇（乡），一个市辖区下辖若干个街道（镇）等。这些行政区域的边界已经清晰划定，在房产调查中一般不需要再进行调查，这些资料在需要时可从相关行政部门获得。房产区应在市辖区或县或县级市的范围内统一编号，同一行政区避免重号，保证代码唯一性。

每个房产区又划分为若干个房产分区。可根据便于调查、便于管理的划分原则，依自然界线、线状地物、街坊或居民点等划分。房产区内的各房产分区也应进行统一编号，且同一房产区不能出现重号。

2. 丘与丘号

为了便于调查与管理，各房产分区内又划分为若干地块单元，这些地块单元在房产管理中被称为"丘"。

1) 丘

丘是地表面的一个有界地块单元。丘通常是土地权属单一的地块。房屋是附着于地块之上的，房产调查是在丘的界线范围内对丘内的房产进行分幢调查。

"丘"与地籍测量中的"宗地"可视为同一概念。因此，在已经建立地籍档案的城市，房产调查不宜再另行划分丘，而应直接使用宗地的划分，在宗地单元的基础上进行各宗地内房产的逐幢调查。

一个地块只属于一个产权单元的称为"独立丘"，一个地块属于几个产权单元的称为"组合丘"。一般将一个单位、一个门牌号或一处院落划分为"独立丘"，当用地单位混杂或用地单元面积过小时可划分为"组合丘"。

在现阶段大多数城市的房产数据的"丘"与土地管理"宗地"尚未统一的情况下，"丘"的划分与"宗地"也应当尽可能一致，以便未来进行城市土地与房产数据的融合。

2) 丘号

按《房产测量规范》（GB/T 17986—2000）规定，丘按市辖区（县）、房产区、房产分区、丘分级编号。丘的编号是指用地界线封闭地块（丘）的代号，原则上一户房屋所有权人的用地范围（宗地）编立一个丘号。丘号在房产分区范围内编定，采用4位自然数0001～9999从北到南、从西到东以反S形顺序连续编列。

组合丘内各用地单元以丘号加支号编立，丘号在前，支号在后，中间用短线连接，称为丘支号。如5—3表示第5丘内的第3支丘房屋所有权。

按照国家标准《中华人民共和国行政区划代码》（GB/T 2260），县级行政区划代码为全国唯一编码。以下的房产区、房产分区应按一定的规则进行编号。

按《房产测量规范》（GB/T 17986）规定，各个房产调查测量单元应按下列规定编号。

  县（市辖区、县级行政区域）代码＋房产区代码＋房产分区代码＋丘号
     （6位）   （2位）   （2位） （4位）

例如：江苏省南京市溧水县柘塘镇第126丘，编号为32012419010126。
     320124   19   01   0126
  江苏省南京市溧水县代码 房产区号 房产分区号 丘号

在房产调查中应充分利用地籍调查成果资料。"整体移植"该区域地籍单元的逻辑划分和编号，对土地、房产数据的一致性最为有利，这可以作为现阶段房产调查的一个基本原则。这样，房产调查的"丘"沿用了"宗地"的概念，地籍区对应房产区，地籍子区对应房产分区，丘号沿用了宗地号。

3. 幢

幢是指一座独立的、包含不同结构和层次的房屋。幢是房产调查与测量的基本单元。一般将独立建筑的房屋视为一幢，或将建筑基础连续的建筑物视为一幢。

一幢房屋有不同层次的，一般中间应用虚线分开。

幢号的编立以丘为单位进行。自进大门（主门牌号处）起，从左到右，从前到后，按数字1、2、…的顺序按S形编号。在一丘内，各幢的编号应当唯一。当丘内房屋已有连续而完整的幢号时也可以继续沿用。在房产图中，幢号注在房屋轮廓线内的左下角，并加括号表示，如图8.1所示。

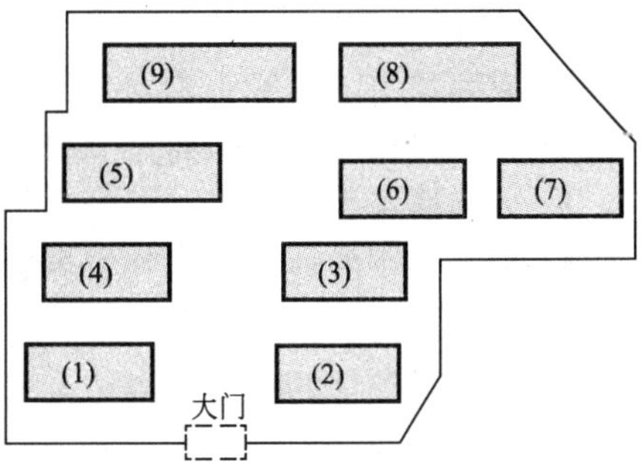

在实际的房屋分幢中，对于几种特殊情况按下述方法处理。

（1）紧密相连的房屋，不可分割的，可作为一幢。

图8.1　丘内分幢编号示意图

（2）以过道或通廊相连的建筑，独立分幢。

（3）具有多个功能区的综合楼，视为一幢。

（4）由塔楼和裙楼组成的建筑，一般视为一幢处理。

（5）基础相连但地面上分为多座独立的建筑（如共用一个地下室），视为多幢。

（6）房屋建成后又扩建、修建，其扩修部位无论结构、功能是否与原房屋结构、功能相同，只要形成整体的仍作为一幢。

（7）幢的分界不清晰或难于划定时，可按《建设工程规划许可证》的规划资料进行幢的认定。

4. 层

当一幢内存在多个房屋产权单元时，幢应首先分层，并按一定的规则编列层号。

层通常为建筑物的自然层。房屋自然层数即房屋地上部分的层数，一般按室内地坪±0以上计算。层依据下列原则来划分和计算。

(1) 采光窗在室外地坪以上的半地下室，其层高在2.20m以上的，计算自然层数。

(2) 架空层、转换层、设备层，层高在2.2米以上的，计算自然层数。

(3) 房屋的假层、夹层、插层、阁楼（暗楼）、装饰性塔楼，不计算自然层数。

(4) 突出层面的楼梯间、水箱间，不计算层数。

(5) 房屋的自然层数按室内地坪以上计算，每一自然层各划分为一层，从室内地坪开始向上按1、2、3、…编号。

(6) 房屋室内地坪以下的为地下室，从室内地平开始向下按－1、－2、－3、…编号。

当建筑物周边地面高差超过楼层层高时，房屋的自然层数在不同位置判断时会不一致。此时，应按该幢房屋设计资料的±0所在位置起计算其自然层数。若无上述资料，则以该幢房屋门牌登记所在街道的地坪为准判定该幢房屋的自然层数。

当建筑物存在夹层、错层、假层等情况时，核定的层数、层号可能与自然层数、层号不一致。当自然层数与核定的有效层数不一一对应时，应分别编号，并列表注明其对应关系。

5. 户

户指房屋权界线所围成的、权属单一的房屋权属单元。一幢属于同一产权人时，可视为一户。幢内一层或相毗邻的数层属于同一个产权人时，也可视为一户。通常来说，一层含有多个产权单元，即一层含有多户的情况较为多见。在多户住宅中，一户也称为一套。户是房产登记、发证的基本产权单元。

户依据下列原则划分。

(1) 成套住宅，一般一套划分为一户。

(2) 独立使用和出售的商业用房、库房按其权界线分户。

(3) 一幢房屋为同一产权人的，一幢房屋可划分为一户。

(4) 独立使用的地下室按其权界线分户。

(5) 不被分摊的公共部分应视为一户。

(6) 无分隔墙体的商铺、摊位、车位等，应有明确的界址线，且产权界址点设有界桩（钉）、施工图纸上界线清楚的可按其产权界址线分户。

(7) 一幢房屋内，属于同一产权人且相毗邻的成套房屋，通常按套分列多户，特殊情况下也可统列为一户。

(8) 一幢房屋内，属于同一产权人但不相毗邻的成套房屋，应分别各列为一户。

实地有编号的以实地编号为准。实地无编号的，成套住宅按单元号、层次、户号编号。编立时，从下层至上层对各户顺序编号，当一户房屋跨层时，该户各层房屋编同一户号。

分户房屋权界线的确定应以产权来源为依据。有合法协议约定的，以协议为准确定。无合法协议约定的，按如下要求确定：成套房屋的分户权界线取其分户隔墙和外墙的中线。商业铺位、车位等分户权界线取分隔墙中线，无分隔墙时取界址点连线，门面临街部位取其外墙的中线。整层为一户时，分户权界线为该层外墙中线。整单元为一户时，分户权界线为单元间共墙的中线和外墙中线。

8.2 房产调查的基本内容

根据《房产测量规范》的规定,房产调查分为房屋用地调查和房屋调查。

房屋用地调查的内容包括用地坐落、产权性质、等级、税费、用地人、用地单位所有制性质、使用权来源、四至、界标、用地用途分类、用地面积和用地纠纷等基本情况,以及绘制用地范围略图。

房屋调查的具体内容包括房屋坐落、产权人、产别、层数、所在层次、建筑结构、建成年份、房屋用途、墙体归属、房屋权源、产权纠纷和他项权利等基本情况,以及绘制房屋权界线示意图。

通常,在尚未建立地籍档案的地区,房产调查应包括房屋调查和房屋用地调查两项内容。在已建立起地籍档案的地区,土地单元——宗地的权属、界址、利用状况等信息都已经明晰,可以现有的地籍数据为基础,在各宗地上进一步开展房产调查,因此一般只需进行房屋调查。

8.2.1 房屋用地调查

房屋用地调查主要内容包括房屋用地单元(宗地)的坐落、产权性质、土地等级、税费、使用人、用地单位所有制性质、土地使用权来源、土地四至、界址点、土地用途、用地面积和用地纠纷以及其他情况的记录,并要绘制房屋用地范围示意图或宗地草图。房屋用地调查与测绘以丘(宗地)为单元分户进行。

1. 房屋用地的坐落

房屋用地的坐落是指房屋用地的地理位置(方位和地点),即所在地的地理名称。如某处房屋用地所在的街道、门牌号,填写为××区(县)××街道(镇)××街巷(胡同)××号等,与房屋调查的房屋坐落相同。

2. 房屋用地的产权性质

房屋用地的产权性质指土地的所有权,按国有或者集体两类填写。集体所有的还应注明土地所有单位的全称。

3. 房屋用地的等级

房屋用地的等级是按照土地不同用途和位置优劣进行评定的,城镇的土地等级主要考虑繁华程度、交通条件、基础设施、环境条件、人口分布、土地附着物、土地利用效率等因素评定。划分土地等级是制定城市土地使用费标准的前提条件。土地等级评定以后不是一成不变的,随着城市建设的发展,应每隔若干年进行适当的调整。

用地等级按照当地人民政府制定的土地等级标准或规定执行。

4. 房屋用地的税费

房屋用地税费指房屋用地人每年向税务机关缴纳的费用,以年度缴纳金额为准。免征土地税的填"免征"。

5. 房屋用地的使用权主

房屋用地的使用权主是指房屋用地的产权主姓名或单位名称。

6. 房屋用地的使用人

指房屋用地实际使用人的姓名或单位名称。

7. 用地来源(权源)

房屋用地来源指取得土地使用权的时间和方式,如出让、转让、征用、划拨等。填写××年××月××日获得土地使用权,使用年限××年,方式有以下几种。

(1) 出让指国家将城镇国有土地使用权在一定年限内让与土地使用受让人(单位),土地使用受让人向国家支付一定的金额。

(2) 转让指土地使用权主依照国家有关法律规定将土地使用权再转移的行为。将土地使用权转让时,其上的建筑物、其他附着物的所有权也依照法律办理过户登记手续。

(3) 征用根据国家建设的需要,国家通过适当补偿后,取得土地产权供国家有关部门、企事业单位使用的一种产权转移方式。

(4) 划拨指政府依照法律规定,从国有土地中划拨一定数量的土地给国家单位或集体单位,或个人使用的产权转移方式,土地所有权仍属于国家,转移的是土地的使用权。

8. 用地四至

用地四至指用地范围与四邻接壤的情况。一般按东、南、西、北方向注明邻接丘号、街道名或沟、渠、水域等名称。

9. 用地范围的界标

用地范围的界标是指用地界线上的各种标志,包括道路、河流等自然界,房屋墙体、围墙、栅栏、篱笆等围护物,以及界碑、界桩等埋石标志。

10. 用地用途分类(用地类别)

土地用途调查见本书第4章,按国标《土地利用现状分类》(GB/T 21010—2007)进行分类。

8.2.2 房屋调查

房屋调查的内容包括5个方面,即房屋的权属、位置、数量、质量和利用状况。

房屋调查的具体内容包括房屋产权单元(户)的坐落、产权主、产别、层数、所在层次、建筑结构、建成年份、用途、占地面积、使用面积、建筑面积、墙体归属、权源、产权纠纷和其他项权利等基本情况,逐项调查落实,现场记录,填写调查表,并绘制房屋权界线示意图。房屋调查与测绘以幢为单元分户进行。

1. 房屋坐落

房屋坐落是指房屋街道、门牌或地理名称,通常为××区(县)××街道(镇)××街巷(胡同)××号。路、街、巷等名应以民政部门规定的名称为准,门牌号应以公安部门钉注的门牌号为准。房屋坐落在小的里弄、胡同或小巷时应加注附近主要街道名称。若房屋无门牌号,应借用毗连房屋门牌号并加注东、南、西、北方位。

房屋坐落在两个以上街道或有两个以上门牌号时,应全部注明。单元式的成套住宅,应注明单元号、室号或户号。

2. 房屋产权主

房屋产权主是指房屋所有权的权属主。产权主可以是自然人或法人。可以是一个人或多个人。房屋产权主对房屋有占有权、使用权、收益权和处置权。

私人所有的房屋,房屋产权主的姓名一般就是房屋产权证上的房屋产权人姓名,而且应与户口簿、身份证上的姓名一致。房屋为多人所共有的,应填入全部产权主的姓名,产权主死亡,应注明"已故",并应注明代理人的姓名。产权主不清、或产权归属未定的,分别填入"不清"、"未定"字样;有代理人的,填入代理人的姓名并进行简要说明。

单位所有的房屋,房屋产权主填写单位的全称,单位名称应与房屋产权证上的名称、单位公章的名称一致。几个单位共有的房屋应填入全部产权单位的名称。

房地产管理部门直接管理的房屋包括公产、代管产、托管产、拨用产4种产别。公产填写房地产管理部门的全称。代管产填原产权主名称,加括号注明代管单位名称。托管产填原产权主名称,加括号注明托管单位名称。拨用产填房地产管理部门全称,加括号注明拨借单位名称。

当产权发生析产、买卖、赠与等变更时,应向主管机关申请产权转移登记。若为遗产,则应办理继承、分析的产权转移登记。产权的确认应以登记发证为准,即经国家房地产管理机关进行产权审查,核发产权证。房屋产权确认后,产权人对该房产享有应有的合法权利(如占有、使用、收益和处理),同时必须承担产权人应尽的义务(如纳税、维修等)。

3. 房屋产别

房屋产别是指房屋的产权类别。按《房产测量规范》(GB/T 17986)"房屋产别分类标准"规定的标准划分。一级分类分为国有房产、集体所有房产、私有房产、联营企业房产、股份制企业房产、港澳台投资房产、涉外房产、其他房产,共8类。

(1)国有房产的二级分类,又分为直管产、自管产、军产,具体划分见表8-1。

表8-1 房屋产别分类

一级分类		二级分类		含 义
编号	名称	编号	名称	
10	国有房产			指归国家所有的房产,包括由政府接管、国家经租、收购、新建以及国有单位用自筹资金建设或购买的房产
		11	直管产	指由政府接管、国家经租、收购、新建、扩建的房产(房屋所有权已正式划拨给单位的除外),大多数由政府房地产管理部门直接管理、出租、维修,部分免租拨借给单位使用
		12	自管产	指国家划拨给全民所有制单位所有以及全民所有制单位自筹资金购建的房产
		13	军产	指中国人民解放军部队所有的房产,包括由国家划拨的房产、利用军费开支或军队自筹资金购建的房产

(续)

一级分类		二级分类		含 义
编号	名称	编号	名称	
20	集体所有房产			指城市集体所有制单位所有的房产,即集体所有制单位投资建设、购买的房产
30	私有房产			指私人所有的房产,包括中国大陆公民、港澳台同胞、海外华侨、在华外国华侨、外国人所投资建造、购买的房产,以及中国公民投资的私营企业(私营独资企业、私营合伙企业和私营有限公司)所投资建造、购买的房产
		31	部分产权	指按照房改政策职工个人以标准价购买的住房,拥有部分产权
40	联营企业房产			指不同所有制性质的单位之间共同组成新的法人型经济实体所投资建造、购买的房产
50	股份制企业房产			指股份制企业所投资建造或购买的房产
60	港、澳、台投资房产			指港、澳、台地区投资者以合资、合作或独资方式在祖国大陆开办的企业所投资建造或购买的房产
70	涉外房产			指中外合资经营企业、中外合作经营企业和外资企业、外国政府、社会团体、国际性机构所投资建造或购买的房产
80	其他房产			凡不属于以上各类别的房屋,都归在这一类,包括因所有权人不明,由政府房地产管理部门、全民所有制单位、军队代为管理的房屋以及宗教、寺庙等房屋

国有房屋指属于国家所有的房屋,包括由政府接管、国家经租、收购、新建以及由国有单位自筹资金建设或购买的房屋。房管部门的房屋、全民所有制单位的房屋和军队的房屋的所有权属于国家。上述单位在国家授权范围内享有对房屋占有、使用、收益和处分的权利。

(2)集体所有房产指属于城市集体所有制单位所有的房产,即集体所有制单位投资建造、购买的房产。集体组织依法对其房屋享有占有、使用、收益和处分的权利。

(3)私有房产指公民个人所有的房产,包括中国公民、港澳台同胞、海外侨胞、在华外国侨民、外国人所投资建造、购买的房产,以及中国公民投资的私营企业(私营独资企业、私营合伙企业和私营有限责任公司)所投资建造、购买的房产。按照房改政策,职工个人以标准价购买的拥有部分产权的房屋也属于私有房产。几个人共有的房产属于共有房产,也是私有房产。私有房产的产权人依法对其房屋享有占有、使用、收益和处分的权利。

代管房屋和托管房屋的产权属于私人所有的,房屋产别为"私有房屋"。

对于产权不明晰的各类房屋的产权确认,原则上以建房时所签订的协议或合同中规定的产权划定为准。

联营企业房产、股份制企业房产、港澳台投资房产、涉外房产、其他房产按照《房产测量规范》（GB/T 17986）中的规定执行。

4. 房屋产权来源

房屋产权来源是指产权人取得房屋所有权的时间和方式。房屋所有权取得方式有买受、受赠、交换、继承、自建、翻建、收购、征用、调拨、价拨、拨用等。

买受、受赠、继承、交换的房屋产权转移以有关协议、文约、合同、裁定公证等文件为准。自建、翻建的房屋产权的确认以报批文件和竣工图件为准。征用、调拨、价拨、拨用的房屋的产权转移以审批文件为准。房屋产权来源有两种以上的，均应注明。

（1）买受即依法在房地产市场买入房产，从而取得房屋产权的方式。国有房产、集体所有房产和私有房产在国家法律允许的范围内都可作为商品，在房地产市场买卖。

（2）受赠即受赠人（政府、集体、单位或个人）接受房屋原产权主合法赠与的房屋的全部或部分产权，从而获得房屋全部或部分产权的方式。赠予的方式可以是有附加条件的，也可以是无条件的。一般均应办理公证手续或签订协议文件。

（3）交换一般是指房屋产权人之间进行的对不同房屋产权的互换。交换可以是等价交换，也可以是折价交换或补价交换。交换应有交换合同或协议文件，并取得公证，办理产权变更登记。

（4）自建即经批准新建的房屋，房屋建成后，新建单位或个人便拥有该房屋的产权，取得新建房屋的所有权和使用权，并且可以领取房地产产权证。

（5）翻建指经批准以后在自己原有房屋的基础上进行翻新改建，包括部分拆建的房屋，并取得翻建新增的房屋产权。翻建房屋应办理变更登记手续。

（6）收购指政府或房地产管理部门收购的房屋。

（7）征用指国家根据建设需要征用的房屋，同时支付房屋补偿费及安置补助费。

（8）调拨指政府或房地产管理部门将国有房产无偿调拨给全民所有制或集体所有制单位使用。房屋产权归属以调拨文件规定的为准。

（9）价拨指政府或房地产管理部门将国有房产有偿调拨给全民所有制或集体所有制单位使用。房屋产权归属以调拨文件规定的为准。

（10）划拨指政府或房地产管理部门将国有房产免租拨借给单位使用、管理、维修的房屋。房屋产权为国家所有，使用单位仅有使用权。

产权来源有两种以上的，应全部注明。

5. 房屋总层数

房屋层数是指房屋的自然层数。房屋总层数为房屋地上层数与地下层数之和。

6. 房屋所在层次

房屋所在层次是指本权属单元的房屋在该幢楼房中的第几层，地下层次以负数表示。

7. 房屋建筑结构

按《房产测量规范》（GB/T 17986），房屋建筑结构分为钢结构、钢和钢筋混凝土结构、钢筋混凝土结构、混合结构、砖木结构及其他结构共 6 类，见表 8-2。

表 8-2 房屋建筑结构分类

编号	分类名称	内　容
1	钢结构	承重的主要构件是用钢材料建造的，包括悬索结构
2	钢和钢筋混凝土结构	承重的主要构件是用钢、钢筋混凝土建造的。如一幢房屋部分梁柱采用钢、钢筋混凝土构架建造
3	钢筋混凝土结构	承重的主要构件是用钢筋混凝土建造的，包括薄壳结构、大模板现浇结构及使用滑模、升板等建造的钢筋混凝土结构的建筑物
4	混合结构	承重的主要构件是用钢筋混凝土和砖木建造的。如一幢房屋的梁用钢筋混凝土制成，以砖墙为承重墙，或者梁用木材建造，柱用钢筋混凝土建造
5	砖木结构	承重的主要构件是用砖、木材建造的。如一幢房屋使用木制房架、砖墙、木柱建造的
6	其他结构	承重的主要构件是使用土坯、竹、木等简易材料建造的

8. 房屋建成年份

房屋建成年份是指房屋实际竣工年份。拆除翻建的，应以翻建竣工年份为准。一幢房屋有两种以上建成年份的，应分别注明。

为了便于管理，房屋要素的调查结果需用房屋要素代码来表示。房屋要素代码全长 8 位。第 1 位为房屋产别，用一位数字表示到一级分类；第 2 位为房屋结构，用 1 位数字表示；第 3、4 位为房屋层数，用两位字符表示；第 5、6、7、8 位为建成年份，用 4 位字符表示。如某幢房屋要素代码为 13061988，表示其为国有房产、钢筋混凝土结构、6 层、1988 年建成。

9. 房屋用途

房屋用途是指房屋的实际用途。按两级分类，一级分 8 类，二级分 28 类，见表 8-3。一幢房屋有两种以上用途的，应分别调查注明。

表 8-3 房屋用途分类

一级分类		二级分类		内　容
编号	名称	编号	名称	
10	住宅	11	成套住宅	指由若干卧室、起居室、厨房、卫生间、室内走道和客厅组成供一户使用的房屋
		12	非成套住宅	指供人们生活起居的但不成套的房间
		13	集体宿舍	指机关、学校、企事业单位的单身职工、学生居住的房屋。集体宿舍是住宅的一部分

(续)

一级分类		二级分类		内　　容
编号	名称	编号	名称	
20	工业交通仓储	21	工业	指独立设置的各类工厂、车间、手工作坊、发电厂等从事生产活动的房屋
		22	公用设施	指用于自来水、泵站、污水处理、变电、燃气、供热、垃圾处理、环卫、公厕、殡葬、消防等市政公用设施的房屋
		23	铁路	指铁路系统从事铁路运输的房屋
		24	民航	指民航系统从事民航运输的房屋
		25	航运	指航运系统从事水路运输的房屋
		26	公共运输	指公路运输公共交通系统从事客货运输、装卸、搬运的房屋
		27	仓储	指用于储备、中转、外贸、供应等的各种仓库、油库用房
30	商业金融信息	31	商业服务	指各类商店、门市部、饮食店、粮油店、菜场、理发店、照相馆、浴室、旅社、招待所等从事商业活动和为居民生活服务的房屋
		32	经营	指各种开发、装饰、中介公司从事经营业务活动所用的场所
		33	旅游	指宾馆饭店、游乐园、俱乐部、旅行社等提供旅游服务所用的房屋
		34	金融保险	指银行、储蓄所、信用社、信托公司、证券公司、保险公司等提供金融服务所用的房屋
		35	电信信息	指各种电信部门、信息产业部门从事电信与信息工作所用的房屋
40	教育医疗卫生科研	41	教育	指大专院校、中等专业学校、中学、小学、幼儿园、托儿所、职业学校、业余学校、干校、党校、进修学校、工读学校、电视大学等从事教育工作所用的房屋
		42	医疗卫生	指各类医院、门诊部、卫生所、(站)、检(防)疫站、疗养院、医学化验、药品检验等医疗卫生机构从事医疗、保健、防疫、检验工作所用的房屋
		43	科研	指从事自然科学、社会科学等研究、设计、开发所用的房屋
50	文化娱乐体育	51	文化	指文化馆、图书馆、展览馆、博物馆、纪念馆等从事文化活动所用的房屋
		52	新闻	指广播电视台、电台、出版社、报社、杂志社、通讯社、记者站等从事新闻出版工作所用的房屋
		53	娱乐	指影剧院、游乐园、俱乐部、剧团等从事文化演出活动所用的房屋
		54	园林绿化	指公园、动物园、植物园、陵园、苗圃、花园、风景名胜、防护林等所用的房屋
		55	体育	指体育场(馆)、游泳池、射击场、跳伞塔等从事体育活动所用的房屋

(续)

一级分类		二级分类		内　　容
编号	名称	编号	名称	
60	公办	61	办公	指党政机关、群众团体、行政事业等行政、事业单位等所用的房屋
70	军事	71	军事	指中国人民解放军军事机关、营房、阵地、基地、机场、码头、工厂、学校等所用的房屋
80	其他	81	涉外	指外国使(领)馆、驻华办事处等涉外机构所用的房屋
		82	宗教	指寺庙、教堂等从事宗教活动所用的房屋
		83	监狱	指监狱、看守所、劳改场(所)等所用的房屋

10. 房屋墙体归属

房屋墙体归属指房屋四墙所有权的归属，当墙体为一家所有时，称为自有墙；墙体为两家共有时，称为共有墙；墙体为别人家所有时，称为借墙。进行房屋墙体归属调查时，应分别注明自有墙、共有墙和借墙 3 类。

11. 房屋产权的附加说明

在他人用地范围内所建的房屋，应在幢号后面加编房产权号，房产权号用标识符"A"表示。对于多户共有的房屋，在幢号后面加编共有权号，共有权号用标识符"B"表示。

在调查中对产权不清或有争议的，以及设有典当权、抵押权等他项权利的，应进行记录。

12. 房屋权界线示意图

房屋权界线示意图是以权属单元为单位绘制的略图，表示房屋及其相关位置、权界线、共有共用房屋权界线，以及与邻户相连墙体的归属，并注记房屋边长。

房屋权界线指房屋权属范围的界线，包括共有共用房屋的权界线，以产权人的指界与邻户认证来确定，对于有争议的权界线，应进行相应的记录并标注部位。

8.3 房产调查的一般程序

8.3.1 房产调查的组织原则

在区域的房产基础测绘中，由各区县房产管理部门统一组织实施区域的房产调查与测量工作。各区(县)大规模的房产基础测绘，原则上应在区域地籍调查完成后进行，以便在房产调查中充分利用地籍调查的成果资料。

应充分利用已有的地籍调查、测量成果。在已经完成地籍数据库建库的区(县)，房屋用地的权属状况以地籍调查资料为准,不再重新调查。在调查项目区域无地籍调查成果资料时,则需要首先进行房屋用地调查,再实施房屋调查。

在调查项目区域已有地籍调查成果资料时,则应充分利用地籍调查成果资料中的宗地信息如土地坐落、产权人、权属性质、宗地四至、界址点坐标、土地利用状况等,并在此基础上实施宗地内的房屋调查。

根据房产登记申请材料对所申请房屋的权属实施现场调查时,在必要的情况下,需要通知权界线有关的权属人或代理人到现场进行指界。

8.3.2 房产调查的实施

1. 调查准备

在城镇区域(如各市辖区、县)房产基础测绘中,按下列要求进行调查准备工作。进行房产项目测绘时,一般需要进行下列一项或多项准备工作。

(1) 区域房产基础调查与测绘,按《房产测量规范》(GB/T 17986)中的要求和前述的方法和原则进行房产单元的划分和预编号。

(2) 收集城镇地籍调查、土地调查和土地变更调查资料,如地籍图、土地详查图件、变更调查图、城镇地籍控制测量数据、控制点网图、平差计算资料及成果表、城镇地籍的解析界址点成果表。

(3) 调阅已有房产图籍、查询房地产数据库收集相关房产资料,或通过各个渠道(如城建规划部门、市政公用部门、房地产开发企业、交易市场、政府房地产管理部门、拆迁管理单位等)收集各种房产变更信息,并进行归类、列表,以备现场调查之用。

(4) 对区域房产调查登记申请资料进行整理,对需要进行的房产调查区域边界、调查对象、调查工作量等都了解得比较清楚。对区域的房产测量技术方案进行设计,内容包括区域控制测量方案,已有控制点分布情况及其坐标等资料。对调查区域的一些可能遇到的特殊情况进行充分的估计,并统一认识,确定相应的处理方法。

(5) 调查底图应选择已有的分幅地籍图。无分幅地籍图时,应选择现势性好的 1∶2000～1∶500 大比例尺地形图作为房产调查底图,也可采用与上述相同比例尺的正射影像图或放大航片。

(6) 房屋用地调查表、房屋调查表(表 8-4)等相关表册的统一印制。

(7) 人员培训:在进行城镇区域的房产基础测绘时,需对参与调查的人员进行调查前的统一培训,以明确调查的任务、时间计划、调查程序、方法和调查内容。

(8) 仪器准备:根据调查需要,应准备全站仪,GPS 基准站、GPS 接收机,手持激光测距仪,钢尺等测量仪器和工具,并对上述测量仪器和工具进行检校。

2. 实地调查

在收集资料并进行了分析整理的基础上,按照设计方案和工作计划进行实地调查。房产调查人员将各幢房屋信息边调查边登记在统一格式的房屋调查表中。绘制权界示意图,测量房屋各部位尺寸,并将尺寸标注于底图上。房屋调查表可按以下原则填写。

(1) 一般以户为单位,每户填写一份房屋调查表。

(2) 公房一般以幢为单位,填写房屋调查表。

表 8-4 房屋调查表

区(县)名称或代码_____ 房产区(地籍区)号_____ 房产分区(地籍子区)号_____ 丘号(宗地号)_____ 序号_____

坐落	区(县)		街道(镇)		胡同(街巷)号		邮政编码		
产权主				住址				电话	
用途						产别			
房屋状况	幢号	户号	总层数	所在层次	建筑结构	建成年份	占地面积 (m²)	使用面积 (m²)	建筑面积 (m²)	墙体归属				产权来源
										东	南	西	北	
房屋权属界线示意图									附加说明					
									调查意见					

调查者:　　　　　　　　　　　年　　月　　日

(3) 宗地(丘)内多幢房屋属于同一产权主(如单位、单位大院等)的,可多幢房屋填写一份房屋调查表。

3. 调查数据整理

调查数据整理是指将权属调查、界址调查、土地利用调查和宗地草图绘制的成果整理到房屋用地调查表、房屋调查表中。调查数据通常包括房屋调查表、房屋分幢示意图(或宗地草图)、各幢房屋权界示意图、房屋测量草图等。房屋调查数据应以楼幢、宗地(丘)为单元整理。

本 章 小 结

本章主要讲述房产调查、房产调查的目的和任务,房产调查单元及其编号,房产调查的基本内容,房产调查的基本过程和程序等。

本章的重点是房产调查单元及其编号,房产调查的基本内容,房产调查程序。

习 题

8-1 单项选择题

1. 房屋测量草图的内容不包括( )。
   A. 房产区号　　　　　　　　　　B. 丘号
   C. 指北针　　　　　　　　　　　D. 房屋净空边长注记
2. 在分幅图上可以不表示的地物有( )。
   A. 活动房屋　　B. 装饰柱　　C. 门顶　　D. 门墩
3. 分户图的边长注记精度应为( )。
   A. 米　　　　　B. 分米　　　C. 厘米　　D. 毫米
4. 可以不计入房屋总层数的有( )。
   A. 自然层　　　B. 楼梯间　　C. 夹层　　D. 地下室
5. 房地产测绘成果是指在房地产测绘过程中形成的数据、图、表、卡、册等信息和资料,一般不包括( )在内。
   A. 房产簿册　　　　　　　　　　B. 房产数据
   C. 房地产平面控制测量　　　　　D. 房产图集
6. 对房屋定位的基础描述是( )。
   A. 房产分区　　B. 房产区　　C. 丘　　　D. 房产坐落
7. 房产测量的核心是( )。
   A. 权属界址　　B. 产权面积　　C. 权属来源　　D. 测绘精度
8. 全面反映房屋及其用地位置和权属等状况的基本图是( )。
   A. 分幅图　　　　　　　　　　　B. 分丘图
   C. 分户图　　　　　　　　　　　D. 房产证附图

9. 幢号应该注记在房屋轮廓线的（　　）。
   A. 中心　　　　　　B. 左下角　　　　　　C. 右上角　　　　　　D. 右下角
10. 房屋的自然层数是（　　）。
   A. 房屋从正负零起算向上统计的总层数
   B. 房屋从地下室起算向上统计的总层数
   C. 房屋室外地面起算向上统计的总层数
   D. 房屋地上按自然分层编号的总层数

8－2　多项选择题

1. 房屋用地来源主要有（　　）。
   A. 出让　　　　　　B. 转让　　　　　　C. 征用　　　　　　D. 划拨
2. 房屋产权主依法对房屋享有（　　）。
   A. 占有权　　　　　B. 使用权　　　　　C. 收益权　　　　　D. 处置权
3. 房地产管理部门直接管理的房屋包括（　　）。
   A. 公产　　　　　　B. 代管产　　　　　C. 托管产　　　　　D. 拨用产
4. 房屋产权来源主要是指（　　）。
   A. 取得产权的时间　　　　　　　　　B. 取得房屋的方式
   C. 取得房屋的成本　　　　　　　　　D. 取得房屋的产别
5. 用地面积包括（　　）。
   A. 房屋占地面积　　B. 院地面积　　　　C. 分摊面积　　　　D. 建筑面积

8－3　思考题

1. 什么是房产调查？房产调查的目的和任务是什么？
2. 房产调查的主要内容和要求有哪些？
3. 房屋的产权单元是什么？如何编号？
4. 为什么需要分宗地（丘）进行房产调查？
5. 在房产调查中如何应用地籍调查的成果？
6. 简述房屋幢、层、户的概念及其编号规则。
7. 简述房屋的产别、结构、用途等分类标准。
8. 简述房产调查的基本程序。
9. 简述房屋调查表填写内容。

第 9 章
房产要素测量与房产图绘制

教学目标

本章主要讲述房产要素测量的概念和适用方法，房产要素测量的精度，房屋边长测量的内容、方法和程序，房产图绘制，房产要素的表示，房产分户平面图的内容等。通过本章的学习，达到以下目标：
(1) 掌握房产要素测量的概念、内容和适用方法；
(2) 掌握房角点、房产权界点的测量及其精度要求；
(3) 掌握房屋边长测量的内容、方法和程序；
(4) 掌握房产要素表示的基本要求、房产分户平面图的绘制；
(5) 了解房产分宗图、房产分幅平面图的绘制和要求。

教学要求

知识要点	能力要求	相关知识
房产要素测量的内容和适用方法	(1) 了解房产要素测量的内容和范围 (2) 掌握房产要素测量的适用方法	(1) 房产要素 (2) 房角点，房产权界点 (3) 房屋附属设施
房角点、房产权界点的测量及精度要求	(1) 了解房屋及其附属设施特征点 (2) 掌握房角点、房产权界点的测量方法 (3) 掌握房角点、房产权界点测量的精度指标	(1) 房角点 (2) 房产权界点 (3) 房产权界点精度等级
房屋边长测量的内容、方法和程序	(1) 了解边长测量的特点和范围 (2) 掌握房屋边长测量常用的方法 (3) 掌握房屋边长测量精度要求 (4) 掌握房屋边长测量基本程序	(1) 房屋外墙勒脚 (2) 房屋总尺寸、分尺寸、尺寸界线 (3) 房屋边长检核 (4) 房屋面积测量精度 (5) 房屋边长测量精度要求 (6) 房屋测量草图
房产图绘制	(1) 了解房产图的分类 (2) 掌握房产分层分户平面图的内容和绘制 (3) 了解房产分宗平面图要求 (4) 了解房产分宗平面图要求	(1) 房产分层分户平面图 (2) 房产分宗图 (3) 房产分幅图 (4) 房产分幅图的分幅与编号

基本概念

房产要素、房屋权界点、房角点、房屋边长、总尺寸、分尺寸、层高、墙体厚度、房屋附属设施、房屋测量草图、房产分层分户平面图、房产分宗图、房产分幅图。

引例

在实际中，由于工作量巨大，各城市大规模进行房产测量的情况并不多见。一般根据对房产测量需要的轻重缓急不同，分项目、分阶段实施房产测量。将不同时间、不同空间各个房产测量项目的房产测量数据逐渐整合起来，形成一个城市完整的房产信息数据库。

在房产调查的基础上，获取房屋产权各单元的属性信息后，需要对房屋的位置、几何尺寸等要素进行测量，以准确计算房屋产权各单元的建筑面积。也就是说，需要测定房屋及其相关要素的空间位置、几何尺寸，并应用房产平面图将这些要素的位置、大小描述出来。通常将房产测量这一阶段的工作称为房产要素测量。

9.1 房产要素测量的内容

按《房产测量规范》(GB/T 17986—2000)规定，房产要素测量的内容包括界址测量、境界测量、房屋及其附属设施测量等内容。其中，房屋用地界址点(宗地或丘界址点)、土地境界、行政界线、道路、水域以及其他与房屋相关的地物和设施的位置已经在地籍要素测量中进行过完整、准确的测定，其坐标数据可以在分幅地籍图上获得。因此，在房产要素测量阶段，工作内容主要包括房屋的房角点测量、房屋权界点测量、房屋尺寸数据采集以及房屋的附属设施测量等内容。

1. 房角点测量

房屋应逐幢测绘，不同产别、不同建筑结构、不同层数的房屋应分别测量。

房屋的幢以房屋四面墙体外侧为界。因此，房角点就是房屋幢外墙外围水平投影线的拐点。

房角点测量是针对房屋外墙角点的定位测量，通常采用解析测量的方法测定房角点的平面坐标。房角点测量以房屋幢外墙勒脚以上(100±20)cm处的墙角为测点，一般不要求在房角上设置标志。对于矩形、多边形房屋，只需测定少量房角点，若房屋外墙设计为圆弧形、流线形等特殊形状，则应密集采集房屋外墙轮廓点，这些点也称为房角点。

房角点测量一般采用极坐标法、正交法、交会法等进行。对于规则的矩形建筑物可直接测定3个房角点坐标，另一个房角点坐标可通过计算求出。

若在分幅地籍图上可以获得房角点坐标，则一般可不再进行房角点测量。

2. 房屋权界点测量

房屋幢内毗连的房屋产权单元(户)之间的界线叫做房屋权界线。通常在房产调查阶段，通过区分产权单元之间的间隔墙体属于自有、共有还是借墙，并根据墙体厚度来确定房屋产权单元之间权界线的准确位置。因此，一般不设置权界点标志，也无须测定权界线拐点解析坐标。

当权界线不规则时，如曲线等，则需要密集测定权界点解析坐标。在需要时，也可依据双方认定的权界线，在权界线拐点上设置界钉等权界点标志，并测定其解析坐标。

3. 房屋边长测量

对于每幢房屋除了按《房产测量规范》要求测定其平面位置外，应分幢分户丈量作图，丈量房屋以勒脚为准，测绘房屋以外墙水平投影为准。

4. 房屋附属设施测量

房屋及其附属设施包括廊（柱廊、檐廊、架空通廊、门廊、挑廊等）、门、门墩、门顶、室外楼梯、台阶，房屋的地下空间出入口等。

有柱走廊以柱的外围为准测绘，无柱走廊（包括檐廊）以外轮廓投影为准测绘；架空通廊以外轮廓水平投影为准测绘，门廊以柱或围护物外围为准测绘；挑廊和阳台以水平投影为准测绘；围护结构不规则或难以确定的，以底板投影为准测绘；独立柱和单排柱的门廊、雨篷、车棚、货棚、站台、门顶以顶盖投影为准测绘，并测绘柱的位置；门墩、台阶、室外楼梯以外围投影为准测绘。

5. 房屋地下空间测量

房屋的地下建筑空间或独立的地下建筑空间的测量包括地下室、地下车库、地下商场、地下人防工程等地下可独立使用的建筑面积的测量。由于地下空间复杂，与地面房产测量相比，地下空间的测量方法和要求会有很大的不同。目前我国针对地下空间测量的实用方法和规范还处于研究阶段。

6. 房产要素测量的方法

1）测量方法

权界点、房角点坐标的测量一般采用全野外数据采集、GPS-RTK 测量等方法。

房屋边长、层高等尺寸数据的采集一般采用钢尺丈量、手持测距仪测量等方法完成。

2）测量仪器的选择

（1）权界点、房角点坐标一般选用测角精度达到 2 秒级或更高级别的全站仪，采用全野外数据采集方法实地测量。

（2）房屋边长尺寸数据的采集通常采用钢尺丈量、手持测距仪测量等方法完成。

边长测量采用的最基本的工具钢尺。以前房屋测量多用皮尺进行，但由于皮尺有精度低(1/300)、易变形等缺点，现已基本上摒弃不用了，而代之以钢卷尺。①钢卷尺（Ⅱ级）的精度为 $L/5000$，大大高于皮尺，完全可以满足房屋测量的要求；②钢卷尺使用简单、携带方便、精度可靠，重复性好，基本不需要辅助设备，量程也非常适合于房屋测量；③钢卷尺成本低廉，易于维护、保养、更换等。为了使边长测量更易于操作，也可以采用经检定能达到房产测量精度要求的玻璃纤维尺。

手持式激光测距仪是目前较为先进的长度测量仪器，并已被广泛用于房屋测量中，其测量范围为 0.5~200m，精度优于 2mm。使用普通干电池电源。精度较高，携带、操作更为方便。手持式激光测距仪适应性强，受外界限制条件小，测量效率很高，且一般可自动存储和累加，作业效率也很高，目前已在房产测量中被广泛应用。

9.2 房产要素测量的精度要求

9.2.1 房角点、权界点的精度要求

1. 房产平面控制点的精度要求

《房产测量规范》规定,在房产测量中,用以测定房产要素的平面控制点或控制网,其最低等级控制点相对于邻近基本控制点的点位中误差不超过±0.025m。达不到上述精度要求的平面控制点不能用于房产测量中。

2. 房产权界点、房角点的精度

《房产测量规范》规定,房产权界点(也称界址点)的精度分为三级,见表9-1。房产测量以中误差作为评定精度的标准,以两倍中误差作为限差。

各级权界点相对于邻近控制点的点位误差和间距超过50m的相邻权界点的间距误差不超过表9-1中的规定值;间距未超过50m的权界间距误差限差不应超过式(9-1)的计算结果。

表9-1 房产界址点的精度要求

权界点精度等级	界址点相对于邻近控制点的点位误差和相邻界址点间的间距误差	
	中误差(m)	限差(m)
一	±0.02	±0.04
二	±0.05	±0.10
三	±0.10	±0.20

$$\Delta D = \pm(m_j + 0.02 m_j D) \tag{9-1}$$

式中,m_j——相应等级界址点位中误差,m;

D——相邻界址点间的距离,m;

ΔD——界址点坐标计算的边长与实量边长较差的限差,m。

对于大中城市房产权界点一般选用二级或更高的精度,其他地区的房产测量可采用三级精度。房屋建筑精度较低的或权界点隐蔽、测量困难的房屋,其权界点测量也可采用三级精度。

测定房产要素点(如房屋附属设施)坐标时,其精度等级和限差执行与权界点相同的标准。在不要求测点坐标时,房产要素点的精度要求为相对于邻近控制点的点位中误差不超过图上±0.5mm。

9.2.2 房屋边长测量精度要求

房产测量的重要成果之一是房产面积。根据《房产测量规范》,房产面积精度等级也

划分为三级。在房产测量中,进行房屋边长测量时,首先应明确未来房产面积要达到的精度等级。房屋边长的精度等级应按与房屋面积精度等级对应的要求执行,见表9-2。

表9-2 房屋边长测算的精度要求

房产面积精度等级	中误差	限差
一级	$0.007+0.0002D$	$0.014+0.0004D$
二级	$0.014+0.0007D$	$0.028+0.0014D$
三级	$0.028+0.002D$	$0.056+0.004D$

注:D为边长,以m为单位,取至0.01m。

目前,各城市房产测量一般采用二级面积精度要求。按二级或二级以下面积精度施测时,房屋边长等尺寸测量精度可参考以下几个更为实用的指标。

(1) 多次测量的房屋边长结果较差绝对值应满足:

$$|\Delta D| \leqslant 0.005D \tag{9-2}$$

(2) 实测房屋边长与房屋图纸设计尺寸较差符合下式时采用图纸尺寸:

$$|\Delta D| \leqslant 0.003D \tag{9-3}$$

(3) 边长总尺寸与分尺寸之和的较差应满足:

$$|\Delta D| \leqslant 0.015\sqrt{D} \tag{9-4}$$

(4) 多次测量的房屋层高的结果较差绝对值应符合:

$$|\Delta H| \leqslant 0.005H \tag{9-5}$$

在上列各式中,单位均为m,D为边长实测值,H为层高实测值,小于10m按10m计。

9.3 房屋边长测量

现阶段我国的房屋建筑结构一般以矩形为主,虽然也逐渐出现一些圆形、半圆形、弧形、梯形、流线形等较为复杂的形状,但比例不大,或复杂结构部位所占空间很小。房产测量的房屋尺寸通常都在几十米的范围内,测量难度不大。从建筑本身来看,一般也只能达到厘米的建设施工精度。基于上述情况,在房产测量方法上可以有较多的选择。从目前的技术和简单、实用的角度考虑,房产测量主要采用房屋边长测量的方法。

9.3.1 房屋边长测量、墙体厚度测量和层高测量

1. 边长长度测量方法

长度测量工具一般使用钢尺、玻璃纤维尺和手持式激光测距仪。

用钢尺或玻璃纤维尺测量时,后尺手将尺的零刻度大致对齐被测墙面边线,另一端前尺手读取到分米整数值,将分米整数值刻线对准被测墙面边线并用力压紧,通知零刻线一端的后尺手拉紧尺,拉直后,读取与被测墙面相垂直的墙面延长线所对准的刻线量值,被

测长度则为两端读数的差值。

用手持激光测距仪测量边长时，测距仪的零端点要紧贴被测边长的起点，激光束应投射到位于被测边远端的目标板面（或墙面）上，并使光束两端在同一水平面。

各边长应进行往返测量，往返测量的差值应满足式（9-2），如所量测距离在 100m 左右，往返测量的差值应控制在小于 5cm，被测长度取往返测量值的平均值。

长度测量的读数精确到 0.01m，如已进行墙面装饰，则必须扣除墙面抹灰等装饰面厚度。装饰面厚度值一般可从建筑设计或竣工资料中查取，也可按各城市房屋建筑面积测量规程中的具体规定执行。测量内尺寸的长度应加上装饰面厚度。

进行长度测量时，应在建筑物墙体勒脚上方同一高度紧贴墙面进行测量。当无法紧贴墙面时，应先用直角刻度钢尺在被测长度两端面的延长线上得出等效测量点，然后再进行测量。

2. 整幢房屋外围尺寸测量

测点一般取建筑物外墙勒脚以上距地面（100±20）cm 的高度紧贴墙面的水平位置。当无法选取上述测点的位置时，可选取尽可能靠近上述测点的位置作为测点，或用刻度直角钢尺在被测长度两个端面的延长线上选取等效测量点位。

房屋边长测量应按照"先外后内，先总后分"的原则进行。先测量房屋的外尺寸、总尺寸，再测量房屋的内尺寸、分尺寸。

室内分段测量之和（含墙身厚度）与房屋外围全长的差值及应量测房屋分段边长和与房屋边长的差值 ΔD 应满足式（9-4）。以房屋外围数据为准，分段测量的数据按比例配赋。超限需查找原因并进行复测。

3. 墙体厚度测量方法

用钢卷尺直接测量墙体厚度。对无法直接测量到厚度的墙体，可用测量内、外尺寸计算差值的方法进行间接测量。每个墙体测量 3 个位置，3 个较差在误差允许范围内，取 3 次测量结果的平均值，如已进行了墙面装饰，则必须减除装饰面厚度。

其他墙体厚度按实测值核实设计值，墙体厚度按设计值计算，实在不能明确设计值的按实测值计算。

4. 层高测量

测量房屋层高时，通常测量本层楼板地面到本层顶面（即上层楼板底面）的净空高度，楼板厚度以设计厚度为准，楼板地面的装饰厚度如垫层、地砖和顶面的装饰厚度如抹灰等均要扣除。房屋有阳台时，也可测量下阳台底板到上阳台底板的垂直距离。用钢卷尺或测距仪至少取 3 个位置进行测量，取 3 次测量结果的平均值作为层高实测结果。

5. 阳台边长测量

进行阳台边长测量时要测量栏板外沿长和宽，每边各选取两个测量点。

6. 斜屋顶房屋的边长测量

按《房产测量规范》规定，对于倾斜屋顶或非垂直墙体的房屋，计算层高 2.20m 及以上部位的建筑面积。对于上述房屋，一般需要在测量时准确测定其 2.2m 层高在平面上的投影位置。通常采用如下方法丈量和确定。

例如图 9.1 所示的斜屋顶房屋，设其层高超过 2.20m 的部分宽度为 X，则可通过实测屋顶最高处 A 的层高和屋顶最低处 E 的层高，实测 A、E 平面距离 D，按式（9-6）计算 X 的值，从而确定有效面积的范围。

$$X = D \frac{H_{高} - 2.20}{H_{高} - H_{低}} \qquad (9-6)$$

式中，$H_{高}$——楼面至斜面屋顶最高点 A 的高度，实地测得，$H_{高} = AA'$；

$H_{低}$——楼面至斜面屋顶最低点 E 的高度，实地测得，$H_{低} = EE'$；

D——斜面屋顶高点 A 与低点 E 在楼面投影点之间的水平距离，实地测得；

AE——斜面屋顶；

$A'E'$——楼面。

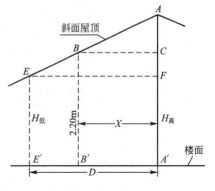

图 9.1 斜屋顶房屋测量

9.3.2 测量草图的绘制

1. 测量草图

在房屋测量中应根据实地情况按需要绘制测量草图。可采用现势性好的大比例尺地形图、地籍图或者航空影像、卫星影像作为底图，将房屋各要素标绘其上，形成测量草图。在无底图资料的情况下，需要现场绘制测量草图。

测量草图是房屋各层、各建筑部位位置关系、边长的实地记录，是绘制房产图、计算房产面积和填写房产登记表的原始依据。草图示例如图 9.2 所示。

房屋测量草图按概略比例尺分层绘制，房屋外墙及分隔墙均绘制单实线。图样上应注明房产区号、房产分区号、宗地(丘)号、幢号、层次及房屋坐落，并加绘指北方向线。注明住宅楼单元号、室号，注记在实际开门处。逐间实量、注记室内净空边长（以内墙面为准）和墙体厚度，数字取至 cm。室内墙体凹凸部位在 0.1m 以上者如柱垛、烟道、垃圾道、通风道等均应表示。凡有固定设备的附属用房如厨房、厕所、卫生间、电梯、楼梯等均应实量边长，并加上必要的注记。遇有地下室、复式房、夹层、假层等应另绘草图。草图可用 8 开、16 开、32 开规格的图纸绘制。根据图纸大小，选择合适的概略比例尺，使其内容清晰易读，在内容较集中的地方可绘制局部图。测量草图应在实地绘制，测量的原始数据不得涂改。汉字字头一律朝北，数字字头朝北或朝西。

测量草图包括房屋用地测量草图和房屋测量草图。

2. 房屋用地测量草图的内容

(1) 平面控制网点及点号。

(2) 权界点、房角点的相应数据。

(3) 墙体的归属。

(4) 房屋产别、房屋建筑结构、房屋层数。

(5) 房屋用地用途类别。

(6) 宗地(丘)号。

房产测量草图					
房产区名称	华侨路街道	丘号	0117	结构	混合
房产区号	15	幢号	18	层数	06
房产分区号	22	比例尺		层次	4
坐落		华侨路豆菜桥10号			

房屋轮廓线内的尺寸，均为内尺寸，即不包括墙厚的尺寸，由内墙至内墙面的尺寸。
房屋轮廓线外的尺寸，均为外尺寸，尺寸包括墙厚、为外墙面至外墙面的尺寸。
阳台所注尺寸均为外尺寸，即阳台外围至房屋外墙面的尺寸。

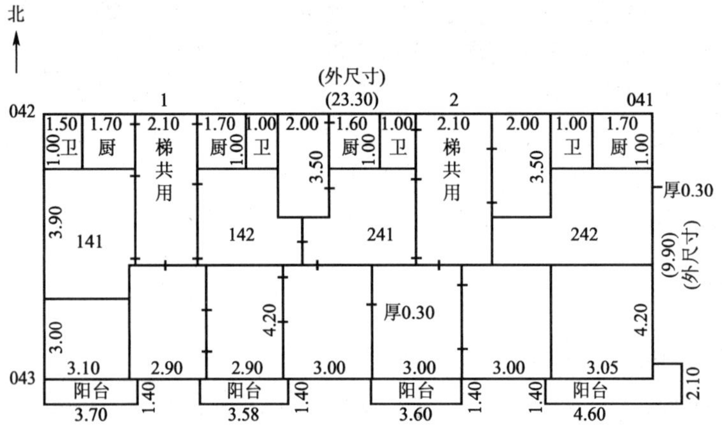

测量单位：××市房地产测绘队　　测量员：李四　　测量日期：2007年4月10日

图9.2　房屋测量草图

(7) 道路及水域。
(8) 有关地理名称，门牌号。
(9) 观测手簿中所有未记录的测定参数。
(10) 测量草图符号的必要说明。
(11) 指北方向线。
(12) 测量日期、作业员签名。

测量草图的图式符号参照《房产图图式》(GB/T 17986.2—2000)执行。

9.3.3 绘制房产分户平面图

房产分户平面图应分层绘制，一般一层绘制一幅房产分户图，所以也将房产分户图叫做房产分层分户图。根据所测定的房屋各部位尺寸，严格按选定的比例尺准确绘出。房产分户图应准确表示房屋权界线和建筑各部位的分界线，并将房屋测量草图上的房产要素如房产单元编号、房屋尺寸等内容准确标注出来。通常采用单实线，按墙中线尺寸绘制房屋产权各单元的范围，同时标明计算建筑面积规则不同的范围，以及共用面积的范围。

目前一般采用CAD绘图工具绘制房产分户平面图，可以大大提高房产图绘制、房产面积测算的效率和精度。绘制房产分户图应遵循如下过程。

1. 标注尺寸

从房屋测量草图上把房屋的有关边长、墙厚等尺寸标注到图上。阳台尺寸标注外尺寸,即标注外墙至阳台外墙的尺寸,其他都标注中线尺寸,即墙体中线至中线的尺寸。

2. 房屋边长尺寸检查

对于实地丈量的房屋各边长,应根据房屋自身的检核条件进行尺寸检查。如房屋对称边、相对边、设计为等长的各边,其测量尺寸之间是否有差别,差值是否合理。设计为等长时,测量尺寸间有较小的差别,但应合理统一成一致。

在房屋分层分户图上进行检查,矩形、直角的房屋一般的检核条件,如南边＝中间＝北边,东边＝中间＝西边。在进行检查之前还应进行外边总长与内边分段长总和的检查与校核。由于存在测量误差,外边总长与内边分段长总和一般不相等,其差值在限差范围内时,应根据边长按比例进行分配。

3. 边长误差分配

1) 一般情况下的平差

$$v_i = -\left(\Delta D \Big/ \sum D\right) D_i \tag{9-7}$$

式中,v_i——各分段尺寸的改正数;

ΔD——分段丈量边长总和与总长的较差;

$\sum D$——分段丈量边长总和;

D_i——各分段边长。

2) 特殊情况下的边长平差

根据房产测量的特点应注意以下问题。

(1) 在对多功能综合楼进行调整时,应保证上下楼梯的尺寸保持一致,不能因为小数进位等问题而造成上下楼梯的尺寸不一致,给人一大一小的感觉。

(2) 各套房屋如果套型相同,应使参与计算的房屋边长(原因同上)尺寸相一致,以免造成同样套型房尺寸不一致,算出的面积不一致。虽然相差不大,但从表面上来看就显得不一样,容易造成矛盾。

(3) 在改正边长时,房产测量分段长不一定等于总长,必要时(误差较小或分配后剩余误差较小时)可以不改,总长应等于分段长之和,以免造成矛盾。

边长平差举例:

① 总长为24.5m,分长为6.2×4,分配结果为分长改为6.1×4,总长为24.4m,总长、分长都要改。

② 总长为24.7m,分长为6.2×4,分配结果改为分长为6.2×4,总长为24.8m,总长改、分长不改。

③ 总长为24.8m,分长为6.1×4,分配结果改为分长为6.2×4,总长为24.8m,分长改、总长不改。

实量边长时,应注意长度检核,当较差满足精度要求时应进行合理分配,保持建筑物的尺寸和几何关系的一致性。

在房产分户图上所注尺寸应是经检验改正后的尺寸。房产分户平面图如图9.3所示。

丘号	0048-6	结构	混合	套内建筑面积	61.10
幢号	6	层数	06	共有分摊面积	7.56
户号	17	层次	5	产权面积	68.66
坐落	城南街威远巷3-8号1单元501房				

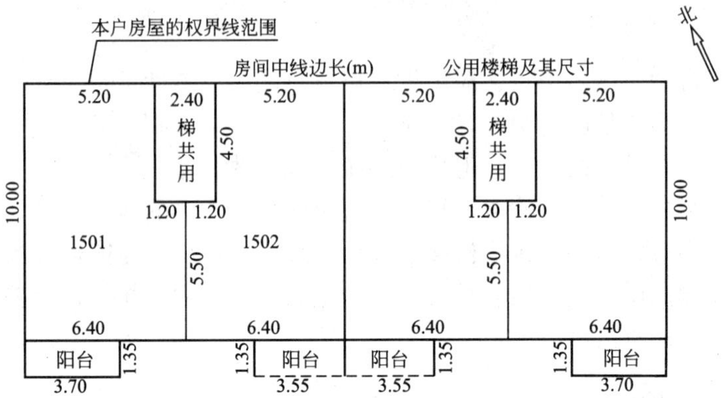

测绘者	张三	日期	2008年10月18日

图 9.3　房产分户图

9.3.4　房屋边长测量基本要求

1. 房屋边长数据要求

(1) 房屋的丈量应使用经检定合格并在检定周期内的测量仪器和工具，如玻璃纤维尺、钢卷尺、手持激光测距仪及其他能达到相应精度的仪器和工具。

(2) 各条边长应在不同位置丈量两次，在限差范围内取平均值。

(3) 边长的总尺寸和分尺寸均应分别实际丈量，并进行边长检核，误差在限差范围内时，应进行合理的误差分配。误差较大时应认真查实处理。

(4) 区分共有、共用部位要调查清楚，并测量其分解线尺寸。

共有、共用部位要认真调查，整幢楼共有、共用的部位为幢共有，由整幢所有产权人按面积比例分摊；某一功能区的共有、共用部位为这一功能区共有，由这一功能区的所有产权人按面积比例分摊；某一楼层共有、共用的部位，由该楼层的产权人按面积比例分摊；为局部所用的共用面积，由局部共用的产权人按面积比例分摊。它们之间的分界线应清晰划分，并测量界线尺寸。

(5) 区分计算建筑面积规则不同的范围，测量其分界线尺寸。

区分哪些建筑部位不计算建筑面积，哪些建筑部位只计算部分建筑面积，哪些建筑部位计算全部建筑面积，它们之间的分界线划分清晰，并测量界线尺寸。

(6) 尺寸界限要合理。外围尺寸不包括主墙外的艺术形体及突出房屋墙面的构件、配件、装饰柱、装饰性的玻璃幕墙、垛、台阶、无柱雨篷等；同一房屋需分别计算面积时，其分界墙柱应注入主(房)建筑物内。室外雨篷、挑阳台、挑(檐)廊等，其两侧边长尺寸应从与主体建筑分界的外墙边线开始计算。

2. 房屋尺寸采集应注意的事项

(1) 注意做好测量前与房屋产权主、使用人，物业管理公司或开发商的协调工作，以保证测量工作顺利进行。

（2）测量前，可向所在地规划管理局下属城市建设档案馆查取房屋建筑图纸等相关资料。最好先取得房屋的规划报建、施工、竣工图纸等资料，把握测量难度，选择测量方法。如没有图纸，应先到现场观察，并画好建筑平面草图。

（3）测量员应充分理解规范，认清要测量的边长，区分不同墙体的丈量部位，找到最合理的尺寸界线。

（4）测量前应对所用的钢卷尺认读零点和末端位置，认清注记规律，尤其是零点位置读数。注意两次读数的零点位置应不同，以防止因印象读数而造成测量结果错误。

（5）测量时应准确对线，钢卷尺应拉平、拉直，前后尺手应配合默契，严格按房屋建筑面积测量方法操作。

（6）测量时两端读数要正确，并报告记录员。记录员应及时复诵测量员所报的数据，核对无误后应准确记录每个尺段的数据。

（7）处理数据时，要注意钢尺的尺长改正，注意扣除墙壁装修、抹灰厚度。测量外尺寸长度应减去装饰面厚度，测量内尺寸的长度应加上装饰面厚度。还要注意内、外尺寸的判断与检核。

9.4 房产图绘制

房产图是房屋产权产籍管理的基础资料，它全面反映了土地和房屋基本情况和权属界线，是房产测量的主要成果。按房产管理的需要，可将房产图分为房产分户平面图、房产分宗(丘)平面图和房产分幅平面图。房产分幅平面图是全面反映房屋及其用地的位置和权属等状况的基本图。

按照目前房产测量的特点，可以依据房产要素测量采集的分幢数据首先绘制房产分户图，再根据宗地内各幢房屋的分户图，结合从地籍成果中获得的该宗地的宗地号、界址点、线以及土地权属等资料编绘成房产分宗(丘)平面图，将编绘完成的相邻各宗地(丘)分宗(丘)图按空间坐标合并到一起，并以 1∶500 地籍图的地形要素、地籍要素为背景，编制房产分幅平面图。

9.4.1 房产分户平面图

房产分户平面图是房屋各层的细部图，主要表示该层内房屋产权单元之间的权界线。通常按层绘制，所以也称为房产分层分户图。房屋各层设计、布局不同时，应在各层分别绘制分层分户图。

房产分户图是房产权证的附图。分层分户图绘制好后，应以一户为单位，突出表示本户房屋权属范围（一般加粗本户房产权界线），以明确不同产权毗连房屋的权利界线，如此逐户输出每幅房产分户图，供核发各户房屋所有权证的附图使用。若一户内存在多个产权人时，则一户应输出多幅房产分户图。

分户图的方位应使房屋的主边线与图框边线平行，根据房屋形状横放或竖放，并在适当的位置加绘指北方向符号。幅面可选用 32K 或 16K 等尺寸，比例尺一般为 1∶200，当房屋图形过大或过小时，比例尺可适当放大或缩小。房屋的分宗(丘)号、幢号、应与分宗(丘)图上一致。房屋边长应实际丈量，注记取至 0.01m，注在图上相应位置。

分户图表示的主要内容包括房屋权界线、四面墙体的归属和楼梯、走道等部位以及门牌号、所在层次、户号、室号、房屋建筑面积和房屋边长等。房屋产权面积包括套内建筑面积和共有分摊面积，标注在分户图框内；本户所在的宗地(丘)号、幢号、户号、结构、层数、层次标注在分户图框内；产权主姓名(或名称)、坐落、户(套)内建筑面积、共有分摊面积、产权面积；楼梯、走道等共有部位需在范围内加简注等。房产分户图如图9.3所示。

分户图的方向应尽可能与分幅图一致，如果不一致，需在适当位置加绘指北方向。

为了能够明确表示各户占有房地的情况，可以将分户平面图的绘制分为下列几类。

(1) 宗地内，房、地同属一户的。发证时，也只按用地范围复制房产分户图一份，用以表示该户占用土地和占有房产的情况。

(2) 宗地内，房、地不完全同属一户的。发证时，有几户应复制几份房产分户图。这样，每户可以有一份房产分户图，用以表明各自占有的房地情况。

(3) 对于其中一栋房屋由几户占有的，则为该栋房屋绘制相应份数的分层分户平面图作为附图，分别表明各户占有房产的部位界线和建筑面积，以表明一户在该栋房屋中占有的房产情况。

(4) 对于多户共用的房屋，如果占有的部位界线不能明确划分开，则只能作为共有产一户处理，除应在图上标明共有的房屋部位共有界线和建筑面积外，还应详细记载共有人姓名，说明共有情况，如有可能应详细记载各人占有房屋比例。

9.4.2　房产分宗(丘)平面图

房产分宗(丘)图是房产分幅图的局部图，是绘制房屋产权证附图的基本图。分宗(丘)图的幅面可在 787mm×1092mm 的 1/32～1/4 之间选用；比例尺根据丘面积的大小可在 1∶1000～1∶100 之间选用。展绘图廓线、方格网和控制点的各项误差与绘制分幅图时相同，坐标系统应与房产分幅图坐标系统一致。

在房产分宗(丘)图上除了表示房产分幅图的内容外，还应表示房屋权属界线、界址点点号、挑廊、阳台、建成年份、用地面积、建筑面积、墙体归属和四至关系等各项房地产要素。描述四邻关系时应注明所有相邻产权单位(或人)的名称，分宗(丘)图上各种注记的字头应朝北或朝西。测量本丘与邻丘毗连墙体时，共有墙以墙体中间为界，量至墙体厚度的 1/2 处；借墙量至墙体的内侧；自有墙量至墙体外侧并用相应的符号表示。房屋权界线与丘界线重合时，表示丘界线；房屋轮廓线与房屋权界线重合时，表示房屋权界线。分宗(丘)图的图廓位置根据该丘所在的位置确定，图上需要注出西南角的坐标值，以 km 为单位注记至小数点后 3 位。房产分宗(丘)图的样式可参阅《房产测量规范》。

9.4.3　房产分宗(丘)平面图测绘

分宗图是分幅图的局部图件，是绘制房产权证附图的基本图。

1. 分宗图测绘的有关规定

分宗图是分幅图的局部图件，它的坐标系与分幅图的坐标系一致；比例尺可根据宗地图面积的大小和需要在1:1000~1:100之间选用；幅面大小在32~4开之间选用。分宗图可在聚酯薄膜上测绘，也可选用其他图纸。分宗图是房屋产权证的基本图。分宗图的测绘精度要求是地物点相对于邻近控制点的点位误差不超过0.5mm。

2. 分宗图测绘的内容和要求

（1）分宗图除了表示分幅图的内容外，还表示房屋产权界线、界址点、挑廊、阳台、建成年份、用地面积、建筑面积、用地面积、宗地界线长度、房屋边长、墙体归属和四至关系等房产要素。

（2）房屋应分栋丈量边长，用地按宗地丈量边长，边长量测到0.01m，也可以界址点坐标反算边长。对于不规则的弧形，可按折线分段丈量。

（3）挑廊、挑阳台、架空通廊，以栏杆外围投影为准，用虚线表示。

（4）分宗图中的房屋注记内容有产权类别、建筑结构、层数、幢号、建成年份、建筑面积、门牌号、宗地号、房屋用途和用地分类、用地面积、房屋边长、界址线长、界址点号，各项内容分别用数字注记。房产分宗平面图样图如图9.4所示。

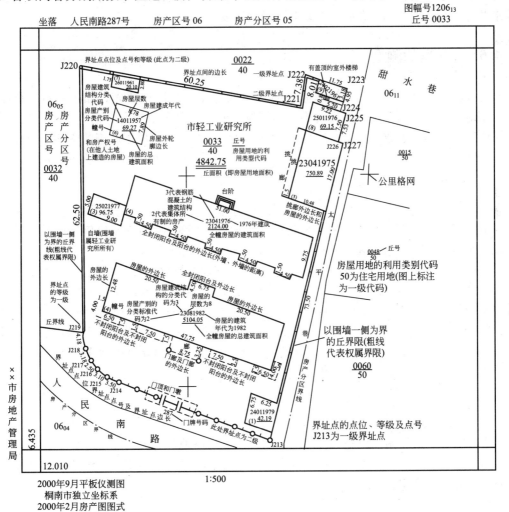

图 9.4 房产分宗平面图样图

9.4.4 房产分幅平面图

分幅图是全面反映房屋及其用地的位置和权属等状况的基本图。其测绘范围包括城市、县城、建制镇的建成区和建成区以外的工矿企事业等单位及其毗连居民地。在已经完成地籍调查的地区，也可利用已有的大比例尺分幅地籍图，按房产图图示要求编绘房产分幅图。

房产分幅图应表示的房产要素包括房屋附属设施，如柱廊、檐廊、架空通廊、底层阳台、门廊、门顶、门墩和室外楼梯，以及和房屋相连的台阶等。房产分幅图上应表示的房地产要素和房产编号包括丘号、房产区号、房产分区号、丘支号、幢号、房产权号、门牌号、房屋产别、结构、层数、房屋用途和用地分类等，根据调查资料以相应的数字、文字和符号表示。当注记过密图面容纳不下时，除丘号、丘支号、幢号和房产权号必须注记，门牌号可首末两端注记、中间跳号注记外，其他注记按上述顺序从后往前省略。与房产管理有关的地形要素包括铁路、道路、桥梁、水系和城墙等地物均应表示；亭、塔、烟囱以及水井、停车场、球场、花圃、草地等可根据需要表示。

9.4.5 分幅图的测绘

在分幅图上主要表示房产管理需要的各项地籍要素和房产要素，如控制点、行政境界、宗地界线、房屋、房屋附属设施和房屋维护物、宗地号、幢号、房产权号、门牌号、房屋产别、结构、层数、房屋用途和用地分类等。这些内容要根据调查的资料以及相应的数字、文字和符号在图上加以表示。1∶500房产分幅平面图局部样图如图9.5所示。

1. 房产分幅平面图图幅和比例尺

房产分幅平面图采用50cm×50cm正方形分幅。房产分幅平面图采用1∶500和1∶1000两种比例尺，对于建筑物较为密集的城市地区一般采用1∶500比例尺，对于其他地区或建筑物较为稀疏的地区，则可以采用1∶1000的成图比例尺。

房产分幅平面图采用统一的分幅规格，以满足数据管理的要求和规定，使整个图协调一致，这样1∶2000比例尺的图幅幅面的实地范围为1km×1km，1∶1000比例尺的房产分幅平面图的实地范围为0.25km^2，1∶500比例尺的房产分幅平面图的实地范围为0.0625km^2，即在高斯平面直角坐标系中的一个千米格网中应分别包含1∶2000的分幅图1幅，1∶1000的分幅图4幅，1∶500的分幅图16幅，与千米格网成整数比例关系，这给房产数据和房产图的管理带来了很大的便利。

2. 房产分幅平面图的内容

《房产测量规范》规定了房产分幅图应表示的基本内容：控制点、行政境界、宗地（丘）界、房屋、房屋附属设施和房屋围护物，以及与房地产有关的地籍地形要素和注记。

规定以外的内容可根据需要择要表示或不表示，以尽量保持房产分幅图的简明清晰，并且主次分明，突出重点。

分幅图应表示的主要内容如下。

（1）控制点，表示Ⅰ、Ⅱ、Ⅲ、Ⅳ等基本控制点和房产平面一、二、三级控制点。

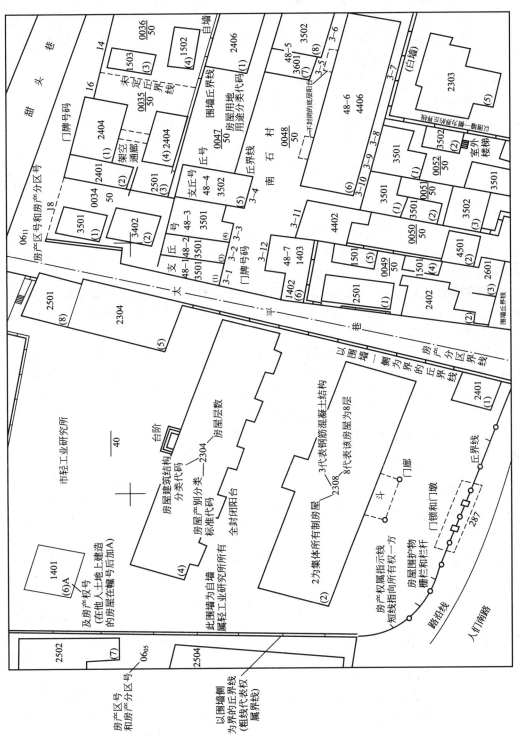

图 9.5 房产分幅平面图图样图(局部)

(2) 行政境界，表示至市区一级，包括行政境界与行政区名称。

(3) 房产区界线与房产分区界线，包括房产区号与房产分区号。

(4) 宗地（丘）界，包括宗地（丘）界线和宗地（丘）号，以及宗地（丘）的用地用途分类代码。

(5) 房屋，包括幢号、房屋轮廓线、房屋性质的3个代码（产别、结构、层数）。

(6) 房屋附属设施及围护物（廊、门顶、门斗……）。

(7) 主要街道及地名、大的单位名称。

(8) 门牌号，首尾两端注记，中间不注记或择要注记。

(9) 铁路、道路、桥梁、水系、城墙等。

3. 房产分幅平面图绘制中各要素的取舍与表示办法

(1) 行政境界一般只表示区、县和镇的界线，街道办事处的境界根据需要表示，境界线重合时，用高一级境界线表示，境界线与宗地（丘）界线重合时，用宗地（丘）界线表示，境界线跨图幅时，应在内外图廓间的界端注出相应的行政区划名称。

(2) 宗地（丘）界线表示方法。明确无争议的宗地（丘）界线用宗地（丘）界线表示，有争议或无明显界线又提不出凭证的宗地（丘）界线用未定宗地（丘）界线表示。宗地（丘）界线与房屋轮廓线或单线地物重合时用宗地（丘）界线表示。

(3) 房屋包括一般房屋、架空房屋和窑洞等。房屋应分幢测绘，以外墙勒脚以上外围轮廓的水平投影为准，装饰性的柱和加固墙等一般不表示；临时性的过渡房屋及活动房屋不表示；同幢房屋层数不同的应绘出分层线。

架空房屋以房屋外轮廓投影为准，用虚线表示；虚线内四角加绘小圆表示支柱。

(4) 在分幅图上应绘制房屋附属设施，包括柱廊、檐廊、架空通廊、底层阳台、门廊、门楼、门、门墩和室外楼梯，以及和房屋相连的台阶等。

① 柱廊以柱的外围为准，图上只表示四角或转折处的支柱。

② 底层阳台以底板投影为准。

③ 门廊以柱或围护物外围为准，独立柱的门廊以顶盖投影为准。

④ 门顶以顶盖投影为准。

⑤ 门墩以墩的外围为准。

⑥ 室外楼梯以水平投影为准，宽度小于图上1mm的不表示。

⑦ 与房屋相连的台阶按水平投影表示，不足5级的不表示。

(5) 围墙、栅栏、栏杆、篱笆和铁丝网等界标围护物均应表示，其他围护物则根据需要表示，临时性或残缺不全的和单位内部的围护物不表示。

(6) 在分幅图上应表示的房地产要素和房产编号包括房产区号、房产分区号、宗地（丘）号、宗地（丘）支号、幢号、房产权号、门牌号、房屋产别、结构、层数、房屋用途和用地分类等，根据调查资料以相应的数字、文字和符号表示。当注记过密容纳不下时，除宗地（丘）号、宗地（丘）支号、幢号和房产权号必须注记，门牌号可首末两端注记、中间跳号注记外，其他注记按上述顺序从后往前省略。

(7) 与房产管理有关的地形要素包括铁路、道路、桥梁、水系和城墙等地物均应表示。亭、塔、烟囱以及水井、停车场、球场、花圃、草地等可根据需要表示。

4. 地理名称注记

地理名称注记包括道路名、地名、街道名、河流、湖泊等的正式名称。

房地产图是房产产权、产籍管理的重要资料,既可满足房地产宏观管理的需求,也可满足各地房屋产权登记发证的需要。由于经济、技术力量等因素存在差异,目前我国各地在房产图的完备性上还很不一致。少数完成较好的城市,已经一步到位绘制了分幅图、分宗(丘)图、分户图 3 种图,并保持了经常性的变更与修测。大多数城市则有的先绘制分幅图、分宗地(丘)图,再自己根据需要绘制分户图,有的先测绘分户图或分宗地(丘)图,满足房屋产权发证的急需,有条件以后再绘制分幅图。各城市需要首先做好房屋空间数据的统一表示,即完备的城市房产图集,这是实现房地产管理的信息化、现代化的基础。

本 章 小 结

本章主要讲述了房产要素测量的概念和适用方法,房产要素测量的精度,房屋边长测量的内容、方法和程序,房产图绘制,房产要素的表示,房产分户平面图的内容等。

本章的重点是房屋边长测量的内容和要求,房产分层分户平面图、房产分宗平面图的表示和绘制要求。

习　　题

9-1　单项选择题

1. 测量高层房屋外墙水平投影的方法宜采用(　　)。
　　A. 三维激光扫描仪　　B. 免棱镜全站仪　　C. 地面摄影测量　　D. GPS 测量
2. 房产分宗平面图是(　　)。
　　A. 房屋所有权证的附图　　　　　　　　B. 表示一宗地内一幢房产信息的图件
　　C. 表示一宗地内所有幢房产信息的图件　　D. 土地证书附图
3. 一般在地籍图上不用注记的地籍号是(　　)。
　　A. 区县编号　　B. 街道号　　C. 街坊号　　D. 宗地号
4. (　　)是土地证书的附图,是处理土地权属问题时具有法律效力的图件。
　　A. 地籍图　　B. 宗地图　　C. 宗地草图　　D. 房产图
5. 房产平面坐标系统应采用(　　)。
　　A. 国家统一的平面坐标系统　　　　　　B. 独立的地方房产平面坐标系统
　　C. 与该地区地籍测量统一的平面坐标系统　　D. WGS-84 系统
6. 房产权界点的精度分为三级,二级权界点的精度要求为(　　)。
　　A. 间距误差和相对邻近控制点的点位中误差不大于±2cm
　　B. 间距误差和相对邻近控制点的点位中误差不大于±5cm
　　C. 权界点的绝对点位中误差不大于±2cm
　　D. 权界点的绝对点位中误差不大于±5cm
7. (　　)是指在一个城市或一个地域内,大范围、整体地建立房产的平面控制网,测绘房产的基础图纸——房产分幅平面图。
　　A. 房产基础测绘　　　　　　　　　　　B. 房产项目测绘

C. 房产数据测绘　　　　　　　　　　　　D. 房产面积测绘
8. 房产分幅图比例尺一般为（　　）。
　　A. 1∶500　　　　B. 1∶300　　　　C. 1∶1000　　　　D. 1∶200
9. 测定房屋四至归属及丈量房屋边长时，要绘制（　　）。
　　A. 房产分幅立面图　　　　　　　　　　B. 房产分幅平面图
　　C. 房产分丘图　　　　　　　　　　　　D. 房产分户平面图
10. 下列关于房产分户图的说法中不正确的是（　　）。
　　A. 房产分户图是在房产分丘图的基础上进一步绘制的明细图
　　B. 房产分丘图是在房产分户图的基础上进一步绘制的明细图
　　C. 房产分户图以某房屋的具体权属为单元
　　D. 房产分户图是房产证的附图

9－2　多项选择题

1. 房产测量形成的图件有（　　）。
　　A. 房产分幅平面图　　　　　　　　　　B. 房屋用地现状图
　　C. 房产分宗平面图　　　　　　　　　　D. 房产分户平面图
2. 房产要素测量也称为房产碎部测量，主要完成（　　）。
　　A. 房产分幅平面图测制　　　　　　　　B. 房产建筑面积测算
　　C. 房产分宗平面图测制　　　　　　　　D. 房产分户平面图测制
3. 房产测量是通过测量和调查房屋的（　　），以文字、数据以及图形等表示出来。
　　A. 位置　　　　　　B. 界线　　　　　　C. 质量　　　　　　D. 用途
　　E. 权属
4. 房产测量成果包括（　　）等资料。
　　A. 地形图　　　　　　　　　　　　　　B. 界址点
　　C. 房屋建筑面积　　　　　　　　　　　D. 房产平面图
　　E. 技术设计、总结
5. 房产测量的目的是（　　）。
　　A. 房产产权、产籍管理　　　　　　　　B. 房产交易、登记
　　C. 房地产开发利用　　　　　　　　　　D. 征收税费
　　E. 房屋规划、建设

9－3　思考题

1. 房产要素测量的内容有哪些？
2. 房产测量对房角点、权界点及其他房产要素点的精度要求是怎样的？
3. 房产测量规范对房屋边长、层高的测量精度要求是怎样的？
4. 房屋边长测量的内容包括哪些？有哪些基本要求？
5. 房屋测量草图的基本内容是什么？
6. 房产分户平面图的绘制有什么要求，表示哪些内容？
7. 房产分宗（丘）平面图的绘制有什么要求，表示哪些内容？
8. 房产分幅平面图的绘制有什么要求，表示哪些内容？

第10章 房产面积测算

教学目标

本章主要讲述房产面积的相关概念，房产面积测算精度，房产面积测算规则，房产面积测算方法，共有面积的认定，共有、共用面积的分摊方法。通过本章的学习，达到以下目标：
(1) 了解房产面积的概念和相关术语；
(2) 掌握房产面积测算的内容；
(3) 掌握房产面积测算的规则；
(4) 掌握房产面积测算的常用方法；
(5) 掌握房屋共用面积的确认和分摊规则。

教学要求

知识要点	能力要求	相关知识
房产面积的概念和相关术语	(1) 掌握房产面积的概念 (2) 了解房产面积测算的相关术语 (3) 了解房产面积预测算 (4) 掌握房产面积测算精度要求	(1) 建筑面积 (2) 使用面积 (3) 产权面积 (4) 建筑占地面积
房产面积测算的方法	(1) 掌握坐标解析法面积测算及其精度 (2) 了解几何图形法中的常用方法及其精度	(1) 坐标解析法 (2) 几何图形法 (3) 三角形、梯形、圆形、扇形、弓形
房产面积测算的规则	(1) 掌握房产面积测算的一般规则 (2) 掌握房产面积测算的详细规则 (3) 了解几种特殊情形下的房产面积测算规则	(1)《房产测量规范》 (2) 建筑部位与建筑面积 (3) 计算全部建筑面积的范围 (4) 计算一半建筑面积的范围 (5) 不计算建筑面积的范围
房屋共用面积的确认和分摊	(1) 掌握房屋共用面积的认定方法和原则 (2) 掌握房屋共用面积的分摊方法 (3) 掌握房屋共用面积的分摊计算过程	(1) 房屋共用面积的类别 (2) 房屋共用面积的认定原则 (3) 房屋共用面积的分摊方法 (4) 套面积计算 (5) 分摊系数 (6) 面积检核

基本概念

建筑面积、使用面积、共用面积、分摊面积、产权面积、套面积、墙面积、外半墙面积、分摊系数、建筑部位、功能区、多功能房屋、面积测算规则、坐标解析法、几何图形法。

> **引例**
>
> 在实际中,较为复杂也较为典型的房产测量面积测算案例大多是商业、住宅综合用途的楼宇。一般较低的楼层用于商业用途,各层划分成若干个产权单元(商户),较高的楼层作为住宅,各层划分成若干产权单元(套)。计算时要将商、住功能区共用面积分摊到各功能区,然后在各功能区内部将各套、各户共用的面积进一步分摊到各户或各套,直至计算出各户或各套的产权面积。

房屋面积测算是房产测量的主要任务之一,在房产测量中占有非常重要的地位。其主要内容是依据测定的房屋解析坐标或尺寸数据,严格按照《房产测量规范》(GB/T 17986—2000)计算各房屋产权单元的建筑面积、共有建筑面积、产权面积等。这些面积数据是核定房屋产权、颁发房屋产权证、保障房产占有和使用者权益的重要依据。

10.1 房产面积测算概述

10.1.1 房产面积测算的内容

1. 房产面积测算

房产面积测算主要指房屋水平面积测算。房屋面积测算包括房屋建筑面积、房屋分户(套)建筑面积、共有建筑面积、产权面积、使用面积等面积的测算。

房产面积测算也包括房屋用地面积测算。房屋用地面积测算是指以宗地(丘)为单位,计算房屋占地面积、其他用途的土地面积、不同地类面积等。房屋用地面积、宗地(丘)面积一般可依据地籍数据获取。本章重点介绍房屋面积测算的方法及其详细规则。

2. 相关术语

1) 房屋占地面积

房屋占地面积指该幢房屋在规划设计中由相关主管部门批准的定位红线内的面积,它是城市规划及产权产籍管理中确定房屋是否合法的一项重要指标,应从房屋规划批建资料中收集获得。房屋的实际占地面积为房屋底层(含阳台、外梯),外墙勒墙以上的外围所占用的土地面积,包括房屋内天井的面积。

2) 房屋的建筑面积

房屋建筑面积是指房屋外墙(柱)勒脚以上各层的外围水平投影面积,包括阳台、挑廊、地下室、室外楼梯等,且具有上盖、结构牢固、层高2.20m以上(含2.20m)的永久性建筑。

3) 房屋使用面积

房屋使用面积是建筑物各层平面中直接用于生产或生活的净面积的总和,是指房屋内可供使用的全部空间面积,按房屋内墙面水平投影计算。

4) 房屋共用建筑面积

房屋共用建筑面积指多个产权主共同占有或共同使用的建筑面积。通常为幢内多个产权单元共同使用的梯、廊、过厅、通道等建筑面积。

5) 房屋产权面积

房屋产权面积是指产权主依法拥有房屋所有权的房屋建筑面积。房屋产权面积由直辖市、市、县房地产行政主管部门登记确权认定。一幢多户(套)的房产,各产权单元(套)的产权面积通常为套建筑面积与套分摊的共用面积之和。

在房产测量中,房产面积测算通常指计算房屋的建筑占地面积、建筑面积、共用建筑面积、产权面积。

3. 房产面积预测算

房产面积预测算主要指在规划、建设阶段对房屋面积的测算工作,一般依据经城市规划部门批准的《建设工程规划许可证》附图及其对应的数据进行各类建筑面积的计算。其值根据规划设计资料估算得出,计算出的房屋建筑面积用于房屋预售参考,不能作为房产登记发证的依据。

10.1.2 房产面积测算的精度要求

房产面积测算是一项技术性强、精确度要求高的工作。房产面积测算精度以中误差作为精度评定的标准,以二倍中误差作为最大限差。超过限差的数据必须重新测算。我国房产面积的精度分为三个等级,见表10-1。根据实际的要求,一般采用两个精度等级,即采用第二级、第三级精度等级标准。对于新建商品房,建筑面积测算精度采用第二等级精度要求。对于其他房产,建筑面积测算精度采用第三等级。

表 10-1 房产面积的精度要求

房产面积的精度等级	限差	中误差
一	$0.02\sqrt{S}+0.0006S$	$0.01\sqrt{S}+0.0003S$
二	$0.04\sqrt{S}+0.002S$	$0.02\sqrt{S}+0.001S$
三	$0.08\sqrt{S}+0.006S$	$0.04\sqrt{S}+0.003S$

注:S为房产面积,单位为m^2。

各类面积必须独立测算两次,其较差应在规定的限差以内,取中数作为最后结果。量距应使用经检定合格的卷尺或其他能达到相应精度的仪器和工具。面积以平方米为单位,取至$0.01m^2$。

10.2 房产面积测算的方法

在房产测量中,房产面积的精度要求较高,除了要在进行房产要素测量时保证采集的房屋坐标数据、房屋尺寸数据的精度外,还需要在面积计算阶段选择合适的计算方法。目前通常采用的技术路线是根据现场采集的房屋坐标数据、尺寸数据绘制数字房产平面图，在房产平面图上精确绘制房屋各类面积的分界线，然后获取各个区块的建筑面积，这样计算实际上采用了坐标解析法。对于形状特殊的非矩形房屋或建筑部位，可现场采集权界线点的解析坐标，按上述方法计算面积，也可以通过现场采集它们的一些特征尺寸，如长、宽、高、直径、半径、弦长等数据计算面积。

10.2.1 坐标解析法

坐标解析法适用于房角点坐标已知或测得了房屋产权界址点坐标的情况。一般应用在房屋权界线不规则的情况。不过其面积测算的精度除了会受到界址点精度的影响，还会受到界址点的密度、多边形大小、多边形形状等因素的影响。坐标解析法已在本书第 7 章中详细介绍。对于一些非直角房屋的特殊几何形状，房屋面积测算也常用到下面介绍的方法。

10.2.2 几何图形法

对于非矩形的房屋面积应采用分块法进行测量，分块时原则上以分块少、各参数便于直接测定为宜，先对各分块区域进行测量计算，得到各分块的面积，再将各分块面积相加得到该形状的建筑面积。

通常可以将形状分解为矩形、梯形、三角形、扇形、弓形、圆形等，除矩形外，其余形状的测量方法及计算公式如下。

1. 梯形面积测量方法

$$S=(D+d)h/2 \tag{10-1}$$

式中，S——梯形面积，m^2；
    D——梯形下底边长，m；
    d——梯形上底边长，m；
    h——梯形的高，m。

2. 三角形面积测量方法

一般采用三边法测算三角形面积，公式为

$$S=\sqrt{l(l-a)(l-b)(l-c)} \tag{10-2}$$
$$l=(a+b+c)/2$$

式中，S——三角形面积，m^2；
    a、b、c——三角形边长，m。

3. 圆形面积测量方法

如图 10.1 所示，测算圆形面积时，一般在圆周上任选三点，并测量三点构成的三角形边长 a、b、c。三角形的内角应不小于 30°或大于 150°。计算公式为(公式的推导可参阅相关书籍)

$$S=\pi[abc\sqrt{(a^2+b^2+c^2)^2-2(a^4+b^4+c^4)}]^2 \qquad (10-3)$$

式中，S——圆的面积，m^2；

a、b、c——圆内接三角形的三边边长，m。

4. 椭圆形面积测量方法

如图 10.2 所示，目测椭圆长轴 a，然后测量不少于 6 次，选择最大长度作为 a，然后在长轴垂直方向上测量短轴 b 不少于 3 次，选择最大长度作为短轴，按下列公式计算面积：

$$S=\pi ab/4 \qquad (10-4)$$

式中，S——椭圆的面积，m^2；

a、b——椭圆长轴和短轴长度值，m。

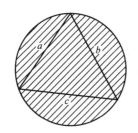

图 10.1 圆形面积测算

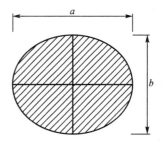

图 10.2 椭圆形面积测算

5. 扇形面积测量方法

扇形面积如图 10.3 所示，根据实际情况选择采用下列两式计算。

(1) 测量扇形的半径弧长 l 与半径 R，按下式计算扇形面积：

$$S=lR/2 \qquad (10-5)$$

(2) 测量扇形的半径 R 与弦长 D 的长度值，按下式计算扇形面积：

$$S=2\arcsin(D/2R)\pi R^2/360 \qquad (10-6)$$

式中，S——扇形的面积，m^2；

l——扇形的弧长，m；

R——扇形的半径，m；

D——扇形的弦长，m。

6. 弓形面积测量方法

如图 10.4 所示，测量弓形的弦长 D，并在垂直方向上测定弓形的高度 h，按下式计算弓形的面积：

$$S=2\arcsin(D/2R)\pi R^2/360-D(R-h)/2 \qquad (10-7)$$

式中，S——弓形的面积，m^2；

R——扇形的半径，m；

D——弓形的弦长，m；

h——弓形的弧顶高度，m。

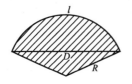
图10.3 扇形面积测算

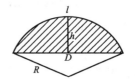
图10.4 弓形面积测算

10.3 房屋建筑面积测算规则

10.3.1 房屋面积测算的一般规则

《房产测量规范》对房产面积测算做出了严格的规定，对房屋的哪些建筑部位应计入房屋建筑面积，哪些部位不计算建筑面积，哪些计算一半建筑面积，有着具体详细的说明。房产测量的作业人员必须熟悉并且领会这些计算规则，才能做好房产测量工作。

从这些规定中可以总结出以下几条一般规则。

（1）房屋层高大于等于2.20m的建筑部位，计算建筑面积，房屋层高小于2.20m的建筑部位，不计算建筑面积。

（2）有上盖或顶盖的建筑部位，计算建筑面积，无上盖或顶盖的建筑部位，一般不计算建筑面积。

（3）一面或多个面敞开的建筑部位，如阳台、走廊等，一般将其外围水平投影面积的一半计入建筑面积。

（4）装饰性的建筑部位、与室内不相通的建筑部位，不计算建筑面积。

10.3.2 房屋面积测算的详细规则

1. 计算全部建筑面积的范围

（1）永久性结构的单层房屋，按一层计算建筑面积；多层房屋，计算各层建筑面积的总和。

（2）房屋内的夹层、插层、技术层及其梯间、电梯间等的高度在2.20m以上的部位，计算建筑面积。

（3）穿过房屋的通道，房屋内的门厅、大厅，均按一层计算面积。门厅、大厅内的回廊部分，层高在2.20m以上的，按其水平投影面积计算。

（4）楼梯间、电梯（观光梯）井、提物井、垃圾道、管道井等均按房屋自然层计算面积。

（5）房屋天面上，属于永久性建筑，层高在2.20m以上的楼梯间、水箱间、电梯机房及斜面结构屋顶高度在2.20m以上的部位，按其外围水平投影面积计算。

（6）挑梯、全封闭的阳台按其外围水平投影面积计算。

(7) 属于永久性结构、有上盖的室外楼梯,按各层水平投影面积计算。

(8) 与房屋相连的有柱走廊,两房屋间有上盖和柱的走廊,均按其柱的外围水平投影面积计算。

(9) 房屋间永久性的封闭的架空通廊,按外围水平投影面积计算。

(10) 地下室、半地下室及其相应的出入口,层高在2.20m以上的,按其外墙(不包括采光井、防潮层及保护墙)外围水平投影面积计算。

(11) 有柱或围护结构的门廊、门斗,按其柱或围护结构的外围水平投影面积计算。

(12) 玻璃幕墙等作为房屋外墙的,按其外围水平投影面积计算。

(13) 属于永久性建筑,有柱的车棚、货棚等按柱的外围水平投影面积计算。

(14) 依坡地建筑的房屋,利用吊脚做架空层,有围护结构的,按其高度在2.20m以上部位的外围水平面积计算。

(15) 有伸缩缝的房屋,若其与室内相通,按伸缩缝计算建筑面积。

2. 计算一半建筑面积的范围

(1) 与房屋相连,有上盖、无柱的走廊、檐廊,按其围护结构外围水平投影面积的一半计算。

(2) 独立柱、单排柱的门廊、车棚、货棚等属于永久性建筑的,按其上盖水平投影面积的一半计算。

(3) 未封闭的阳台、挑廊,按其围护结构外围水平投影面积的一半计算。

(4) 无顶盖的室外楼梯按各层水平投影面积的一半计算。

(5) 有顶盖、不封闭的永久性架空通廊,按外围水平投影面积的一半计算。

3. 不计算建筑面积的范围

(1) 层高小于2.20m以下的夹层、插层、技术层和层高小于2.20m的地下室和半地下室。

(2) 突出房屋墙面的构件、配件、装饰柱、装饰性的玻璃幕墙、垛、勒脚、台阶、无柱雨篷等。

(3) 房屋之间无上盖的架空通廊。

(4) 房屋的天面、挑台以及天面上的花园、泳池。

(5) 建筑物内的操作平台、上料平台及利用建筑物的空间安置箱、罐的平台。

(6) 骑楼、过街楼的底层用做道路街巷通行的部分。

(7) 利用引桥、高架路、高架桥、路面作为顶盖建造的房屋。

(8) 活动房屋、临时房屋、简易房屋。

(9) 独立烟囱、亭、塔、罐、池、地下人防干、支线。

(10) 与房屋室内不相通的房屋间伸缩缝。

(11) 无实用功能的装饰性建筑部位。

4. 几种特殊情况下计算建筑面积的规定

(1) 同一楼层外墙,既有主墙,又有玻璃幕墙的,以主墙为准计算建筑面积,墙厚按主体厚度计算。各楼层墙体厚度不同时,分层分别计算。金属幕墙及其他材料幕墙,参照玻璃幕墙的有关规定处理。

（2）房屋屋顶为斜面结构（坡屋顶）的，计算层高 2.20m 以上部位的建筑面积。

（3）全封闭阳台、有柱挑廊、有顶盖封闭的架空通廊的外围水平投影超过其底板外沿的，按底板水平投影全部计算建筑面积。未封闭的阳台、无柱挑廊、有顶盖未封闭的架空通廊的外围水平投影超过其底板外沿的，按底板水平投影的一半计算建筑面积。

（4）与室内任意一边相通，具备房屋的一般条件，并能正常利用的伸缩缝、沉降缝应计算建筑面积。

（5）对于倾斜、弧状等非垂直墙体的房屋，计算层高（高度）2.20m 以上部位的建筑面积。房屋墙体向外倾斜，超出底板外沿的，按底板外沿投影计算建筑面积。

（6）楼梯已计算建筑面积的，其下方空间不论是否利用均不再计算建筑面积。

（7）临街楼房、挑廊下的底层作为公共道路街巷通行的，不论其是否有柱，是否有维护结构，均不计算建筑面积。

（8）与室内不相通的类似于阳台、挑廊、檐廊的建筑，不计算建筑面积。

（9）室外楼梯的建筑面积，按其在各楼层水平投影面积之和计算。

10.4 房屋共有建筑面积

整幢为单一产权的房屋一般无须认定和分摊房屋共有建筑面积，如公房、独幢别墅等。一幢内属于多个产权人的房屋，如多户住宅、多产权商业楼宇等，均存在多户共有、共用的建筑面积，如共用的梯、走廊、通道等。在房产调查、测量过程中，需要严格按《房产测量规范》界定房屋各部位的共有、共用建筑面积，并根据参与共用情况，按一定的规则将其分摊到参与共用的产权单元。

10.4.1 共有建筑面积的分类

根据共有建筑面积的使用功能，可以将共有建筑面积主要分成 3 类。

1. 全幢共有、共用的建筑面积

指为整幢服务的共有、共用建筑面积，此类共有建筑面积由全幢进行分摊。

2. 功能区共有、共用的建筑面积

指专为某一功能区服务的共有、共用建筑面积，例如某幢楼内，专为某一商业区或办公区服务的警卫值班室、卫生间、管理用房等。这类专为某一功能区服务的共有建筑面积应由该功能区分摊。

3. 层共有建筑面积

各层的共有建筑面积不同时，应区分各层的共有建筑面积，由各层各自进行分摊。例如各层的梯间、公共走道、外墙厚度等各不相同时，需分层分别进行分摊计算。

如果一幢楼各层的套型一致，共有建筑面积也相同，例如普通的住宅楼，可以幢为单位，按幢进行一次共有建筑面积的分摊，直接求得各套的分摊面积。

对于多功能的综合楼或商住楼，共有建筑面积一般要进行二级或三级，甚至更多级的分摊。因此在将共有建筑面积分摊之前，应首先对本幢楼的共有建筑面积进行认定，决定其分摊层次和归属。

10.4.2　共有建筑面积的确认

1. 应分摊的共有建筑面积

（1）共有的电梯井、管道井、垃圾道、观光井（梯）、提物井。
（2）共有的楼梯间、电梯间。
（3）为本幢服务的变电室、水泵房、设备间、值班警卫室。
（4）为本幢服务的公共用房、管理用房。
（5）共有的门厅、大厅、过道、门廊、门斗。
（6）共有的电梯机房、水箱间、避险间。
（7）共有的室外楼梯。
（8）共有的地下室、半地下室。
（9）公共建筑之间的分隔墙，以及外墙（包括山墙）水平投影面积一半的建筑面积（外半墙面积），如图 10.5 所示。

2. 不应分摊的公共建筑面积

（1）作为人防工程的建筑面积。
（2）独立使用的地下室、半地下室、车库、车棚。
（3）为多幢服务的警卫室、设备用房、管理用房。
（4）用于公众休息的亭、走廊、塔、绿化等建筑物。
（5）用作公共事业的市政建筑物。
（6）其他配套的公共服务机构或设施，如社区卫生服务中心、社区居委会、幼儿园、卫生站、变电站、市场、公共厕所等。

上述应分摊或不分摊的建筑面积，应在房产分层分户平面图上清晰标出其分界线，并标明参与分摊的范围，以便分摊计算。

10.4.3　外半墙面积的计算

房屋共用建筑面积中包括墙体水平投影面积。其一为套与公共建筑部位之间的分隔墙一半的水平投影面积，其二为幢外墙（包括山墙）一半的水平投影面积，但一般只需要计算房屋的幢外墙一半的水平投影面积。

在实际计算中一般采用中线尺寸，即墙体中线（轴线）尺寸，所以幢内套与公共建筑面积之间的分隔墙水平投影面积已分别包括在套面积与公共建筑部位之内计算，不再单独计算。

需要计算的墙面积通常是房屋整幢外墙（包括山墙），其外侧一半墙体（称为外半墙）的水平投影面积。各层此部分面积应计入层内或幢内各产权单元的共用建筑面积中。某幢房屋某层的外墙水平投影示意图如图 10.5 所示，其测定标注的尺寸均为中线尺寸，若墙体厚度为 ω，则其外半墙面积可按式（10-8）计算。

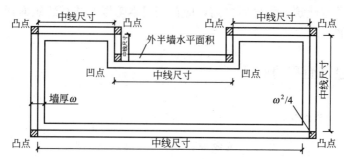

图 10.5 幢外半墙面积计算

$$幢外半墙面积 = \frac{1}{2}\omega \sum L + m\left(\frac{\omega}{2}\right)^2 - n\left(\frac{\omega}{2}\right)^2 \tag{10-8}$$

式中，ω——幢外墙体厚度，m；

$\sum L$——幢外墙中线尺寸总和，m；

m——房屋外墙轮廓的凸点个数；

n——房屋外墙轮廓的凹点个数。

10.5 房屋共有建筑面积分摊

10.5.1 共有面积的确认与分摊原则

(1) 产权各方有合法权属分割文件或协议的，按文件或协议规定进行分摊。

(2) 无产权分割文件或协议的，或产权分割文件、协议不合法的，可按比例对相关房屋的建筑面积进行分摊。

(3) 房屋共有建筑面积分摊以幢为单位，位于本幢房屋内并为本幢服务的共有建筑面积由本幢内各户分摊。

(4) 参与分摊的各产权单元的分摊面积之和应等于相应的幢、功能区、层的共有建筑面积。

10.5.2 共有建筑面积分摊

1. 套建筑面积测算

套(户)是多产权幢内最小的产权单元。共用建筑面积的分摊要以各套建筑面积为依据。成套房屋的套内建筑面积由套内房屋的使用面积、套内墙体面积、套内阳台建筑面积3部分组成。

1) 套内使用面积

套内使用面积为套内房屋使用空间的面积，按以下规定计算水平投影面积。

(1) 套内使用面积为套内卧室、起居室、过厅、过道、厨房、卫生间、厕所、贮藏室、壁柜等空间面积的总和。

(2) 跃层的套、套内楼梯按自然层数的面积总和计入使用面积。
(3) 不包括在结构面积内的套内烟囱、通风道、管道井均计入使用面积。
(4) 内墙面装饰厚度计入使用面积。

2) 套内墙体面积

墙体面积是指按墙体设计厚度(不含抹灰层)的水平投影面积。套内墙体面积包括套内间隔墙的水平投影面积和共墙的水平投影面积。其中,套内间隔墙体水平投影面积全部计入套内建筑面积,共墙体面积包括本套与相邻套之间的分隔墙面积、本套与公共建筑部位的分隔墙面积及与本套有关的幢外墙(包括山墙)面积,均按墙体水平投影面积内侧的一半计入套内建筑面积。

在实际工作中,一般不按套内使用面积、套内墙体面积的方式计算,而是按照套的中线尺寸直接计算套内面积,再加上套内阳台建筑面积,即得到套内建筑面积。

3) 套内阳台建筑面积

套内阳台建筑面积均按阳台外围与房屋外墙之间的水平投影面积计算。其中封闭的阳台按水平投影全部计算建筑面积,未封闭的阳台按水平投影的一半计算建筑面积。

2. 共有、共用面积的计算与分摊方法

(1) 各层布局完全相同的多产权房屋,将共用面积进行一次分摊。如普通住宅楼等各层、各梯布局完全相同的多产权房屋,计算整幢房屋的共用建筑面积,并直接分摊到各套。通常用整幢总建筑面积扣除幢内各套的套建筑面积之和,并扣除已作为独立使用的地下室、车棚、车库、为多幢服务的警卫室、管理用房及人防工程等建筑面积,即为整幢建筑物的共有、共用建筑面积。然后进行一级分摊计算,即可得各套的分摊面积。

(2) 一幢内各梯(也称"座"或"单元")布局不同,且各梯设计的共用面积不同的多产权房屋(如一幢内各梯设计有差异的住宅楼),应区分各梯的准确范围,然后确认各梯共用的建筑面积(如各梯共用的门厅或大堂等),再加上整幢外半墙面积,即为幢共用面积。此时,一般应进行二级分摊计算,第一级将幢共用面积分摊到各梯,第二级分别计算各梯的共用面积,再加上幢分摊来的面积后,分摊到各套,从而得出幢内各套的分摊面积。

(3) 多功能建筑,如集商用、办公、住宅等用途于一幢的多功能综合楼,根据具体情况需要进行二级、三级甚至多级的分摊。一般首先确认和计算各功能区共用的建筑总面积,分摊到各功能区。然后分别计算各功能区各自的套(户)共用建筑面积,再加上幢分摊来的面积后,分摊到功能区内的各套(户)。

若功能区内各层的布局不同,且各层设计的共用面积不同,则需要分层绘制分层平面图,并在幢共用面积一级分摊计算完成后,二级分摊到各层,再分别计算各层各套(户)的共用建筑面积,加上二级分摊得的面积后,再进行三级分摊计算,分摊到本层各套(户),从而得出各层各套(户)的分摊面积。

3. 共有共用面积的分摊公式

参与共用面积分摊的各单元(根据分摊级别的不同可以是套或户、梯、功能区、层等)的分摊面积,按比例对各单元的建筑面积进行分摊,具体公式为

$$\delta S_i = K \cdot S_i \tag{10-9}$$

$$K = \frac{\sum \delta S_i}{\sum S_i} \tag{10-10}$$

式中，K——某级面积的分摊系数；

S_i——参与分摊的各单元建筑面积，m^2；

δS_i——各单元分摊所得到的分摊面积，m^2；

$\sum \delta S_i$——该级别需分摊的共用面积总和，m^2；

$\sum S_i$——该级别参与分摊的各单元建筑面积总和，m^2。

10.6 多功能幢建筑面积测算举例

共有建筑面积的分摊，按照国家标准的规定，遵循按比例分摊的原则，采取自上而下的模式，即首先分摊整幢的共有建筑面积，把它分摊至各功能区，再把分摊面积和功能区自身原来的共有建筑面积加在一起，再分摊至功能区内的各个层；然后再把分别得到的分摊面积和层自身原来的共有建筑面积加在一起，最后分摊至各套或各户。将套内建筑面积与分摊面积相加，就得到各套或各户的产权面积。

1. 层、功能区、幢建筑面积计算

1）层建筑面积计算

$$S_{ci} = \sum S_{Ti} + \Delta S_{ci} \tag{10-11}$$

式中，S_{ci}——各层（i层）的建筑面积，m^2（i为层号）；

S_{Ti}——本层（i层）内各套的建筑面积，m^2（i为套号）；

ΔS_{ci}——本层内共有、共用的建筑面积，m^2（i为层号）。

2）功能区建筑面积计算

$$S_{gi} = \sum S_{ci} + \Delta S_{gi} \tag{10-12}$$

式中，S_{gi}——各功能区（i功能区）的建筑面积，m^2（i为功能区号）；

S_{ci}——本功能区（i功能区）内各层的建筑面积，m^2（i为层号）；

ΔS_{gi}——本功能区内共有、共用的建筑面积，m^2（i为功能区号）。

3）幢建筑面积计算

$$S_z = \sum S_{gi} + \Delta S_z \tag{10-13}$$

式中，S_z——全幢的总建筑面积，m^2；

S_{gi}——本幢内各功能区的建筑面积，m^2；

ΔS_z——本幢由全幢分摊的幢共有建筑面积，m^2。

4）面积计算的检核

$$S_z = \sum S_{Ti} + \sum \Delta S_s \tag{10-14}$$

式中，S_z——全幢的总建筑面积，m^2；

$\sum S_{Ti}$——全幢内各套建筑面积的总和，m^2；

$\sum \Delta S_s$——本幢内全部共有面积的总和，m^2；

$$\Delta S_{ci} + \sum \Delta S_{gi} + \Delta S_z \tag{10-15}$$

即 $\sum \Delta S$ 为各层、各功能区，还有幢的共有建筑面积之总和。

2. 幢共有建筑面积的分摊

$$K_z = \Delta S_z / \sum S_{gi} \quad (10-16)$$
$$\delta S_{gi} = K_z \cdot S_{gi}$$

式中，K_z——幢共有建筑面积的分摊系数；

ΔS_z——整幢的共有建筑面积，即应由全幢分摊的共有建筑面积，m^2；

$\sum S_{gi}$——本幢各功能区建筑面积之和，m^2；

δS_{gi}——幢内各功能区（第 i 功能区）的分摊面积，m^2；

S_{gi}——幢内各功能区（第 i 功能区）的建筑面积，m^2。

3. 功能区共有建筑面积的分摊

$$\Delta \delta S_{gi} = \Delta S_{gi} + \delta S_{gi}$$
$$K_{gi} = \Delta \delta S_{gi} / \sum S_{ci} \quad (10-17)$$
$$\delta S_{ci} = K_{gi} \cdot S_{ci}$$

式中，ΔS_{gi}——本功能区自身原有的共有建筑面积，m^2；

K_{gi}——功能区（i 功能区）共有建筑面积的分摊系数；

δS_{gi}——幢分摊给本功能区（i 功能区）的分摊面积，m^2；

$\sum S_{ci}$——功能区内各层建筑面积之和，m^2；

S_{ci}——功能区（i 层）内各层的建筑面积，m^2；

δS_{ci}——功能区（i 功能区）内各层的分摊面积，m^2。

4. 层共有建筑面积的分摊

$$\Delta \delta S_{ci} = \Delta S_{ci} + \delta S_{ci}$$
$$K_{ci} = \Delta \delta S_{ci} / \sum S_{Ti} \quad (10-18)$$
$$\delta S_{Ti} = K_{ci} \cdot S_{Ti}$$

式中，$\Delta \delta S_{ci}$——层应参与分摊的共有建筑面积之和，m^2；

ΔS_{ci}——各层本身原有的层共有建筑面积，m^2；

δS_{ci}——功能区分摊给各层的分摊面积，m^2；

K_{ci}——各功能区内，各层（i 层）共有建筑面积的分摊系数；

$\sum S_{Ti}$——本层内各套（户）房屋套内建筑面积之和，m^2；

δS_{Ti}——层分摊给各套房屋的分摊面积，m^2（i 为套号）；

S_{Ti}——各套房屋（或户）的套内建筑面积，m^2。

5. 套（户）产权面积的计算

$$S_{Ei} = S_{Ti} + \delta S_{Ti} \quad (10-19)$$

式中，S_{Ei}——各套（户）房屋的产权面积，m^2；

S_{Ti}——各套（户）房屋的套内建筑面积，m^2；

δS_{Ti}——各套（户）房屋分摊所得的分摊面积，m^2。

6. 共有分摊面积计算的检核

$$\sum S_{Ei} = \sum S_{Ti} + \Delta S_z + \Delta S_g + \Delta S_c \quad (10-20)$$

式中 $\sum S_{Ei}$ ——本幢房屋中各套（户）房屋产权面积的总和，m^2；

$\sum S_{Ti}$ ——本幢房屋中各套（户）房屋建筑面积的总和，m^2；

ΔS_z ——本幢房屋中全幢共有的建筑面积，m^2；

ΔS_g ——本幢房屋中各功能区房屋的共有建筑面积，m^2；

ΔS_c ——本幢房屋中各层房屋的共有建筑面积，m^2。

$$\sum \delta S_{Ti} = \Delta S_z + \Delta S_g + \Delta S_c \qquad (10-21)$$

式中 $\sum \delta S_{Ti}$ ——本幢各套（户）分摊面积的总和，m^2。

7. 建筑面积测算实例

某幢阳光家园小区商住楼如图 10.6～图 10.10 所示。共 21 层，1～3 层为商用，4～21 层为住宅。两个功能区之间无共用面积。商业区内各户共用面积为各层商用梯面积和 1～3 层幢外半墙面积，一次分摊到各户。一层公厕不计入共用面积，架空绿化、过街通道均不计算建筑面积。住宅部分分为各自独立的 1 号梯和 2 号梯两个分区，计算时将 4～21 层幢外半墙面积作为两个分区的共用建筑面积进行第一次分摊，分摊到各梯。各梯内部各户的共用面积包括 1 层大堂、1～5 层的住宅梯面积以及 4～21 层的廊、梯面积，第二次分摊到梯内各户。内部的天井及其围合的半墙不计算建筑面积。该房屋的分户建筑面积与分摊计算表见表 10-2。

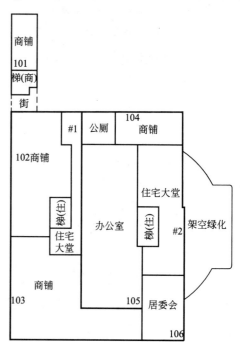

图 10.6　1 层平面图

图 10.7　2 层平面图

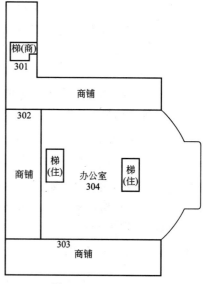

图 10.8　3 层平面图

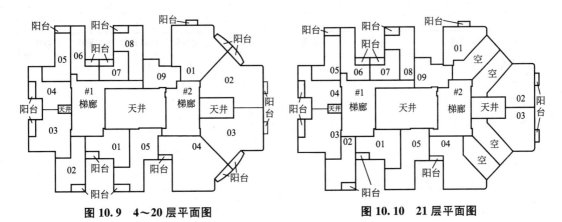

图 10.9　4～20 层平面图　　　　　图 10.10　21 层平面图

表 10-2　房屋分户建筑面积与分摊计算表

功能区	层	户号	套内面积	阳台	套面积	分摊面积	产权面积	备注
商业部分： $\sum S_{套内} = 2304.6723 + 1675.7201 + 2326.2767 = 6306.669$ $S_{外半墙} = 26.5056 + 28.9601 + 28.0111 = 83.477$ $S_{商梯} = 23.8108 \times 3 = 71.432$ $S_{和} = \sum S_{套内} + S_{外半墙} + S_{商梯} = 6461.578$ $S_{总建} = 6461.578$ $S_{检} = S_{总建} - S_{和} = 0$ 分摊系数： $K = (S_{外半墙} + S_{商梯}) / \sum S_{套内} = 154.909 / 6306.669 = 0.024563$	1层	101 商铺	73.26	0.00	73.26	1.80	75.06	单位：m² 年份：2005 结构：钢混 层数：21 用途：商住
		102 商铺	305.84	0.00	305.84	7.51	313.35	
		103 商铺	417.97	0.00	417.97	10.27	428.24	
		104 商铺	237.52	0.00	237.52	5.83	243.36	
		公厕	51.96	0.00	51.96	1.28	53.23	
		办公室	459.22	0.00	459.22	11.28	470.50	
		居委会	129.96	0.00	129.96	3.19	133.15	
		住宅大堂 1	116.06	0.00	116.06			
		住宅大堂 2	106.71	0.00	106.71			
		住宅楼梯 1			31.40			
		住宅楼梯 2			40.85			
		商业楼梯			23.81			
	2层	201 商铺	278.57	0.00	278.57	6.84	285.41	
		202 商铺	313.08	0.00	313.08	7.69	320.77	
		203 商铺	271.50	0.00	271.50	6.67	278.17	
		办公室	1441.53	0.00	1441.53	35.41	1476.94	
		住宅楼梯 1			31.40			
		住宅楼梯 2			40.85			
		商业楼梯			23.81			
	3层	301 商铺	484.72	0.00	484.72	11.91	496.63	
		302 商铺	305.60	0.00	305.60	7.51	313.11	
		303 商铺	333.82	0.00	333.82	8.20	342.02	
		办公室	1202.13	0.00	1202.13	29.53	1231.66	
		住宅楼梯 1			31.40			
		住宅楼梯 2			40.85			
		商业楼梯			23.81			

(续)

功能区	层	户号	套内面积	阳台	套面积	分摊面积	产权面积	备注
住宅部分： 第一次分摊： $S_{外半墙}=505.107$ $S_{总建}=21362.221$ $S_{和}=21362.170$ $S_{检}=S_{总建}-S_{和}=0.0503\leqslant(5/10000)\times$套数$=0.1235$ $S_{外半墙改正}=S_{外半墙}+S_{检}=505.157$ $K_{分摊}=S_{外半墙改正}/\left(\sum S_{套}+\sum S_{共有}+S_{(商梯+住宅大堂)}\right)=0.025297$ 梯1：$S_{分摊1}=226.749$ 梯2：$S_{分摊2}=253.102$ 第二次分摊： 梯1： 共有建筑面积：$S_{分摊1}=226.749$ $S_{梯廊}=1645.654$ $S_{(住宅梯+住宅大堂)}=210.269$ $\sum S_{套}=7995.929$ 分摊系数 $K=\left(S_{分摊1}+S_{梯廊}+S_{(住宅梯+住宅大堂)}\right)/\sum S_{套}=0.260466$ 梯2： 4~20层共有建筑面积： $S_{分摊2(1)}=108.581$ $S_{梯廊}=1361.695$ $S_{(住宅梯+住宅大堂)}=220.408$ 分摊系数 $K=\left[S_{分摊2(1)}+S_{梯廊}+S_{(住宅梯+住宅大堂)}\right]/\sum S_{套}=0.211443$ 21层 共有建筑面积： $S_{分摊2(2)}=118.168$ $S_{梯廊}=177.707$ $S_{(住宅梯+住宅大堂)}=8.852$ 分摊系数 $K=\left[S_{分摊2(2)}+S_{梯廊}+S_{(住宅梯+住宅大堂)}\right]/\sum S_{套}=0.038110$	梯#1 4~21层	02	53.74	2.30	56.03	14.59	70.62	梯#2 20层各户 与21层构成 复式住宅
		03	70.17	2.61	72.78	18.96	91.74	
		04	47.19	2.61	49.80	12.97	62.77	
		05	41.14	2.55	43.69	11.38	55.07	
		06	42.19	2.13	44.32	11.54	55.86	
		07	28.52	2.13	30.65	7.98	38.63	
		08	48.72	2.43	51.15	13.32	64.48	
		09	40.08	0.00	40.08	10.44	50.52	
	梯#2 4~19层	01	101.523	3.909	105.432	22.292858	127.725	
		02	105.693	3.869	109.561	23.165907	132.727	
		03	105.683	3.869	109.552	23.164004	132.716	
		04	118.935	4.102	123.037	26.015312	149.052	
		05	72.201	2.565	74.766	15.808747	90.575	
	20层	01	160.549	5.169	165.717	6.3154917	172.032	
		02	171.493	5.089	176.582	6.72954	183.312	
		03	171.483	5.089	176.572	6.7291589	183.301	
		04	203.767	5.499	209.265	7.9750892	217.240	
		05	148.285	2.565	150.850	5.7488935	156.599	

10.7 房屋面积计算的基本步骤

10.7.1 计算步骤

按幢分摊—功能区分摊—层分摊的顺序进行共有建筑面积分摊的方法俗称为由上而下的分摊方法。

1. 套内建筑面积计算

在边长校核完成的基础上,进行套内建筑面积计算,以分层图或分户图上所注尺寸进行套内面积计算,住宅楼以套为单元计算,商住楼以权属单元为单位计算(如一层楼为一个权属单元,则过道纳入套内面积计算)。套内面积为套内房屋的使用面积与套内墙体面积以及套内阳台建筑面积 3 部分之和,由此可以得出套内建筑面积 S_T。

2. 共有面积的计算

1) 幢共有面积计算

幢共有面积一般包括共用楼梯、电梯、门厅、门廊、外墙一半、幢单独使用的警卫收发室、垃圾道、通风道等面积。一般应分别计算,最后计算 $\sum S_z$。

2) 功能区共有面积计算

商业用房、单位用房或商住楼应分别计算各功能区使用的共有面积。功能区共有面积一般包括各功能区分别使用的楼梯、电梯、过道、厕所,计算时应按照各功能区分别计算 S_{g1}、S_{g2}、…、S_{gn},最后计算 $\sum S_g$。

3) 层共有面积计算

层共有面积一般包括不同套、不同权属单元共同使用的层共有面积,包括走道、厕所、共有厨房及其他使用面积,一般分别计算各类面积,最后计算 $\sum S_c$。

3. 建筑总面积的计算

建筑总面积以外墙边长计算,再加上阳台、幢单独使用的警卫收发室(在楼外墙之外)、门廊等面积。

4. 检核建筑总面积

建筑总面积 $= \sum S_T + \sum S_z + \sum S_g + \sum S_c$,允许误差为 $\pm 0.0005n(\mathrm{m}^2)$,$n$ 为参与计算的套数、功能区数、层数。

5. 幢共有面积分摊

$K_z = \sum S_z / (\sum S_T + \sum S_g + \sum S_c)$,$K_z$ 一般保留 6 位小数,以不影响到面积的第 3 位小数的结果为原则,当套内面积过大时,可采用 8 位小数或 10 位小数,然后分别计算 δS_g、δS_c,最后计算 $\sum \delta S_T$、$\sum \delta S_g$、$\sum \delta S_c$。

6. 检核幢共有面积分摊

检核幢共有面积分摊计算是否正确,$\sum S_z = \sum \delta S_T + \sum \delta S_g + \sum \delta S_c$,允许误差为 $\pm 0.0005n(\mathrm{m}^2)$,$n$ 为参与计算的套数、功能区数、层数。

7. 功能区共有面积分摊

$K_g = (\Delta S_g + \sum \delta S_g)/(\sum S_{gT} + \sum \Delta S_{gc})$,然后分别计算 ΔS_{gi}、ΔS_{ci}。

8. 检核功能区共有面积

检核功能区共有面积分摊计算是否正确,$S_g + \sum \delta S_{gT} = \sum (\delta S_{gi} + \delta S_{ci})$,允许误差

为 $\pm 0.0005n(\mathrm{m}^2)$，$n$ 为参与计算的套数、功能区数、层数。

9. 层共有面积分摊

$$K_c = (\delta S_c + \delta S_{gi} + \Delta S_{ci})\big/\left(\sum S_{Tg}\right)$$，然后分别计算 δS_{Ti}。

10. 检核层共有面积分摊

检核层共有面积分摊计算是否正确，$\delta S_c + \delta S_{gi} + \delta S_t + \Delta S_{ci} = \sum \delta S_{Ti}$，允许误差为 $\pm 0.0005n(\mathrm{m}^2)$，$n$ 为参与计算的套数。

11. 计算各套的产权面积

$S_{Ei} = S_{Ti} \times K_c$，计算时取位至 0.001。最后各套的产权面积取位至 $0.01\mathrm{m}^2$。

12. 检核各套的产权面积

$\sum S_{Ei}$ = 建筑总面积，允许误差为 $\pm 0.005n(\mathrm{m}^2)$，n 为参与计算的套数。

10.7.2 房屋面积测算报告

用于房地产销售和房地产权登记的各类房屋建筑面积测绘和计算，一般应按规定的标准格式形成包括封面、文字说明、数据表和平面图在内的《房屋建筑面积测绘报告》。测绘报告通常一式两份，一份交申请测量的单位，一份由测绘部门存档。

1. 房屋建筑面积测绘报告的主要内容

(1) 测绘项目平面位置示意图或现状图。
(2) 房屋建筑面积测绘和计算说明。
(3) 房屋建筑面积总表。
(4) 房屋建筑层高表。
(5) 公用建筑面积分层汇总表。
(6) 房屋建筑面积分户汇总表。
(7) 房屋层次及房号编号立面图。
(8) 房产分层平面图。
(9) 房产分户平面图。

2. 测绘说明编写规定

测绘说明可视各个项目的测绘类型和具体情况略有不同或有所侧重，但应包括以下主要内容。

(1) 项目建设时间及项目概况。
(2) 项目前(几)次房屋建筑面积测绘情况说明，本次测绘的目的、原因。
(3) 本次测绘的依据：现场测绘时间(段)、市政府行政主管部门的相关批文、测绘采用的图纸(图名、图号、出图日期、审图单位、审图时间、数量等)。
(4) 对项目的实地复核情况的说明(与图纸不符之处，未建、加建及改建情况等)。
(5) 特殊情况说明(分割测点说明、特殊情况处理等)。

(6) 项目命名情况(曾用名、现用名、建筑物命名批复书)。

(7) 报告的生效日期。

本 章 小 结

本章主要讲述了房产面积的相关概念，房产面积测算精度，房产面积测算规则，房产面积测算的方法，共有面积的认定，共有、共用面积的分摊方法。

本章的重点是房产面积测算精度，房产面积测算规则，共有、共用面积的分摊方法。

习 题

10-1 单项选择题

1. 根据《房产测量规范》，计算一半建筑面积的是( )。
   A. 无柱的雨篷　　　　　　　　　　B. 有顶盖、不封闭的永久性架空通廊
   C. 房屋内高度在 2.20m 以上的技术层　D. 与室内不相通的装饰性阳台

2. 楼梯已计算建筑面积的，( )，不再计算建筑面积。
   A. 其下方空间不论是否利用　　　　B. 其下方空间不利用的
   C. 其下方空间高度不超过 2.20m 的　D. 其下方空间被利用的

3. 人防工程的地下室面积( )建筑面积。
   A. 属于不应分摊的共有　　　　　　B. 属于分摊的共有
   C. 不属于共有　　　　　　　　　　D. 属于物业公司所有

4. ( )是指产权人依法拥有房屋所有权的房屋面积，它由直辖市、市、县房地产主管部门登记确权认定。
   A. 房屋建筑面积　　　　　　　　　B. 房屋使用面积
   C. 房屋竣工面积　　　　　　　　　D. 房屋产权面积

5. 不用参与分摊的共有建筑面积有( )。
   A. 共有电梯间　　　　　　　　　　B. 共有的地下室
   C. 门斗　　　　　　　　　　　　　D. 共用休息的亭

6. ( )是指房屋外墙(柱)勒脚以上各层的外围水平投影面积。
   A. 房屋使用面积　　　　　　　　　B. 房屋建筑面积
   C. 房屋共有建筑面积　　　　　　　D. 房屋产权面积

7. 根据《房产测量规范》，下列应分摊的共有建筑面积有( )。
   A. 为建筑造型而建设、无实用功能的建筑面积
   B. 建在幢内且为本幢服务的配电房
   C. 为多幢综合楼服务的物业管理用房
   D. 人防用的地下室

8. 下列属于应计算部分建筑面积的范围是（   ）。

   A. 永久性结构的单层房屋

   B. 房屋内的夹层、插层、技术层及其梯间、电梯间等高度在 2.20m 以上的部位

   C. 穿过房屋的通道，房屋内的门厅、大厅

   D. 地下室、半地下室及其相应出入口

9. 房屋的使用面积是指户内全部可供使用的空间面积，按房屋的内墙面水平投影面积计算。房屋的使用面积应包括（   ）。

   A. 户内阳台面积

   B. 户内结构（柱等）水平投影面积面积

   C. 户内墙体水平投影面积面积

   D. 分摊给本户的共有共用面积

10. 房产面积测量必须达到《房产测量规范》规定的房产面积精度要求。房产面积的精度分为（   ）级。

    A. 二　　　　　　B. 三　　　　　　C. 四　　　　　　D. 五

10-2　多项选择题

1. 房屋面积测算包括（   ）等测算。

   A. 房屋建筑面积　　　　　　B. 共有建筑面积

   C. 占地面积　　　　　　　　D. 使用面积

   E. 产权面积

2. 下列不计入用地面积的有（   ）。

   A. 无明确使用权属的冷巷、巷道或间隙地

   B. 有明确使用权属的冷巷、巷道或间隙地

   C. 市政管辖的道路、街道等公共用地

   D. 已征用、划拨或者属于原房产证记载范围，经规划部门核定而需要作为市政建设的用地

   E. 已征用、划拨或者属于原房产证记载范围，未经规划部门核定而需要作为市政建设的用地

3. 房产测绘报告主要包括（   ）等。

   A. 房地产测量技术设计书　　B. 成果资料索引及说明

   C. 控制测量成果资料　　　　D. 检查验收报告

   E. 检查总结

4. 房屋建筑面积测算的必要条件有（   ）。

   A. 结构牢固　　　　　　　　B. 有上盖和围护体

   C. 有明确的用途　　　　　　D. 层高不小于 2.2m

   E. 产权明晰

5. 房屋共用建筑面积通常包括（   ）。

   A. 幢外半墙面积　　　　　　B. 梯面积

   C. 走廊面积　　　　　　　　D. 开放的公共卫生间面积

   E. 天井面积

10 – 3　思考题

1. 房产面积测算包括哪些内容？
2. 房产面积测算的精度有什么要求？
3. 房产面积通常有哪些测算方法？现阶段在房产测量中主要采用哪种方法？
4. 房屋建筑面积测算规则有哪些？
5. 房屋共用面积一般包括哪些？
6. 房产套面积计算与共有面积分摊的基本程序是怎样的？
7. 房屋面积计算的基本步骤是什么？

第 11 章 房地产变更测量

> **教学目标**

本章主要讲述变更地籍测量的概念、变更地籍测量内容、变更地籍测量程序、房产变更测量的概念、房产变更测量的内容、房产变更测量程序。通过本章的学习,达到以下目标:
(1) 掌握房地产变更测量的对象和特点;
(2) 掌握地籍变更测量的内容和基本程序;
(3) 掌握房产变更测量的内容和基本程序。

> **教学要求**

知识要点	能力要求	相关知识
房地产变更测量的对象和特点	(1) 了解初始测量的特点及适用范围 (2) 掌握变更测量的对象和范围	(1) 初始测量 (2) 变更测量 (3) 房地产变更调查
地籍变更测量的内容和基本程序	(1) 了解宗地边界变更、不变更的不同情况 (2) 掌握宗地代码和界址点号的变更规则 (3) 掌握宗地面积变更等成果资料的整理、变更与归档	(1) 权属变更调查 (2) 产权转移 (3) 变更登记
房产变更测量的内容和基本程序	(1) 掌握现状变更与权属变更的内容 (2) 掌握现状变更测量的方法 (3) 掌握房产宗地号、幢号、户号的调整规则 (4) 掌握进行变更测量后房产资料的整理与归档	(1) 房产变更测量的特点 (2) 房屋权权变更调查 (3) 房屋新建、改建、扩建 (4) 房屋产权交易

> **基本概念**

变更地籍测量、变更房产测量、变更调查、现状变更、权属变更、合并、分割、分析。

引例

在房地产管理中，与初始测量相比，变更测量实际上是常态化的、日常的测量工作。随着我国房地产业的发展，土地、房产的交易越来越频繁，因此土地、房产单元的属性和状况可能随时发生变化。当土地、房产单元的现状发生变化时，需要进行房地产变更测量。

11.1 变更地籍测量

变更地籍测量是指在初始地籍测量完成后，需要开展日常地籍工作，针对发生权属、用途、现状等信息变更的宗地进行变更测量，并用变更地籍测量信息取代宗地的原信息，以保持地籍数据的现势性。我国在进行全国第二次土地调查之后，各地开展的地籍测量主要是变更地籍测量。

变更地籍测量是指土地登记的内容（权属、用途等）发生变更时，根据申请变更登记的内容进行实地调查和测量，测量变更后的土地权属界线、位置、宗地内部地物地类变化，并计算面积、绘制宗地图、修编地籍图，对宗地档案及地籍图、表进行变更与更新。

变更地籍测量包括界址未发生变化宗地的变更地籍测量、界址发生变化宗地的变更地籍测量及新增宗地的变更地籍测量3种测量。在工作程序上，界址发生变化和界址未发生变化的宗地变更地籍测量可分两步进行，一是检查原界址点、线的位置；二是进行变更测量。变更地籍测量在变更权属调查基础上进行，变更地籍测量的技术、方法与初始地籍测量相同。

宗地变更主要有权属变更和现状变更两种情况。权属变更不改变宗地的边界，权属等信息会发生变化。现状变更改变了原来宗地的边界，如宗地分割、合并等。

近些年来，我国土地交易、转让的活动日趋活跃。变更地籍测量不但要满足土地交易、登记的需要，还要满足维护地籍数据库、更新地籍数据的需要。

11.1.1 变更地籍测量的内容

地籍变更的内容主要是宗地信息的变更，包括更改宗地边界信息的变更和不更改宗地边界信息的变更。

1. 更改边界宗地信息的变更情况

（1）征用集体土地。
（2）城市改造拆迁。
（3）划拨、出让、转让国有土地使用权，包括宗地分割转让和整宗土地转让。
（4）土地权属界址调整、土地整理后的宗地重划。
（5）宗地的边界因冲积作用或泛滥而发生的变化等。
（6）由于各种原因引起的宗地分割和合并。

2. 不更改边界宗地信息的变更情况

（1）转移、抵押、继承、交换、收回土地使用权。
（2）违法宗地经处理后的变更。
（3）宗地内地物、地貌的改变等。如新建建筑物、拆迁建筑物、改变建筑物的用途及房屋的翻新、加层、扩建、修缮。
（4）土地权利人名称、宗地位置名称、土地利用类别、土地等级等的变更。
（5）宗地所属行政管理区的区划变动，即县市区、街道（地籍区）、街坊（地籍子区）、乡镇等边界和名称的变动。
（6）宗地编号和房地产登记册上编号的改变。

11.1.2 土地变更权属调查

变更权属调查是指调查人员针对区域内权属状况发生变化的宗地进行的调查，是对某一宗地在较短的时间内进行的调查。变更权属调查的基本单元是宗地。

与初始调查相比，变更调查是对零星宗地的、日常性的调查工作。

1. 变更权属调查的步骤

变更权属调查的步骤包括：查询变更土地登记或设定土地登记申请文件、发送变更地籍调查通知书、进行宗地权属状况调查、进行界址变更调查及设定界址标志、填写变更地籍调查表、勘丈或修改宗地草图、填写变更权属调查记事及调查员意见、移交权属调查文件资料。

在调查人员进入实地调查前，必须提前通知土地使用者及相邻宗地土地使用者按时到现场指界。

2. 宗地变更权属状况调查

（1）进行宗地变更权属状况调查时，调查人员在接收土地登记人员转来的变更土地登记或设定土地登记申请文件后，现场调查核实宗地的土地使用权的合法性及权利状况、初步调查变更的行为及过程是否符合法律规定，调查人员现场将调查结果填写到地籍调查表上。对已进行过土地登记的宗地，应在原地籍调查表内变更部分加盖"变更"字样印章。

（2）在进行变更地籍调查时，调查人员应携带变更土地登记或设定土地登记申请书、本宗地及相邻宗地地籍档案的复印件、地籍调查表等，按变更地籍调查通知书规定时间准时到达现场。

（3）在进行宗地权属调查前，还应实地检查变更原因是否与变更土地登记申请书上填写的原因一致，审核变更土地登记申请内容的合法性，检查原地籍资料中的内容是否与实地情况一致。

（4）宗地变更权属状况调查与初始权属状况调查的方法基本相同。在变更权属调查中，应着重检查和核实以下内容。

① 检查本宗地及邻宗地指界人的身份。
② 检查变更原因是否与申请书上的内容一致。
③ 全面复核原地籍调查表中的内容是否与实地情况一致，如土地使用者名称、单位

法人代表或户主的姓名、身份证号码、电话号码等，土地坐落、四邻宗地号或四邻使用者姓名、实际土地用途。

11.1.3 变更地籍调查、测量的程序

1. 准备工作

1）资料准备

在接受变更地籍调查测量任务后，应根据日常地籍调查任务，做好土地权属来源等相关资料的收集、整理和分析工作。可从地籍管理部门的档案室或数据库中查询、核对并获取相关宗地的档案资料和数据。档案查阅的具体要求如下。

（1）土地登记、抵押、查封、地役权和土地权利限制等情况。

（2）集体土地征收、农转用和审批情况。

（3）土地供应情况。

（4）四邻土地权利人的情况。

（5）相关控制点、界址点坐标。

（6）其他所要了解的情况。

2）技术准备

（1）档案资料、数据的分析与整理。

（2）发放指界通知书。

（3）计算测量放样数据。

（4）地籍调查表、绘图工具、测量仪器等。

（5）调查人员的身份证明等。

2. 土地权属调查

核实指界人的身份。对照权属来源资料和档案资料、数据，现场核实土地权属状况。对界址线有争议、界标发生变化和新设界标等情况，应现场记录并拍摄照片。

按初始权属调查的程序和要求对变更宗地实施权属调查。

县级行政界线变化引起宗地代码变化的，确定新移交宗地的地籍区和地籍子区后，重编宗地编码，并在该宗地原地籍调查表复印件的宗地编码位置上注明变更，在地籍调查变更记事栏注明新的宗地编码。

对于界址未发生变化的宗地，进行权属调查时可根据土地登记申请书或土地调查任务书，查询档案资料、数据，进行分析后，确定是否进行实地调查。如不需到实地进行调查，在该宗地原地籍调查表复印件变更部分注明变更，将变更内容填写在变更地籍调查记事表内，不重新绘制宗地草图。

3. 宗地代码和界址点号的变更

如宗地界址未发生变化，宗地代码不变；如宗地界址发生变化，原宗地代码不再使用，在地籍子区内的最大宗地号后续编。新设宗地，在地籍子区内的最大宗地号后续编。新增界址点，在地籍子区内的最大界址点号后续编。

土地被分割或合并后宗地的编号应保持原编号系列不变，因此一般采取下列原则进行编号。

（1）宗地第一次被分割后得到的各宗地以原编号的支号顺序编号。例如，1-1-(2)号宗地被分割成3块宗地，分割后的宗地编号分别为1-1-(2)-1、1-1-(2)-2、1-1-(2)-3。分割后的宗地发生二次分割，则分割后的各宗地编号在原分割支号后顺序编号。

（2）将数宗地合并时使用其中最小的宗地号，其余宗地号一律废止，不再使用。

（3）新增设的界址点按原有编号原则，从最大序号往下编，不再具有界标意义的界址点，其编号应予废除，以免引起使用上的混乱和可能产生的错误。修测后的界址点坐标值按新的编号记载在界址点坐标册中，被废除的界址点也应在坐标册中加以废除和备注。

4. 宗地草图变更

若宗地草图局部发生变化，可以利用原宗地草图复印件，重新编绘宗地草图。废弃的界址点、界址线打上"×"，变化的数据用单红线划去，废弃的界址线用"×"标记；新增的界址点用界址点符号表示，新增的界址线用单实线表示，注明相应的丈量距离，变化和新增部分使用红色标记。若宗地草图需要重新绘制，按照《城镇地籍调查规程》5.2.6的规定执行，与原宗地草图复印件一并归档；新设宗地，按照《城镇地籍调查规程》5.2.6的规定绘制宗地草图。

5. 地籍测量

根据土地权属调查的结果，在外业测量中分别进行界址检查、界址测量、界址放样和地形要素测量等工作。

1）界址检查

检查界标是否完好。如界线双方发生分歧，宜按照争议界址处理。如界址点丢失，则应利用其坐标放样出它的位置，得到指界人同意后，埋设新界标。在界址放样检查中，如检查值与原值的差数在允许误差范围内，则不修改原来的数据，并做检核说明。如检查值与原值的差数超限或错误，经分析这是由于原来的技术原因造成的，在得到指界人同意后，应采用新测数据，并说明原因。如界标移位，在得到指界人同意后，应根据坐标放样复位，并说明原因。

2）界址测量与界址放样

新设界址点和发生变化的界址点，经现场指界后，按照规定进行界址测量。

3）地形要素测量

核对地貌、地物的变化，对于变化的部分按照原地籍图比例尺和要求进行变更测量。

宗地图是土地证书的附图，进行变更地籍测量时，无论变更宗地界址是否发生变化，都应依据变更后的地籍图或宗地草图，重新绘制宗地图。当变更涉及邻宗地但不影响该邻宗地的权属、界址、范围时，邻宗地的宗地图无须重新制作。

4）宗地面积计算与变更

采用解析坐标法计算宗地面积，面积变更采取高精度代替低精度的原则，即用精度较高的面积值取代精度低的面积值。属于原面积计算有误的，在确认重新量算的面积值正确时，必须以新面积值取代原面积值。变更前后均为解析法量算的宗地面积变更，如原界址点坐标满足精度要求，利用原界址点坐标计算宗地面积。变更前为图解法量算面积，变更后为解析法量算面积的宗地面积变更，用解析法量算的宗地面积取代原宗地面积。变更前后均为图解法量算的宗地面积变更，对于宗地形状未变或宗地合并的宗地面积变更，如两次面积量算差值满足规定限差要求,仍以原面积数据为准;如两次面积差值超限,则应查明原因,取正确值。对于宗地分割的宗地面积变更,如变更后宗地面积之和与原宗地面积的差值满足规定限差要求,将差值按分割宗地面积比例配赋到变更后的宗地面积,如差值超限,则应查明原因,并取正确值。

宗地面积变更应在充分利用原成果资料的基础上,采取高精度代替低精度的原则。原面积计算有误的,在确认重新量算的面积值正确后,必须以新面积值取代原面积值。

通常进行变更测量时用解析法测量界址点的坐标,所以可以用解析坐标计算新的宗地面积。用新的较精确的宗地面积取代旧的精度较低的面积值,由此而引起的街坊内宗地面积之和与街坊面积的不符合值可不进行处理,统计也按新面积值进行。如果新旧面积精度相当,且差值在限值之内,则仍保留面积。将宗地合并时,合并后的宗地面积应与原来几个宗地面积之和相等;将宗地分割时,分割后的几个宗地面积之和应等原宗地面积,闭合差按比例配赋,调整边界时,调整后的两宗地面积之和不变,闭合差按比例配赋。

6. 成果资料整理、变更与归档

应在更新后的地籍调查数据库中制作宗地图和生成宗地界址点坐标表。在原档案中宗地图和宗地界址点坐标表应加盖"变更"字样印章保存。发现原地籍资料有错误,应对原调查成果进行更正,并注明更正原因、日期、经手人,归入宗地档案。整理调查资料,上交档案管理部门归档。

变更地籍调查测量后,应及时对宗地有关表册进行更新。当一个街坊或一幅地籍图的变更宗地个数达总数的 20% 或变更宗地面积之和达总面积的 50% 时,应对相应街坊或图幅的基本地籍图、表进行修测和更新。

在 3~5 年内,应对基本地籍图进行全面修测,并对地籍图、表进行全面更新。

11.1.4 宗地变更处理

宗地变更可分为宗地属性变更、图形变更、图形与属性同时变更。

对于单纯的宗地属性变更,在地籍信息系统中调出宗地的资料(包括地籍调查表、审批表、登记卡、归户卡、土地证等),根据外业变更地籍调查的成果修改相应的表格,重新进行登记、审批、发证等。发证后在地籍信息系统中保留本宗地新的资料,旧资料自动入历史库。

对于城市的旧城改造、连片的建设用地开发、道路拓宽等情况,要涉及大量宗地的变更,而且大都是图形与属性同时变,具体作业步骤如下:

(1) 首先确定变更范围,从地籍信息系统的数据库中查询出该范围内的所有宗地(包括地物),形成图形文件和对应的属性文件,输出电子地图(供在野外变更地籍调查中采用数字法测图时采用)或模拟(纸质)地图(供在野外变更地籍调查中采用模拟法时测图采用)。

(2) 野外实地测量,由地籍信息系统所提供的软件对变更范围内的宗地和地物进行删除或修改,添加新的宗地和地物,形成新的电子地图(包括属性信息)或模拟地图。

(3) 对新测的电子地图,由软件逐个对宗地的图形与属性进行一致性和完整性检查和修改。

(4) 将变更的数据进行试入库,并对入库后的数据与库中相关的数据自动进行一致性检查，如宗地的四至关系是否正确等。

（5）如果检查出错误，软件系统会自动给出检查报告，并指出错误的情况，然后再进行人工修改；试入库检查正确后，变更宗地的登记、发证等，并将变更后的宗地资料入库，将变更前的宗地及内部的地物（空间信息和属性信息）写入地籍信息系统的历史数据库中。在将变更前的宗地写入历史数据库中时，只写入被变更的宗地（而不是将一个街坊或图幅内的所有宗地写入历史库），并自动建立起历史宗地与现状宗地的关系，一起写入历史库。

11.2 房产变更测量

11.2.1 房产变更测量的内容

房产变更测量适用于已进行过房产测量，并已经登记、发证的房产。由于房屋加建、改建、功能与结构变更、产权界线变更等原因，需要进行房产变更测量。

房产在完成第一次房屋登记之后，因房产属性发生改变而引起的房产调查和测量工作称为房产变更测量。房产属性改变一般包括以下几方面。

（1）房产产权变更。
（2）房屋改建、扩建。
（3）房屋产权单元一户或多户专有面积的权界线变更。
（4）房屋的功能改变或房屋的相关属性改变。

房产变更测量分为房屋现状变更和房产权属变更测量两类。现状变更具体反映在分幅图和分丘（宗地）图相关要素的变更调整上，权属变更具体反映在产权证附图和登记档案内容的变化调整上，为产权产籍的变更提供测绘保障。

1. 现状变更测量的内容

（1）新建、改建、扩建后房屋实地位置、平面图形和房屋建筑结构发生的变化。
（2）房屋的损坏与灭失及拆迁，包括全部拆除或部分拆除、自然倒塌或烧毁。
（3）房屋的围护物（围墙、栏栅、篱笆、铁丝网等）和房屋附属设施的改变。
（4）市政道路、广场、河流的拓宽、改造，河、湖、沟渠、水塘等边界的改变。
（5）房屋坐落（地名、门牌号）的更改或增设。
（6）房屋及其用地分类面积的改变。
（7）行政境界（如市辖区界）的调整，涉及房地产编号的更正。

2. 权属变更测量的内容

（1）产权初始登记后发生的房屋买卖、交换、继承、分析（割）、兼并、入股、赠与等房产交易活动引起产权转移或变更。
（2）房屋用地界线、界址的变化，包括房屋因合并、分析、自然坍塌等引发的房屋占地范围的调整。
（3）征（拨）用地、出让或转让土地使用权而引起的土地权属界线的变化。

(4) 法院等司法部门裁决的房产转移和房产变更(包括没收、分析),以及房产管理部门按政策处理的接、代管和发还的房屋,绝产房屋。

(5) 房屋他项权利(抵押、典当)设定权利范围的变化引起的变更或注销。

(6) 房产权利人自行申请更正,因申请人隐瞒事实、伪造有关证件等引发错证的补充和更正。

11.2.2 房产变更测量的一般原则

房屋产权单元的变更测量应由房屋所有权人向房屋管理部门申请,由房屋管理部门委托测绘单位,按房产测绘的相关技术规程实施。

对房屋现状不改变的房产变更,如产权转移、过户等,通常可不进行房产变更测量。对房屋加建、改建,可仅对加建或改建部分进行竣工测绘,或对加建或改建后的整栋进行重新竣工测绘。

在一般情况下,变更测量应采用原计算规则,除登记面积来源不明、明显违规或确系计算错误的,一般应维持原来的面积计算成果。

由变更部分房屋的套内建筑面积、共有建筑面积重新分摊计算引起非变更部分建筑面积发生变化的,如变化在规定允许范围内,则不必改变其他功能区各户原有的房屋建筑面积。

在变更测绘出具的测绘报告中,必须在测绘说明中详细说明变更测绘的时间、原因、依据、过程、方法等。

11.2.3 房产变更测量方法

1. 房产变更调查

根据变更情况,分项进行现状变更和权属变更调查。

1) 现状调查

调查房屋及其用地的自然状况,包括地名、门牌号、建筑结构、层数、建成年份、用途、用地分类等状况。对照房产图,进行实地调查与核实,并如实填写调查表。

2) 权属调查

调查房屋及其用地的权利状况,包括权利种类、权利人、他项权利人、权利范围、四至状况。利用申请表或调查表,进行调查与核实。权属变更调查应为产权审核提供调查材料,包括变更后新的权利界址范围、面积。因此,对于新的权利界址的认定、确定与标定应严格按《房产测量规范》要求执行。

2. 现状变更测量方法

(1) 如果变更范围小,可根据图上原有房屋或设置的测线,采用卷尺定点测量(限于模拟图)。

(2) 如果变更范围大,可采用测线图定点测量或平板仪测量(限于模拟图)。

(3) 如果采用解析法测量或全野外数字采集系统时,应在实地布设好足够的平面控制点,逐点设站进行现场的数据采集。

3. 权属变更测量方法

根据不同情况和实际条件，采用图解法或解析法。不论采用图解法还是解析法，进行权属变更测量，都必须依据变更登记申请书，标注的房产及其用地位置草图，权利证明文件，约定日期，通知申请人到现场指界，实施分户测绘。

现有的平面控制点、界址点、房角点都可以作为变更测量的基准点。所有已修测过的地物点不得作为变更测量的依据。选择利用变更测量的基准点时，应检验其点位的可靠性。本站检测之差（较差）不超过图上±0.2mm，即对于1∶500比例尺图，相当于实地水平距离±0.1m；异站或自由设站检测之差（较差）不超过图上±0.4mm，即相当于实地水平距离±0.2m。当用测定的点之间的距离与由坐标反算的距离进行检核时，其距离较差不超过2倍相应等级平面控制点点位中误差。

采用图解法进行权属变更测量，常用于房屋分析，应将分界的实量数据注记在草图上，并按实量数据计算面积后，再定出分界点在图上的位置，也适用于多产权商品房屋分户分割。

采用解析法进行权属变更测量，常用于房屋用地分割或合并。用地被分割时，应将新增界址点的坐标数据、点号注记在草图上，按坐标展出分割点的图上位置；用地被合并时，取消毗连界址点，用界址坐标计算丘（宗地）的用地面积。

11.2.4　房产变更测量要求

进行权属变更测量后，新测定的变更要素点的点位中误差不得大于±0.05m。新测定的界址点精度应保证相应等级界址点的同等精度。进行房产变更测量后，房产面积的计算精度应完全符合相应等级房产面积的精度要求。

将房产分割后各户房屋建筑面积之和与原有房屋建筑面积的不符值应在限差之内。将用地分割后各丘（宗地）面积之和与原丘（宗地）面积的不符值应在限差以内。房产被合并后的建筑面积，取被合并房屋建筑面积之和，用地被合并后的面积，取被合并的各丘（宗地）面积之和。

房产权属变更测量应做到变更有合法依据，如变更登记申请书、产权证明文件、变更处理案件等。

在房屋合并或分析中，合并应针对登记确权，位置毗连，权类、权利人相同的房屋进行；分析应在已进行过初始登记，法令并无禁止时才进行，且分析处要有明显界标物。

1. 房地产编号调整

丘（宗地）号、丘（宗地）支号、幢号、界址点号、房角点号、房产权号、房屋共有权号都是房地产产权、产籍管理常用的管理号，不能重号。进行变更测量后，相关的房地产编号必须及时调整。其中对于房产权号、房屋共有权号，除了整幢房屋拆除应注销其权号，一般不予调整。

1）丘（宗地）号、丘（宗地）支号

不分独立丘（宗地）或组合丘（宗地），用地合并或重划，应重新编丘（宗地）号，新编的丘（宗地）号要按编号区内最大丘（宗地）号续编；新增的丘（宗地）支号要按丘（宗地）内最大丘（宗地）支号续编。

2) 幢号

毗连房屋合并成同幢房屋的分析(设立房屋共有权的商品房除外)，重新编幢号，新增的幢号按丘(宗地)内最大的幢号续编；房屋部分拆除，原幢号保留，整幢房屋灭失，幢号注销；丘(宗地)内新建房屋，按丘(宗地)内最大幢号续编。

2. 房产资料的处理

《房产测量规范》并没有对变更测量后现有房产资料处理做出规定，这是由于它属于房产资料管理范围，另一方面出于各地房产图的成图方法、房产档案归档方法不同的原因，不好强制规定。现就一般房产资料经变更测量后的处理方法介绍如下。

1) 图的处理

现状变更，通过修补测，实地修正分幅图，做出现状变更记录，以便修正分丘(宗)图。

权属变更，通过测量草图，审核确权后，标注在分丘(宗)图上，做出权属变更记录和相关房地产编号调整记录，修正分幅图。

已建立数字房产图的单位，可根据现有的硬件与软件配置，根据变更后的房产数据进行图形编辑、注记、修改分幅图。分丘(宗)图则根据需要由分幅图派生。

2) 档案处理

根据权属变更案件和变更测量记录，对已建立的房产登记档案进行变更和补充，按不同的建档方法，将变更后的图件、产权证明文件、变更记录等归入档内。

已建立计算机管理系统的单位，对存储在磁盘或光盘内的档案资料也要进行变更、补充处理。或进行另外存储形成新的档案，以前存储在磁盘或光盘内的档案资料作为历史档案留存。

本 章 小 结

本章主要讲述了变更地籍测量的概念，变更地籍测量内容，变更地籍测量程序，房产变更测量的概念，房产变更测量内容等。

本章的重点是变更地籍测量内容，房产变更测量内容。

习　题

11-1　单项选择题

1. 变更地籍测量宗地面积变更应当采取(　　)原则。
   A. 新计算值代替旧计算值　　　　　　　B. 高精度代替低精度
   C. 产权人择优原则　　　　　　　　　　D. 量算面积代替测量面积
2. 有关地籍编号变更的相关内容，下面叙述不正确的有(　　)。
   A. 界址未发生变化的宗地，除行政区划变化引起宗地档案的变更外，所有地籍号不变更

B. 当行政界线区划变化引起宗地地籍号变更后,应利用变更后的街道、街坊编号取代原街道、街坊编号
C. 界址发生变化的宗地,无论宗地分割或合并,原宗地号一律不得再用
D. 分割后的各宗地,以原编号加支号顺序排列,数宗地合并后的宗地号,以原宗地号中的最大宗地号加支号表示

3. 在变更地籍调查中,对于界址发生变化的宗地,其宗地草图上应加盖(　　)字样的印章。

　　A. "作废"　　　　B. "变化"　　　　C. "变更"　　　　D. "初始"

4. 以下哪种宗地变更情况除特殊需要外,原则上可以不进行变更地籍测量,直接应用原测量结果?(　　)

　　A. 宗地分割　　　　　　　　　　B. 调整边界新增界址点
　　C. 宗地合并且没有增设界址点　　D. 新增宗地

5. 以下哪种情况涉及宗地号的变更?(　　)

　　A. 产权变更　　　　　　　　　　B. 用途改变
　　C. 宗地形状改变　　　　　　　　D. 设定他项权利

6. 变更地籍测量是在(　　)的基础上进行的。

　　A. 权属调查　　　　　　　　　　B. 地籍调查
　　C. 变更权属调查　　　　　　　　D. 变更地籍调查

7. 当一幅图内或一个街坊宗地变更面积超过(　　)时,应重新测绘地籍图。

　　A. 1/4　　　　B. 1/3　　　　C. 1/2　　　　D. 3/4

8. 在进行变更地籍测量时,无论变更宗地界址是否发生变化,都应当重新绘制的是(　　)。

　　A. 宗地草图　　　　　　　　　　B. 宗地图
　　C. 地籍图　　　　　　　　　　　D. 二底图

9. 在宗地图变更时,对原宗地图的处理方法是(　　)。

　　A. 直接在原宗地图上划改,继续使用
　　B. 复制原宗地图保存,直接在原宗地图上划改
　　C. 原宗地图不得划改,加盖"变更"字样印章保存
　　D. 复制原宗地图,在复制宗地图上划改

10. 下面选项中需要重新进行界址调查的是(　　)。

　　A. 继承土地使用权　　　　　　　B. 交换土地使用权
　　C. 城市改造拆迁　　　　　　　　D. 收回国有土地使用权

11-2 思考题

1. 何谓变更地籍测量?进行变更地籍测量的前提是什么?
2. 试述变更地籍测量的工作程序,并简要介绍变更地籍测量所采用的方法。
3. 何谓土地的合并与分割?合并或分割后地块如何编号?
4. 何谓房产变更测量?房产变更测量包含哪些内容?

参考文献

[1] 王侬, 廖元焰. 地籍测量 [M]. 北京: 测绘出版社, 2008.
[2] 章书寿, 孙在宏. 地籍调查与地籍测量学 [M]. 北京: 测绘出版社, 2008.
[3] 简德三. 地籍管理 [M]. 上海: 上海财经大学出版社, 2006.
[4] 詹长根, 唐祥云, 刘丽. 地籍测量学 [M]. 2版. 武汉: 武汉大学出版社, 2005.
[5] 章书寿, 孙在宏. 地籍测量学 [M]. 南京: 河海大学出版社, 2004.
[6] 李天文, 张友顺. 现代地籍测量 [M]. 北京: 科学出版社, 2004.
[7] 张绍良, 顾和和. 土地管理与地籍测量 [M]. 徐州: 中国矿业大学出版社, 2003.
[8] 林增杰, 严星, 谭峻. 地籍管理 [M]. 北京: 中国人民大学出版社, 2001.
[9] 纪勇. 地籍测量与房地产测绘 [M]. 北京: 中国电力出版社, 2012.
[10] 詹长根, 唐祥云, 刘丽. 地籍测量学 [M]. 3版. 武汉: 武汉大学出版社, 2011.
[11] 梁玉保. 地籍调查与测量 [M]. 郑州: 黄河水利出版社, 2010.
[12] 洪波. 地籍测量与房地产测绘 [M]. 北京: 中国电力出版社, 2007.
[13] 林增杰, 谭峻, 詹长根, 等. 地籍学 [M]. 北京: 科学出版社, 2006.
[14] 邓军. 地籍测量 [M]. 郑州: 黄河水利出版社, 2012.
[15] 高润喜, 丁延荣. 地籍测量 [M]. 北京: 中国铁道出版社, 2012.
[16] 洪波. 地籍与房产测量 [M]. 北京: 测绘出版社, 2010.
[17] 金其坤. 地籍测量 [M]. 北京: 地质出版社, 1994.
[18] 叶公强. 地籍管理 [M]. 北京: 中国农业出版社, 2009.
[19] 国家测绘局人事司, 国家测绘局职业技能鉴定指导中心. 地籍测绘 [M]. 北京: 测绘出版社, 2010.
[20] 钟宝琪, 谌作霖. 地籍测量 [M]. 武汉: 武汉测绘科技大学出版社, 1996.
[21] 庄宝杰. 地籍测量 [M]. 北京: 中国建筑工业出版社, 2008.
[22] 苏根成, 王华春. 地籍管理 [M]. 北京: 北京师范大学出版社, 2011.
[23] 国土资源部. 地籍调查规程 [M]. 北京: 中国标准出版社, 2012.
[24] 李天文. 现代地籍测量 [M]. 北京: 科学出版社, 2012.
[25] 樊志全. 地籍调查 [M]. 北京: 中国农业出版社, 2005.
[26] 蓝悦明, 康雄华. 不动产测量与管理 [M]. 武汉: 武汉大学出版社, 2008.
[27] 岳永铭. 测量员一本通 [M]. 北京: 中国建材工业出版社, 2008.
[28] 郭玉社, 徐广翔, 朱莉宏. 房地产测绘 [M]. 北京: 机械工业出版社, 2009.
[29] 廖元焰. 房地产测量 [M]. 北京: 中国计量出版社, 2003.
[30] 江苏省测绘局职业技能鉴定指导中心. 房产测量 [M]. 成都: 成都地图出版社, 2008.
[31] 吕永江. 房产测量规范与房地产测绘技术: 房产测量规范有关技术说明 [M]. 北京: 中国标准出版社, 2001.
[32] 侯方国, 时东玉, 王建设. 房产测绘 [M]. 郑州: 黄河水利出版社, 2007.
[33] 马文明. 现代房产测量 [M]. 徐州: 中国矿业大学出版社, 2009.
[34] 中华人民共和国国家标准. 建筑工程建筑面积计算规范(GB/T 50353—2005) [S]. 北京: 中国计划出版社, 2005.
[35] 中华人民共和国国家标准. 房产测量规范(GB/T 17986.1—2000) [S]. 北京: 中国标准出版社, 2000.
[36] 邢继德. 房地产测绘 [M]. 重庆: 重庆大学出版社, 2008.
[37] 张建强. 房地产测量 [M]. 北京: 测绘出版社, 1994.

北京大学出版社本科土木建筑系列教材(已出版)

专业技术相关基础

序号	书 名	书号	作者	定价	出版时间	配套资源
1	土木工程概论	978-7-301-20651-5	邓友生	34.00	2012	ppt/pdf
2	土木工程制图	978-7-301-15645-2	张会平	34.00	2009	ppt/pdf
3	土木工程制图习题集	978-7-301-15587-5	张会平	22.00	2009	ppt/pdf
4	土建工程制图	978-7-301-18114-0	张黎骅	29.00	2010	ppt/pdf
5	土建工程制图习题集	978-7-301-18031-0	张黎骅	26.00	2010	ppt/pdf
6	土木工程测量(第2版)	978-7-301-19723-3	陈久强 刘文生	40.00	2011	ppt/pdf
7	房地产测量	978-7-301-22538-7	魏德宏	28.00	2013	ppt/pdf
8	土木工程材料(新规范)	978-7-301-16792-2	赵志曼	39.00	2012	ppt/pdf
9	土木工程材料	978-7-301-15653-7	王春阳 裴锐	40.00	2009	ppt/pdf
10	土木工程材料(第2版)(新规范)	978-7-301-17471-5	柯国军	45.00	2012	ppt/pdf
11	土木工程专业英语	978-7-301-16074-9	霍俊芳 姜丽云	35.00	2010	ppt/pdf
12	房屋建筑学(第2版)(新规范)	978-7-301-19807-0	聂洪达 郄恩田	48.00	2011	ppt/pdf
13	房屋建筑学(上:民用建筑)	978-7-301-14882-2	钱坤 王若竹	32.00	2009	ppt/pdf
14	房屋建筑学(下:工业建筑)	978-7-301-15646-9	钱坤 吴歌	26.00	2009	ppt/pdf
15	工程地质	978-7-301-15387-1	倪宏革 时向东	25.00	2009	ppt/pdf
16	工程地质(第2版)(新规范)	978-7-301-19881-0	何培玲 张婷	26.00	2012	ppt/pdf
17	土木工程结构试验(新规范)	978-7-301-20631-7	叶成杰	39.00	2012	ppt/pdf
18	建设工程监理概论(第2版)	978-7-301-15576-9	巩天真 张泽平	30.00	2009	ppt/pdf
19	建筑设备(第2版)	978-7-301-17847-8	刘源全 刘卫斌	46.00	2011	ppt/pdf

力学原理与方法

序号	书 名	书号	作者	定价	出版时间	配套资源
1	理论力学(第2版)	978-7-301-19845-2	张俊彦 黄宁宁	40.00	2011	ppt/pdf
2	材料力学	978-7-301-10485-9	金康宁 谢群丹	27.00	2007	ppt/pdf
3	材料力学	978-7-301-19114-9	章宝华	36.00	2011	ppt/pdf
4	结构力学	978-7-301-20284-5	边亚东	42.00	2012	ppt/pdf
5	结构力学简明教程	978-7-301-10520-7	张系斌	20.00	2007	ppt/pdf
6	结构力学实用教程	978-7-301-17488-3	常伏德	47.00	2012	ppt/pdf
7	流体力学	978-7-301-10477-4	刘建军 章宝华	20.00	2006	ppt/pdf
8	弹性力学	978-7-301-10473-6	薛强	22.00	2008	ppt/pdf
9	工程力学	978-7-301-10902-1	罗迎社 喻小明	30.00	2006	ppt/pdf
10	工程力学	978-7-301-19530-7	王明斌	37.00	2011	ppt/pdf
11	工程力学	978-7-301-19810-0	杨云芳	42.00	2011	ppt/pdf
12	建筑力学	978-7-301-17563-7	邹建奇	34.00	2010	ppt/pdf
13	力学与结构	978-7-301-10519-1	徐吉恩 唐小弟	42.00	2006	ppt/pdf
14	土力学	978-7-301-10448-4	肖仁成 俞晓	18.00	2006	ppt/pdf
15	土力学(江苏省精品教材)	978-7-301-17355-8	高向阳	32.00	2010	ppt/pdf
16	土力学	978-7-301-19333-4	曹卫平	34.00	2011	ppt/pdf
17	土力学(中英双语)	978-7-301-19673-1	郎煜华	38.00	2011	ppt/pdf
18	土力学教程	978-7-301-18991-7	孟祥波	30.00	2011	ppt/pdf
19	土力学学习指导与考题精解	978-7-301-17364-0	高向阳	26.00	2010	ppt/pdf
20	岩石力学	978-7-301-17593-4	高玮	35.00	2010	ppt/pdf
21	土木工程试验	978-7-301-22063-4	王吉民	34.00	2013	ppt/pdf
22	土质学与土力学	978-7-301-22265-2	刘红军	36.00	2013	ppt/pdf

结构基本原理与方法

序号	书 名	书号	作者	定价	出版时间	配套资源
1	混凝土结构设计原理	978-7-301-10449-9	许成祥 何培玲	28.00	2006	ppt/pdf
2	混凝土结构设计原理(江苏省精品教材)	978-7-301-16735-9	邵永健	40.00	2010	ppt/pdf
3	混凝土结构设计原理(新规范)	978-7-301-19706-6	熊丹安	32.00	2011	ppt/pdf
4	混凝土结构设计(新规范)	978-7-301-16710-6	熊丹安	37.00	2012	ppt/pdf
5	混凝土结构设计	978-7-301-10518-5	彭刚 蔡江勇	28.00	2006	ppt/pdf
6	钢结构设计原理	978-7-301-10755-2	石建军 姜袁	32.00	2006	ppt/pdf
7	钢结构设计原理	978-7-301-21142-7	胡习兵	30.00	2012	ppt/pdf
8	钢结构设计(新规范)		胡习兵		2012	
9	砌体结构(第2版)(新规范)	978-7-301-19113-2	何培玲	26.00	2012	ppt/pdf
10	基础工程	978-7-301-11300-5	王协群 章宝华	32.00	2007	ppt/pdf
11	基础工程(新规范)	978-7-301-21656-9	曹云	43.00	2012	ppt/pdf
12	地基处理	978-7-301-21485-5	刘起霞	45.00	2012	ppt/pdf
13	结构抗震设计	978-7-301-10476-7	马成松 苏原	25.00	2006	ppt/pdf
14	结构抗震设计(新规范)	978-7-301-15818-0	祝英杰	30.00	2010	ppt/pdf
15	建筑结构抗震分析与设计(新规范)	978-7-301-21657-6	裴星洙	35.00	2012	ppt/pdf
16	高层建筑结构设计	978-7-301-20332-3	张仲先 王海波	23.00	2006	ppt/pdf

序号	书 名	书 号	作 者	定价	出版时间	配套资源
17	荷载与结构设计方法（第2版）（新规范）	978-7-301-20332-3	许成祥 何培玲	30.00	2012	ppt/pdf
18	工程结构检测	978-7-301-11547-3	周详 刘益虹	20.00	2006	ppt/pdf
19	建筑结构优化及应用	978-7-301-17957-4	朱杰江	30.00	2010	ppt/pdf
20	土木工程课程设计指南	978-7-301-12019-4	许明 孟茁超	25.00	2007	ppt/pdf
21	有限单元法（第2版）	978-7-301-20591-4	丁科	30.00	2012	ppt/pdf
22	工程事故分析与工程安全（第2版）（新规范）	978-7-301-21590-6	谢征勋 罗章	38.00	2012	ppt/pdf

施工原理与方法

序号	书 名	书 号	作 者	定价	出版时间	配套资源
1	土木工程施工	978-7-301-11344-8	邓寿昌 李晓目	42.00	2006	ppt/pdf
2	土木工程施工	978-7-301-17890-4	石海均 马哲	40.00	2010	ppt/pdf
3	土木工程施工与管理	978-7-301-21693-4	李华锋 徐芸	65.00	2012	ppt/pdf
4	工程施工组织	978-7-301-17582-8	周国恩	28.00	2010	ppt/pdf
5	建筑工程施工组织与管理（第2版）	978-7-301-19902-2	余群舟	31.00	2012	ppt/pdf
6	高层建筑施工	978-7-301-10434-7	张厚先 陈德方	32.00	2006	ppt/pdf
7	高层与大跨建筑结构施工	978-7-301-18105-8	王绍君	45.00	2010	ppt/pdf
8	建筑工程安全管理与技术	978-7-301-21687-3	高向阳	40.00	2013	ppt/pdf

计算机应用技术

序号	书 名	书 号	作 者	定价	出版时间	配套资源
1	土木工程计算机绘图	978-7-301-10763-8	袁果 张渝生	28.00	2010	ppt/pdf
2	土木建筑CAD实用教程	978-7-301-19884-1	王文达	30.00	2011	ppt/pdf
3	建筑结构CAD教程	978-7-301-15268-3	崔钦淑	36.00	2009	ppt/pdf
4	工程设计软件应用（新规范）	978-7-301-19849-0	孙香红	39.00	2011	ppt/pdf

道路桥梁与地下工程

序号	书 名	书 号	作 者	定价	出版时间	配套资源
1	桥梁工程（第2版）	978-7-301-21122-9	周先雁 王解军	37.00	2012	ppt/pdf
2	大跨桥梁	978-7-301-21261-5	王解军 周先雁	30.00	2012	ppt/pdf
3	工程爆破	978-7-301-21302-5	段宝福	42.00	2012	ppt/pdf
4	交通工程学	978-7-301-17637-5	李杰 王富	39.00	2010	ppt/pdf
5	道路勘测设计	978-7-301-17493-7	刘文生	43.00	2012	ppt/pdf
6	交通工程基础	978-7-301-22449-6	王富	24.00	2013	ppt/pdf

工程项目与经济管理

序号	书 名	书 号	作 者	定价	出版时间	配套资源
1	建设法规（第2版）	978-7-301-20282-1	肖铭 潘安平	32.00	2012	ppt/pdf
2	工程经济学	978-7-301-15577-6	张厚钧	36.00	2009	ppt/pdf
3	工程经济学	978-7-301-20283-8	都沁军	42.00	2012	ppt/pdf
4	工程经济学（第2版）	978-7-301-19893-3	冯为民 付晓灵	42.00	2012	ppt/pdf
5	工程项目管理	978-7-301-20900-4	邓铁军	48.00	2012	ppt/pdf
6	工程项目管理（第2版）	978-7-301-20075-9	仲景冰 王红兵	45.00	2011	ppt/pdf
7	土木工程项目管理	978-7-301-19220-7	郑文新	41.00	2011	ppt/pdf
8	土木工程概预算与投标报价(第2版)	978-7-301-20947-9	刘薇 叶良	37.00	2012	ppt/pdf
9	土木工程计量与计价	978-7-301-16733-5	王翠琴 李春燕	35.00	2010	ppt/pdf
10	工程量清单的编制与投标报价	978-7-301-10433-0	刘富勤 陈德方	25.00	2006	ppt/pdf
11	室内装饰工程预算	978-7-301-13579-2	陈祖建	30.00	2008	ppt/pdf
12	工程招投标与合同管理	978-7-301-17547-7	吴芳 冯宁	39.00	2010	ppt/pdf
13	建设工程招投标与合同管理实务	978-7-301-15267-6	崔东红 肖萌	38.00	2009	ppt/pdf
14	工程造价管理	978-7-301-10277-0	车春鹏 杜春艳	24.00	2006	ppt/pdf
15	工程造价管理	978-7-301-17979-6	周国恩	42.00	2010	ppt/pdf
16	建筑工程造价	978-7-301-19847-6	郑文新	39.00	2011	ppt/pdf
17	工程财务管理	978-7-301-15616-2	张学英	38.00	2009	ppt/pdf
18	工程合同管理	978-7-301-10743-0	方俊 胡向真	23.00	2006	ppt/pdf
19	工程招标投标管理（第2版）	978-7-301-19879-7	刘昌明	30.00	2012	ppt/pdf
20	建设项目评估	978-7-301-13880-9	王华	35.00	2008	ppt/pdf
21	建设项目评估	978-7-301-21310-0	黄明知 尚华艳	38.00	2012	ppt/pdf
22	工程项目投资控制	978-7-301-21391-9	曲娜 陈顺良	32.00	2012	ppt/pdf
23	工程管理概论	978-7-301-19805-6	郑文新	26.00	2011	ppt/pdf
24	工程管理专业英语	978-7-301-14957-7	王竹芳	24.00	2009	ppt/pdf
25	城市轨道交通工程建设风险与保险	978-7-301-19860-5	吴宏建 刘宽亮	75.00	2012	ppt/pdf
26	建筑工程施工组织与概预算	978-7-301-16640-6	钟吉湘	52.00	2013	ppt/pdf

房地产开发与经营

序号	书 名	书 号	作 者	定价	出版时间	配套资源
1	房地产开发	978-7-301-17890-4	石海均 王宏	34.00	2010	ppt/pdf

序号	书名	书号	作者	定价	出版时间	配套资源
2	房地产开发与管理	978-7-301-17330-5	刘薇	38.00	2010	ppt/pdf
3	房地产策划	978-7-301-17805-8	王直民	42.00	2010	ppt/pdf
4	房地产估价	978-7-301-20632-4	沈良峰	45.00	2012	ppt/pdf
5	房地产估价理论与实务	978-7-301-21123-6	李龙	36.00	2012	ppt/pdf

建筑学与城市规划

序号	书名	书号	作者	定价	出版时间	配套资源
1	建筑概论	978-7-301-17572-9	钱坤	28.00	2010	ppt/pdf
2	钢笔画景观教程	978-7-301-16052-7	阮正仪	32.00	2011	ppt/pdf
3	色彩景观基础教程	978-7-301-19660-1	阮正仪	42.00	2011	ppt/pdf
4	建筑表现技法	978-7-301-17464-7	冯柯	42.00	2010	ppt/pdf
5	景观设计	978-7-301-19891-9	陈玲玲	49.00	2011	ppt/pdf
6	室内设计原理	978-7-301-17934-5	冯柯	28.00	2010	ppt/pdf
7	中国传统建筑构造	978-7-301-17617-7	李合群	35.00	2010	ppt/pdf
8	城市详细规划原理与设计方法	978-7-301-19733-2	姜云	37.00	2011	ppt/pdf

给排水科学与工程

序号	书名	书号	作者	定价	出版时间	配套资源
1	水分析化学	978-7-301-21507-4	宋吉娜	42.00	2012	ppt/pdf

相关教学资源如ppt/pdf、电子教材、习题答案等可以登录www.pup6.com下载或在线阅读。

扑六知识网(www.pup6.com)有海量的相关教学资源和电子教材供阅读及下载(包括北京大学出版社第六事业部的相关资源)，同时欢迎您将教学课件、视频、教案、素材、习题、试卷、辅导材料、课改成果、设计作品、论文等教学资源上传到pup6.com，与全国高校师生分享您的教学成就与经验，并可自由设定价格，知识也能创造财富。具体情况请登录网站查询。

如您需要免费纸质样书用于教学，欢迎登陆第六事业部门户网(www.pup6.com)填表申请，并欢迎在线登记选题以到北京大学出版社来出版您的大作，也可下载相关表格填写后发到我们的邮箱，我们将及时与您取得联系并做好全方位的服务。

扑六知识网将打造成全国最大的教育资源共享平台，欢迎您的加入——让知识有价值，让教学无界限，让学习更轻松。

联系方式：010-62750667，donglu2004@163.com，linzhangbo@126.com，欢迎来电来信咨询。